번역과 문예학

번역학총서 · 14

번역과 문예학

노르베르트 그라이너Norbert Greiner
고려대학교 독일어권문화연구소 옮김

Übersetzung und Literaturwissenschaft

KOREA
UNIVERSITY
PRESS
고려대학교
출판문화원

Übersetzung und Literaturwissenshaft

by Nonbert Greiner

추천의 글

《번역과 문예학》 출간에 즈음하여

번역은 방랑자가 되어 낯선 땅에 발을 딛는 일이다. 낯선 땅의 풍경은 방랑자에겐 늘 새롭다. 그런 까닭에 번역은 낯선 것과 고유의 것 사이에서 여전히 많은 말과 이야기를 만들어내고 있다. "《번역과 문예학》은 문학사를 수놓은 뛰어난 번역사례들을 선별 연구함으로써 20세기 번역연구를 개관하는 동시에 번역의 문화사적 성과와 번역연구의 문화사적 차원을 강조한다." 이 책의 저자들이 머리말에서 모토로 내세운 말이다. 이 말은 이 책의 특징을 분명하게 정의해준다. 먼저 이 책은 번역이론의 공허한 메아리를 떠나 번역의 현장으로 우리를 안내한다. 그리고 현장 탐사를 통해 다시 이론적 구성을 지향한다. 문화사적 사례연구의 관점에서 원작과 번역텍스트의 관계를 연구하는 것이 그 한 방법이다. 이것은 실제 셰익스피어의 작품 《햄릿》 번역을 두고 다양한 양상으로 벌어진다. 이 작업은 출발문화 중심과 도착문화 중심 두 가지 방향에서 이루어진다. 특히 번역이 이루어지는 현장 즉 도착문화의 여건은 번역의 영향 면에서 매우 중요하다.

이 책에서는 드라마 공연작품을 분석함으로써 번역이 어떤 효과를 유발하는지 관찰한다. 영국 시민비극이 독일의 연극무대에 끼친 영향도 상세히 탐구한다. 우리는 이 책을 통하여 번역의 현장 속으로 직접 들어가 문학의 근간을 이루는 새로운 것, 낯선 것에 대한 요구가 어떻게 실현되는지 그 현장을 목도하고자 한다. 문학작품 번역은 특히 미적인 것과 관련되기 때문에 번역에서 특별한 것을 요구한다. 이것은 내용뿐만 아니라 미적 구조를 재생하는 일이다. 번역 현장 탐색의 일환으로 이 책은 또한 특정한 국가들의 번역문화를 들여다본다. 그리고 번역가로 활동하는 작가들의 대장간과 그 뒷마당도 살펴본다.

오래전에 함께 뜻을 모아 시작한 일이 드디어 결실을 맺게 되어 기쁘다. 그간 복잡한 이 책의 내용을 세세하게 통일하여 우리말로 옮기느라 고생을 한 여러 선생님께 감사의 뜻을 전한다. 책의 출간을 위하여 애써 준 고려대학교 출판문화원에도 감사의 마음을 빼놓을 수 없다. 이 책이 이 땅의 번역연구와 번역문화의 향상을 위하여 일조하기를 기대한다.

2020년 늦가을
고려대학교 독일어권문화연구소장
김재혁

머리말

'번역연구의 토대Grundlagen der Übersetzungsforschung'는 번역 및 번역연구의 어문학적 전제조건들을 체계적이고 역사적으로 서술하는 데 목적이 있다. 1980년대에서 1990년대 사이 특히 번역교육의 현장을 대표하는 이들이 의도적으로 어문학 분야의 이론과 방법론에 거리를 두는 번역이론들을 관철시킨 후로, 번역의 문화사적 기반과 언어학적 설명방식들은 뒤로 밀려났다. 이것은 무엇보다도 견실한 학문적 인식을 희생시킨 결과였다. 문학적인 방향의 번역연구들도 목표문화의 관점을 지나치게 강조한 탓에 원문, 원문과 번역문의 비교, 결국 원문과 번역문에서 표현되는 문화들 사이의 비교 또한 등한시했다. 본 필자들은 '어문학Philologie'의 개념을 낱말과 의의의 관계에 주목해 언어학과 문학사 및 그 분과학문들을 이용하는 언어와 문헌의 학문으로서 본래의 넓은 의미로 이해한다. 그런 분과학문의 몇몇 예를 들자면 수사학, 시학, 운율론, 문체론, 음성학, 문법, 화용론 등이 있다.

언어학 부분을 다루는 《번역과 언어학Übersetzung und Linguistik》은, 번역이 언어적인 행위의 기록이며 번역문은 하나의 텍스트가 다른 언어에 반영되어 관련 언어들 사이의 차이점들까지 표현되는 텍스트라는 점에서 출발한다. 따라서 번역과정의 묘사와 번역문 분석은 새롭게 정립되어야 하는 학문의 대상이 아니라, 다만 언어학 및 그 모든 분과학문들의 인식목표와 방법에 의해서만 수행될 수 있다.

《번역과 문예학Übersetzung und Literaturwissenschaft》의 연구대상인 문학번역에 대한 설명 역시 마찬가지다. 문학번역은 다른 언어로 존재하는 언어예술작품을 재현하는 것이므로, 문예학, 특히 일반적인 문학이론과 해석학, 비교문예학의 입증된 성과와 방법을 각기 번역문에 대한 연구 및 (번역)문화사적 관계의 서술에 활용해야 한다. 이런 맥락에서 언어학은 미시적 구조의 서술에 중요하다.

이런 원칙을 좇아 본 필자들은 언어학적이고 문예학적인 일반적인 토대들을 대학의 번역가 양성 과정의 핵심 요소로서 반드시 포함시켜야 한다고 본다.

《번역과 언어학》 및 《번역과 문예학》은 이런 일반적인 기본 성찰에서 비롯되었으며 필자들의 여러 차례 검증된 공동 강의에 기반을 두고 있다. 교수법의 견지에서 필자들은 개론적인 강의의 특성을 그대로 살려 출판하기로 했다. 이 두 권의 책은 언어학 및 문예학의 관점에서 번역과 번역연구의 주요 영역들을 묘사하는 기본서들로서, 체계적이면서도 문화사적인 관점들이 중요한 역할을 담당한다. 이 분야 연구 단초들의 발달 과정과 현재의 전개 양상들을 면밀히 살펴보고, 그 단초들의 토대를 밝히고, 보다 상세한 예증과 역사적 규명을 위한 – 대부분 독자적인 – 사례연구를 통해 이 단초들에 대해 설명하려 한다. 필자들이 이미 알려진 성과들에 동의하거나 혹은 비판적으로 논하려는 경우 그것들을 소개하고, 또한 새로운 지평을 연다고 생각되는 독자적인 관점들과 나아가 그야말로 독자적인 연구 결과들도 소개할 것이다. 그러므로 이 두 권의 책을 연구와 이론의 통합을 위한 대학정책의 백서로 간주할 수 있을 것이다. 특히 《번역과 문예학》은 문학사를 수놓은 뛰어난 번역사례들을 선별 연구함으로써 20세기 번역연구를 개관하는 동시에 번역의 문화사적 성과와 번역연구의 문화사적 차원을 강조한다.

필자들은 한 권의 책을 공동 집필함으로써 연구 대상과 관심사가 일치하는 점을 표명하려는 원래의 의도에서 멀어졌다. 한편으로는 방대한 분량의 계획이 두 권으로의 분할을 촉구했고, 또 한편으로는 언어학적 문제 제기와 문예학적 문제 제기가 근본적으로 서로 다른 자료 정돈 및 서술 체계를 요구한 까닭에 두 권으로 분할하는 편이 적절하게 여겨졌다. 그리고 각기 다른 학문적 관점에서 성찰하는 대상이 공통되고 이론적 방법론의 토대가 일치하는 점을 표명하기 위해 두 권을 포괄하는 상위의 공동 표제를 선택했다.

차례

추천의 글 5

머리말 7

Ⅰ. 연구대상

1. 학문 체계에서 문학 번역연구의 위상 13
2. 미학적인 대상으로서 텍스트와 번역 18
3. 번역 이론적이고 방법론적인 결론 31

Ⅱ. 문화사적 번역 연구 — (1) 원전의 의미를 지향하는 번역연구의 출발점

1. 번역과 번역연구에 있어서 '원전'이라는 개념이 갖는 의미 42
2. 구조주의적 시각으로 바라본 작품과 번역 44
3. 원전의 의미를 지향하는 번역연구의 대상 57
4. 사례연구 A: 대화리듬 및 발언형식에서 보는 《햄릿》의 번역 문제 65

Ⅲ. 문화사적 번역 연구 — (2) 도착문화 중심의 연구 경향

1. 독립된 텍스트로서의 번역물 85
2. 사례 연구 B: 독일에서 번역과 관련된 희극수용 100
3. 번역의 문화 창조 행위 132
4. 사례연구 C: 독일 연극 무대의 새로운 패러다임으로서의 영국 시민비극 133
5. 특정 국가의 번역문화에 관한 연구 158

Ⅳ. 상호텍스트성의 형식으로서 번역

1. 문제 현황 ······ 171
2. 사례연구 D: 워커 퍼시의 번역가로서 페터 한트케 ······ 173
3. 사례 연구 E: 자기번역 — 두 개의 언어문화 사이에 던져진 시인이자 번역가, 펠릭스 폴락 ······ 185

Ⅴ. 연극을 위한 번역 — 텍스트-상연-매체

1. 공연번역의 문예학적 고찰 ······ 207
2. 번역 위주의 관점 ······ 210
3. 공연번역의 연극기호학적, 문화사적 관점 ······ 214
4. 사례연구 F: 해롤드 핀터의 드라마에서 번역문제로서 일상어 ······ 221
5. 사례연구 G: 영국에서 브레히트 수용과 브레히트 번역 ······ 238

맺음말 253
참고문헌 255

I. 연구 대상

1. 학문체계에서 문학 번역연구의 위상

본 개론서의 언어학적 파트는 번역연구를 근본적으로 어문학에 포함시키는 것에서 출발했다. 그리고 번역의 문제들이 – 과정 및 결과와 관련해 – 어느 정도까지 언어학적 문제들인지 규명하고 또 그 문제들을 오로지 언어학의 방법으로만 다룰 수 있음을 지적했다. 이것은 언어체계적이거나 텍스트언어학적이거나 화용론적 방식일 수 있다. 정확히 말하면 비교하는 관점에서 항상 그렇다. 이제 문학텍스트의 번역에 주목하면, 번역연구의 기본 논제들은 – 비교 – 어문학의 일부로서 그 타당성을 획득한다.

번역연구 그 자체는 이미 오래전부터 존재했다. 낯선 문화가 자국의 문학에 영향을 미치는 곳, 많은 주목을 받은 문학작품이 처음 생성된 맥락과는 다른 맥락에서 수용되는 곳, 팽창 일로의 문학 시장이 새로운 책을 찾는 곳에서는 어디서나 번역이, 아니 주로 번역이 일익을 담당했다. 그러나 이런 식의 문제 제기는 번역에 대한 분석과 설명이 주변 영역으로 밀려나는 결과를 낳았다. 번역이 아닌 다른 것, 즉 자국 문학의 형성 문제에 우선적으로 관심을 기울이는 인식들을 흥미롭게 보충하는 영역으로. 그렇기 때문에 이런 맥락에서는 전혀 이론이 형성되지 않았다. 이런 상황에 직면해 볼프람 빌스Wolfram Wilss는 이 테마에 대한 논평들이 — 간혹 의미 있는 것이 섞여 있을지라도 — 그저 한 '무더기' 쌓여 있을 뿐이라고 경멸적으로 논평했으며, 완성된 번역이론, 즉 그의 경우에는 언어학적 번역이론의 필요성을 주창하기에 이르렀다.[1] 1970년대에 이어 1980년대 초반까지 전문가들의 토론이 주로 언어학적 방향이었던 것은 실제로 여기에서 비롯된다. 번역에 전문적인 관심을 기울여 번역학을 하나의 독립적인 분야로 구축하고 난 후 대학의 독자적인 학업과정과 조직 내에서 제도적으로 어문학과 거리를 두려는 경향 때문에 처음에 문학번역은 대체로 주목받지 못했다.

여기에서 제임스 E. 홈즈James E. Holmes의 연구만은 예외이다. 그러나 홈즈의 연구결과는 실제로 벨기에와 네덜란드 국경 바깥에서는 오랫동안 인정받지 못했다.[2]

다른 한편으로는 1980년대 한 소규모 연구 그룹이 언어학적 번역연구에 맞서, 독자적인 이론과 방법을 토대로 독립적인 전문 분야로서의 자주성을 주장하는 독자적인 **번역학**을 선언했다. 그것이 언어학적 관점에서 어느 정도 문제가 있는지는 우리 개론서 1권에서 밝혀졌다. 문예학적 관점에서 그런 구분은 무지하면서도 참담한 것으로 증명된다. 문예학 이론을 무시하는 경우, 문학텍스트의 — 원문텍스트 및 번역텍스

1_ Wolfman wilss, *Übersetzungswissenschaft. Probleme und Methoden*(Stuttgart, 1977), p.7: "번역의 문제점을 현대 학문의 과정에 포함시키는 도정에서, 전통적인 번역이론과 현대적인 번역이론이 서로 매우 상이한 방법론을 향해 나아가고 있음이 분명하게 드러났다." 나아가 빌스는 번역학을 "공시적 · 기술적(記述的) 언어비교의 새로운 분과학문"으로 자리매김한다(p.9). 베르너 콜러Werner Koller 역시 — 저마다 주안점이 다른 — 번역학이 언어학의 한 분야라고 분명하게 밝힌다. 콜러의 저서《번역학 개론 Einführung in die Übersetzungswissenschaft》(Heidelberg, 1979) 참조. 콜러는 독자적인 번역이론과 번역방법론을 위한 문예학적 논거들에 설득력이 없다고 여겼는데, 이것은 한편으로는 해당 문예학적 이론과 방법이 당시 미흡한 상태에 있었고 다른 한편으로는 콜러가 허구적 텍스트의 자율성 요구를 언어철학적으로 파악하지 못하고 "두려우면서도 매혹적인 신비mysterium tremendum et fascinosum"로 치부함으로써 문예학적 시도를 잘못 묘사했기 때문이다(p.104). 허구적 텍스트와 명제적 텍스트의 구분은 그 사이 언어철학에서 벗어나 문학이론으로 이동했다.

2_ James S. Holmes, *The Name and Nature of Translation Studies* (Amsterdam, 1975); *Translated! Papers on Literary Tanslation and Translation Studies*(Amsterdam, 1988) 참조.

트의 — 특별한 존재 방식과 기능 방식을 고려하지 않는 까닭에 무지하다. 그리고 제도적으로 독립된 번역학과에서 번역을 공부하는 대학생들에게 진부한 방식으로 문학텍스트 번역을 가르치고 실제의 문화사적 차원 및 문학번역의 기술, 특히 학문적이고 역사적인 문제 해결을 배제하는 까닭에 참담하다.[3]

그와 반대로 어문학적 번역연구는 학문 체계적으로, 방법론적으로 어문학과의 역결합을 시도한다. 문학번역이론은 문학이론 및 허구 의미론의 일부이다. 문학번역에 대한 문학사적 연구는 문학사 서술의 일부이며, 따라서 문학사 서술의 학문적 상황 및 방법론 — 해석학, 문학사, 수용미학 — 에 의지해야 한다. 그 밖의 모든 것은 제아무리 학문이라는 이름을 요구한다 할지라도 — 우리 분야에서는 — 학문과는 아무 상관없다. 그것은 마치 더 나은 바퀴를 발명해낼 가망성이 없는데도 새로이 바퀴를 만들어내려는 시도와도 같다. 과연 오늘날에도 수레를 원하는 사람이 있을까 하는 문제는 차치하고라도 말이다.[4] 이렇게 이해된 번역연구는 당연히 일반적인 문예학과도 구별된다. 흔히 자국문학에 주의를 집중하는 문학사 대신 비교하는 관점을 내세워 여기에서 일종의 방법론적 결론을 이끌어내기 때문이다. 특히 이 점에서 어문학 분야

3_ 예를 들어 텍스트의 제목을 그 내용과 연관 지어 해석하는 게 아니라 번역된 제목들 수백 개를 조사해 유형별로 분류하는 연구들이 인식론적으로 무슨 이득이 있는지 나로서는 도저히 이해하기 어렵다. Christiane Nord. *Einführungen in das funktionale Übersetzen: am Beispiel von Titeln und Überschriften*(Tübingen, 1993) 참조. 희곡 텍스트 번역에 대한 일부 논문들도 본질적인 것과의 관계에서 비슷한 문제점을 드러낸다. 가령 '말하기 좋은 번역'이나 '대화적절성' 같은 개념들이 해당 '번역학' 연구에서 떠돌아다녔는데, 그런 개념들은 번역에 별로 기여하는 바가 없다. 하지만 기본적인 전문 지식도 없이 나설 데 안 나설 데 끼어드는 바람에 번역학의 요구는 더욱더 웃음거리로 만들었다. 예를 들어 Mary Snell-Hornby, "Sprechbare Sprache-Spielbare Text. Zur Problematik der Bühnenübersetzung", in: *Modes of Interpretation*, ed R. J. Wats, U. Weidmann (Tübingen, 1984), pp.101-116 참조.

4_ "채털리 부인의 사랑의 기술적인 번역 분석"에 대한 박사학위 논문을 가차 없이 논평한 디터 멜스Dieter Mehls의 글은, 그런 식의 작업이 전문적인 학문 연구 상황으로부터 얼마나 멀어질 수 있는지, 그리고 번역연구의 위상을 얼마나 해칠 수 있는지 잘 보여준다. (*Archiv für das Studium der neueren Sprachen und Literatuen*, 148(1996), pp.233-234). "… 학문적인 신중성과 성실성의 기본 원칙을 침해하고 … 학문 연구를 위해 내세울 만한 기여도 하지 않은 연구."

들을 보충해야 할 필요가 있다.[5] 그러나 번역 연구를 이런 식으로 강조하는 것은 구분 짓기보다는 상세하게 설명하고 보충하는 것, 여기에서는 전적으로 전통적인 어문학적 번역연구를 상세하게 설명하는 것으로도 이해된다.

문학텍스트와 관련해 번역사는 항상 문학사이다. 이 책은 근본적으로 이 점에 대해 다루려 한다. 하지만 그에 앞서 몇 가지 이론적인 점에 대해 살펴봐야 한다. 문학텍스트 개개 요소들의 기술적(技術的)이고 언어 체계적인 번역 가능성에 대한 문제를 제기하는 번역연구가 있다면, 그것은 문학텍스트의 본성과 그 개개 요소들의 기능에 대해 이해하지 못한 것이다. 이런 점에서 가령 은유 번역의 문제는 상이한 언어들에서 은유 형성의 가능성과 은유적 말하기의 관습에 대해서는 알려줄 테지만, 텍스트(원문과 번역문)를 이해하는 데는 별로 도움이 되지 않는다.[6] 또한 문학은 읽히는 것이기 때문에 소통행위일 뿐이고, 원칙적으로 다른 모든 실용적인 언어표현과 다를 바 없으며, 따라서 언어학적 방향의 번역**학적** 방법들로 기술될 수 있다는 가정도 잘못된 것이다. 텍스트는 이른바 "생산자 측에서 수용자를 향한 정보의 제공"[7]이라는 전제조건은 명제적 텍스트에는 해당되지만 문학적 텍스트에는 해당되지 않는다. 카타리나 라이스Katharina Reiß가 과거 연구를 통해 발전시켰고 현재 **일반적인 번역이론**에 수용된 텍스트유형 모델, 짐작컨대 문학텍스트를

5_ 디트리히 하르트Dietrich Harth는 문학사 서술이 대체로 민족국가적인 사고방식에서 출발하며 문화 전달의 매체로서 문학텍스트의 기능을 경시하는 사태에 대해 불만을 토로했다. "최근에 전통적인 의미에서의 문학사와 문학비평은 민족주의 사상을 강조하는 문화 개념으로 다소 제한되었다." in: *Mediating Cultures. Problems des Kulturtransfers: Perspecktiven für Forschung und Lehre*, ed. Nobert H. Platz (Essen, 1991), pp.40-50; p.40.

6_ Dirk Delabastita, *There's a Double Tongue. An Investigation into the Translation of Shakespeare's Wordplay with Special Refernce to Hemlet* (Amsterdam - Atlanta)는 번역'학자'들에게 인기 있는 낱말유희 번역 분야에서 주도면밀하고 체계적인 번역비교가 어떻게 텍스트분석에 결부되어 있으며 또 어떻게 번역유형학에 이를 수 있는지 잘 보여주는 사례이다.

7_ Katharina Reiß/Hans J. Vermeer, *Grundlagen einer allgemeinen Translationstheorie* (Tübingen, 1984), pp.18f..

'형식을 강조하는 텍스트' 유형으로 분류하는 모델 역시 완전히 잘못된 것이다. 이런 카테고리는 허구적인 텍스트의 특수한 존재방식을 고려하지 않을뿐더러, 결정적인 전달 필터로서 번역의 문화적이고 문학적인 맥락에도 주목하지 않기 때문이다.[8]

이 책에서 옹호하는 견해는, 번역사적인 연구가 바로 문학사적인 연구이며 오로지 확인된 지식과 검증된 문예학 방법론에 의해서만 수행 가능하다는 사실을 전제로 한다. 앞으로 다양한 사례연구를 통해 명료하게 설명함으로써 이런 원칙을 더욱 분명하게 확인하고자 한다. 그러므로 번역과정에서 문학텍스트들을 각기(전적으로 상이한) 중요한 문화사적 문맥을 고려하여 오로지 전체 텍스트로서(오로지 역으로 개별적인 현상들을 전체와 관련지어) 다루어야만 의미가 있다. 원문과 번역문의 서로 상이한 문화 맥락이 종종 번역연구의 본래 매력을 만들어낸다. 이런 점에서 문학번역연구는 항상 비교문예학의 대상이었고 지금도 여전히 그렇다. 비교문예학이 과거에 항상 번역연구의 중요한 역할을 인정했으며 그에 필요한 방법들을 발전시켰다는 뜻은 아니다. 하지만 번역비교나 번역비평의 전통적인 형식들이 시대에 뒤떨어진 방법이라는 고찰은 오늘날 대체로 널리 인정받고 있다.

여기에서 문학번역연구의 역사적인 다양한 양상을 살펴보기 전에, 먼저 문학이론적인 전제조건으로서 텍스트, 정확히 말하면 원문 및 번역문의 본성, 존재론적 상태에 대해 설명해야 한다. 즉, 문학번역 이론의

8_ 이 문제에 있어서 나는 라이스와 페르메르가 문학이론적인 관점에서 보아 미흡한 견해를 암암리에 토대로 삼고 있는 다른 비슷한 시도들의 극치라고 본다. 그래서 라이스의 잠정적인 텍스트유형 모델[《번역비평의 가능성과 한계Möglichkeitren und Grenzen der Übersetzungskritik》(München, 1978) 참조]에 대해 몇 가지 반론을 제기할 수 있을 것이다. 예를 들어 Norbert Greiner, "Style as Meaning: Some Problems of Translating Modernist Poetry", in: J.Albrecht u.a.,eds., *Translation und interkulturelle Kommunikation* (Frankfrut/M., Bern, New York, 1987), pp.155-171. 베르너 콜러 역시 경솔하게도 "문학적이거나 또는(!) 지역학적인 방향의 텍스트들"에 대한 말한다면 근본적인 차이를 간과하는 것이다(그의 《번역학 개론Einführung》, p.146 참조). "번역에 중요한 텍스트분석"에 대한 상세한 설명(예를 들어 221쪽 이하) 또한 근본적으로 별 성과가 없다. 나는 율리아네 하우스 Juliane House의 《번역 품질 평가의 모델A Model for Translation Quality Assessment》(Tübingen, 1981)에 대해서도 비슷한 의구심을 품고 있다.

토대는 언제나 문학의 이론, 좁은 의미에서 문학텍스트의 존재론이다.

2. 미학적인 대상으로서 텍스트와 번역

언어학에 기반을 둔 소통 모델을 따르게 되면 문학텍스트의 존재방식을 적절히 파악하지 못하고 그 결과 번역의 존재방식 역시 제대로 간파하지 못한다고 이미 앞에서 말한 바 있다. 현재 널리 알려진 번역모델을 통해 이 점을 한 번 더 간단히 증명하고자 한다. 그렇다고 비미학적인 텍스트들을 위한 이 모델의 중요성을 절대 문제 삼는 것은 아니다. 유진 E. 나이다Eugene E. Nide의 정의가 1970년대와 1980년대의 번역연구에 아마 가장 지대한 영향을 미쳤을 것이다. 이 정의는 다음과 같은 형식이나 혹은 다소 수정된 형식으로 모든 번역 교과서에 등장한다.

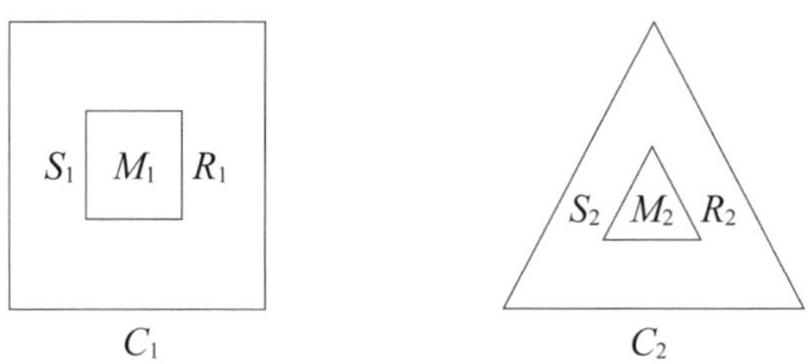

이 그림에 대해 나이다는 일반적으로 이렇게 설명한다.

> 번역은 출발어의 메시지에 가장 가까운 자연적 등가를 도착어에서 생산하는 것으로 이루어진다. 첫째 의미에서, 둘째 문체에서 그렇다. 이런 유형의 정의는 절대적인 일치의 부재를 인정하면서도, 가장 가까운 등가를 찾아내는 것의 중요성을 강조한다. '자연적'이라는 말을 빌어 우리는 등가 형식이 형식이나(물론 고유명사처럼 부득이한 경우는 제외하고) 의미에서 '낯설어서는' 안 된다는 것을 의미한다. 다시 말하면, 훌륭한

번역가는 이국적인 출처를 드러내서는 안 된다.

등가가 의미와 형식 두 측면에서 동시에 유지될 수는 없다는 것이 인정된다. 그렇다면 하나를 위해 나머지 하나를 버려야 한다. 의미가 문체적인 형식보다 우선해야 한다.[9]

논란의 여지가 많은 **의미**(meaning)와 **문체**(style)의 구분에 대해서는 나중에 자세히 다룰 것이다. 우선은 번역연구의 몇 가지 근본적인 문제점을 시사하는 이 정의의 논증 구조가 중요하다.

a) **안 된다**(should not)나 **해야 한다**(must) 같은 표현들은 좋거나 나쁜 것, 올바르거나 틀린 것과 관련해 일반적인 정의로 파악할 수 있는 객관적 기준이 존재함을 분명하게 암시한다. 그러나 번역의 역사는 개개의 번역자나 번역문화가 나이다에 의해 암시된 기준들을 따르기보다는 완전히 다른 요인들에 의해 주도된 사실을 알려 준다 — 나중에 여러 맥락에서 이 점을 증명할 것이다. 그러한 정의들은 기껏해야 몇몇 텍스트 종류와 아마 번역사의 몇몇 시기에만 관계되는 규범적이고 규정적인 번역 이론을 내포한다.

b) 그러나 우리의 문제 제기의 관점에서 보면, 여기에 내포된 가정, 즉 문학텍스트 번역을 오로지 소통행위로 묘사할 수 있다는 가정에는 많은 문제점이 따른다. 이런 가정은 일부에만 해당한다. 이 소통모델에 따르면, 소설을 읽는 경우에도 발신인(S)은 수신인(R)을 향해야 할 것이다. 그런데 소설을 읽는 사람은 누가 독자에게 말을 하는지 또는 화자로서 의사표현을 하는 사람이 어떤 독자에게 말을 하는지 간단히 잘라 말할 수 없다는 것을 안다. 허구의 세계에서 독자에게 말을 거는 사람이 작가인가 아니면 작가에 의해 창조된 화자인가? 지금 이 자리에서 서사학이나 의도되는 독자의 복잡한 문제에 대해서는 더 이상 상세히 논할

9_ Eugene Nida, “Principles of Translation as Exemplified by Bible Translating”, in : R. A. Brower, ed., *On Translation* (New York, 1966), pp.11-31, p.16, p.19.

수 없다.[10] 그러나 소설의 화자가 의도하는 독자나 이상적인 독자를 향한다면, 나이다의 모델은 더 이상 효력을 발휘하지 못한다. 화자는 작가(S)가 구상한 메시지(M)의 일부이기 때문이다. 그러므로 최소한 전달과정이 명제적인 의사표현의 경우보다 훨씬 더 복잡하다. 그러나 전달과정이 완전히 다를 수도 있다. 앞으로 우리는 미학적인 표현의 의도가 다른 사람에게 뭔가를 전달하는 데 있는 게 아니라 미학적인 산물은 전적으로 다른 뭔가를 목표로 한다는 것을 알게 될 것이기 때문이다. 이런 맥락에서 흔히 언어철학적으로 의미(Bedeutung)와 의의(Sinn)를 구별하는 것을 상기해야 하는데, 이런 구별을 토대로 고틀로프 프레게Gottlob Frege는 지시적 언어와 시적 언어를 구별한다. 그에 따르면 기호는 언어 밖에 있는 것을 지칭한다. 정확히 말하면 일반적으로 그 지칭은 누군가를 향한다(S가 R을 향한다). 이런 방식으로 기호는 의미를 획득하고 문장들은 진실의 기능을 담당한다. 다시 말해 문장들이 진실인지 거짓인지 물음을 제기할 수 있다. 그러나 문학예술작품의 기호들은 이런 점에서는 아무 의미가 없다. 그것들은 아무것도 지칭하지 않기 때문이다. 또한 예술작품의 문장들은 오로지 의의만을 지닐 뿐 진실 가치는 지니지 못한다. 언어예술작품에서 "가령 '오디세우스'라는 이름에 의미가 있는지" 혹은 유니콘에 대해 말하는 문장이 진실인지 거짓인지는 관심의 대상이 아니다. 오로지 문장을 통해 표현되는 생각, 즉 문장의 의의와 그 의의를 통해 유발되는 예술 감상만이 관심의 대상일 뿐이다.[11] 다른 말로 표현하면, 문학의 언어는 비지시적인 언어이다. 문학텍스트에서는 어떤 진술이 진실인가 또는 거짓인가 하는 물음은 제기되지 않는다. (지시한다는 뜻의)의미가 부재하고 진실 여부를 가늠하는 규정이 통용되지 않는

10_ 이와 관련한 근본적 사항에 대해서는 Wolfgang Iser, *Der implizierte leser* (München, 1972)와 *Der Akt des Lesens*(München, 1976), Franz K. Stanzel, *Theorie des Erzählens* (Göttingen, 1982) 참조. William Ray, *Literary Meaning. From Phenomenology to Deconstruction* (Oxford 1984, pp. 1-59)에 독서 이론들이 일목요연하게 정리되어 있다.

11_ Gottllob Frege, "Über Sinn und Bedeutung", *Zeitschrift für Philosophie und philosopjische Krritik*, 100 (1892), 100. pp.25-50, p.48

까닭에, 시적 언어에서 문장들의 의미론은 의의에 제한된다.[12] 언어예술 작품에서 언어는 의의구조를 형성한다. 문학텍스트는 그 자체로 충족되는 의의구조이다. 그 때문에 유니콘이나 마녀, 마법사들도 책을 읽는 특별한 즐거움을 제공할 수 있다. 반면에 실제 삶의 세계에서 그런 현상들을 지칭하는 것은 화자를 곤란한 상황에 빠뜨릴 수 있다. 실용적인 언어 표현이 관여하는 세계와 문학텍스트가 구상하는 세계에서 시간적·공간적·이념적으로 다른 세계가 아니라 존재론적으로 다른 세계가 문제된다. 이 점에 대해 곧 더 상세히 논할 것이다.

그러나 문학텍스트가 이런 관점에서 소통 행위도 아니고 수신인을 향하지도 않는다면, 전달하는 메시지도 문제되지 않는다. 프레게의 구분을 따르면, 메시지는 소통의 과정을 전제로 하기 때문이다. 이 말은 문학텍스트에 읽히려는 목적이 없다는 뜻이 아니다. 하지만 의도하는 상황이 다르다. 작가는 오로지 자신의 텍스트가 재미 있고 설득력 있고 흥미진진하고 아름다운 등등의 의의구조로서 관심을 끌기를 바란다. 어떤 진술이 소통 과정에서 진실이냐 혹은 거짓이냐는 의미에서는 진실가치를 논할 수 없다고 말한다면, 바로 이런 경우이다. "그는 검은 우유를 마셨다"는 문장은 2치논리(two-valued logic)[13]의 범위에서는 그릇된 진술인데 비해, 시에서는 모순어법Oxymoron[14]으로서 의의를 구성하는 매우 중요한 요소일 수 있다. 따라서 '검은 우유'를 수사적 표현이라 지칭하는 것으로는 그다지 많은 것을 얻을 수 없다고 지적해야 한다. 문학적인 텍스트에서는 의의를 만들어내는 사상을 실용적으로 널리 통용되는 수단 아닌 다른 수단을 이용해 표현할 수 있다는 점이 결정적이다. 또한 실용적인 소통 맥락에서는 가능하지 않은 것, 어쨌든 즉각 가능하지 않은 것이 문학적인 텍스트에서는 가능하고 또 기능을 발휘한다는

12_ 이 점에 관해서는 특히 Lubomir Dolezel, *Occidental Poetics. Tradition and Progress* (Lincoln: U. of Nebraska Press, 1990), bes. kap. 4.2. 참조.

13_ 역주 ― 참과 거짓이라는 두 개의 진리치만을 갖는 논리. 이에 대해 다치논리는 참과 거짓 사이의 중간 진리치를 인정한다.

14_ 역주 ― 서로 모순되는 어구를 결합시켜 효과적인 표현을 노리는 수사법.

점도 중요하다. 이것은 문학텍스트의 상황이 소통적인 의사표현과는 구분되는 것을 알려 준다. 여기에서 우리는 문체의 다름이 아니라 존재론적인 차이에 대해 말한다.

c) 이런 관점에서 나이다 번역모델의 또 다른 문제점, 즉 문체 형식(stilystic forms)보다 의미(meaning)를 우위에 두는 문제점이 드러난다. 나이다의 이런 규정의 배후에는 뭔가를 여러 가지 방식으로 말할 수 있다는, 화용론적 맥락에 해당되는 확신이 숨어 있다. 우리는 이런 확신이 적어도 문학의 여러 분야에서 많은 문제를 야기한다는 것을 앞으로 알게 될 것이다. 음색, 리듬, 음질, 운율 같은 언어의 소재적 특성, 즉 의의를 구성하는 요소들, 형식의 진술 내용이나 또는 좀 더 일반적으로 말해 형식의 의미화는 문체 목록에서 임의로 선택하는 부가적 요소가 아니라 그 자체로 의의의 구성소들이다. 이것들을 변화시키면 의의도 변화한다. 언어예술작품에서 언어는 회화에서 색채나 붓놀림 같은 것이다. 색채나 붓놀림을 약간 바꾸면 다른 그림이 생겨난다. 그러므로 의미와 문체의 우선순위를 정하는 것은 문제가 많을 뿐만 아니라 이른바 형식적인 요소들이 문학텍스트의 의의를 구성하는 본질적 기능을 부인하는 처사이다. 그럼으로써 언어예술작품의 존재방식, 미적 대상[15]으로서의 특성을 부인하게 된다.

d) 또 다른 문제점은 번역이 낯설게(foreign) 보여서는 안 된다는 요구에 있다. 그러나 문학의 생명력은 낯선 효과를 발휘하는 것, 새로운 것, 특이한 것, 때로는 낯설게 하는 것을 언어로 표현하는 데 있다. 문학이 그밖에 무엇을 추구하겠는가? 그것을 추구하지 않는다면, 문학은 진부할 것이다. 구조의 낯섦이 종종 텍스트의 매력을 이룬다. 문학텍스트의 효과와 관련해 낯섦이 시대의 문학이론적인 기대치에 따라 얼마나 전면에 부각되거나 또는 뒤로 물러날 수 있는지도 앞으로 이 책에서 보여줄 것이다. 어쨌든 낯선 것의 효과, 어쩌면 그야말로 번역의 효과도 문

15_ 이 개념에 대해서는 Jan Mukarovskij, *Kapitel aus der Ästhetik* (Frankfurt/M., 1970), pp.30 ff.

학에서 다른 비중을 차지하게 될 것이다.

나는 — 나이다의 정의에서 출발해 — 먼저 실용적인 언어표현과 문학적인 텍스트 사이의 차이점에 대해 간략하게 설명하는 것으로 시작하려 했다. 우리는 이런 차이점들을 나이다나 또는 언어학적 번역연구에 대한 비판으로 이해해서는 안 된다. 그보다는 텍스트들이 제각기 서로 다른 까닭에 방법론적이고 이론적인 단초들도 필연적으로 다를 수밖에는 없다는 사실을 강조하는 것이 중요하다. 한 텍스트 형식에 대한 가설들이 다른 텍스트 형식을 위한 방법론적 성찰의 토대로 이용되어서는 안 된다. 그밖에 문학적인 텍스트 번역에 대한 설명이 실용적인 텍스트 번역에 대한 연구와 모든 점에서 달라야 한다는 뜻도 아니다. 반대로 다양한 텍스트 분야의 번역과정에서 실제로 많은 세세한 문제들이 서로 일치한다. 그러나 존재방식이 다른 경우 완전히 다른 현상들이 중요하게 부각되어 우리의 비판적 관심을 끌 수 있다. 나는 오로지 이런 차이점만을 중요하게 여긴다. 앞으로 이 차이점에 대해 더욱 상세히 논해야 한다.

그러므로 우리의 문제에 결정적인 카테고리는 텍스트 카테고리 내지는 문학텍스트의 언어적 의의구성의 종류이다.[16] 실용적인 텍스트와 허구적인 텍스트 사이에 존재론적 차이점이 있다는 견해가 대상을 신비화적으로 드높이려는 게 아니라 불가피하게 이론적 토대를 이루는 점을 분명히 밝히기 위해, 로만 야콥슨Roman Jakobson이 언어학적 관점에서 적절하게 지적한 차이점을 상기해야 한다.

실용적인 언어뿐만 아니라 감정적인 언어에도 귀속되는 의사소통 기능

16_ 이 점에 대해서는 Norbert Greiner, "Translat oder Transplantat? Literarische Bedeutung und die Poetik des Übersetzens", in S. R Anschütz, ed., *Textte, Sätze, Wörter und Moneme. Festscgrift für Klaus Heger, 65. Geburtstag* (하이델베르크, 1992), pp.243-256; 이 논문의 개정 증보판, "Literarische und wissenschaftliche Übersetzung. Einige Gedanken zur Geschichte und Poetik des Übersetzens von literarischen Texten." *anglistik englishunterricht 55-56* (1995), pp.7-20 참조.

이 여기에서 최저치로 축소된다 … 시적 특성은 무엇을 통해 드러나는가? 낱말이 단순히 지칭되는 대상의 대리물이나 감정의 분출이 아니라 낱말로써 느껴지는 것을 통해 드러난다. 낱말들과 그 관계, 의미, 외적·내적 형식이 단순히 무심하게 현실을 암시하는 것이 아니라 고유의 의미와 독립적 가치를 획득하는 것을 통해 드러난다.[17]

우리는 여기에서 거론되는 사태를 다른 개념, 즉 **자율성**(Autonomie)의 개념에 의해서도 서술할 수 있다. **자율성**은 문학텍스트가 삶의 세계와 아무 연관이 없고 그러므로 오로지 언어구조와 형식요소들과의 관계에서만 흥미를 끈다는 것을 뜻하지 않는다. 오히려 **자율성**의 개념은 삶의 세계와의 비지시적 관계와 실용적인, 비미학적인 언어표현에 대한 기본적인 차이를 강조한다. 이 비지시적인 관계를 보다 상세히 규명할 필요가 있다.

낱말의 '의미'를 음향 현상으로부터 분리할 수 없는 언어내적 현실로 이해하는 후설의 현상학에 이어, 텍스트의 자율성을 독자적인 현실이라고 주장하는 텍스트 이론이 전개된다.[18] 그러나 이런 식의 텍스트 이해는 이미 과거에 다른 논증 관계에서 통용되었다.[19]

문학의 존재방식은 문장 구조의 존재이다 … 그러나 문장의 존재는 문장이 아닌 것, 문장과는 다른 것을 의미하는 데 있다. 그러므로 문장으로 유지되는 의미 구조로서의 문학작품은 의미단위의 무한한 영역에서 문장 구조로부터 전개된다. 자신의 의미들이 특정 현실에 부합해야 한다는 요구를 제기하는 문장들이 있다. 의미를 통해 인식의 길을 열고 행

17_ Roman Jakobson, "Was ist Poesie?", *Texte der russischen Formalisten II*, ed. W.-D. Stempel (München, 1972), pp.392-417, p.415. 여기에서 내가 이 구절을 인용하는 것은, '시적 특성'이 충분히 정의되기 때문이 아니라 지금 문제되는 차이가 언어학적 관점에서 강조되기 때문이다.

18_ 이 설명은 로타르 피츠Lothar Fietz의 《허구적인 구조주의Funktionaler Strukturalismus》(Tübingen, 1976) 관점을 따른다.

19_ H. J. Gerigk, *Unterwegs zur Interpertation. Hinweise zu einer Theorie der Literatur in Auseinandersetzung mit Gadamer "Wahrheit und Methode"* (Hürtgenwald, 1989) 참조.

위를 유도하고 신체를 움직이고 영혼에 충격을 주는 문장들이 있다. 그런데도 문학작품은 (책처럼)구체적으로 실재하는 것이 아니라 항상 오로지 의도적으로 불러낼 수 있도록 존재할 뿐이다. 문장과 실재 사이의 '공간'에서 여러 곳에 위치할 수 있는, 문장으로 유지되는 의미 구조의 존재. 모든 문학이 독특하게 비현실적인 특성을 지닐 수밖에 없는 이유는 바로 여기에 있다. 현실에 대한 미적 환상과 그 자족감의 '아름다운 가상'이 아니라 문학작품의 문장 존재에 있다. 그 비현실적인 특성이 결코 문학의 존재를 부인하는 것은 아니다.[20]

이미 알고 있는 바와 같이, '의도적'이라는 말은 여기에서 작품의 소통 목적, 즉 작가의 '진술 의도'와는 관련이 없다. 현상학적인 언어 사용에서 '의도'의 개념은 대상을 의식하는 의식의 행위(그리고 구조)를 규정한다.

의식은 항상 어떤 것에 대한 의식이며, 주체가 객체를 의도하는(즉 표상하고 구상하고 의식하는) 행위로 설명하는 것이 가장 바람직하다. 이런 식으로 객체는 표상, 구상, 형상으로 주어진다. 따라서 가령 대상의 명칭이나 학문적인 진술과는 반대로 '의도적인 존재'는 경험적 현실에서 지시적으로 일치하는 것이 없다.

이것은 앞에서 약술한 프레게의 언어철학적인 입장에 명백하게 근접한다. 이미 뮐러에 앞서 로만 인가르덴(Roman Ingarden)은 의미론과의 관계에서 이러한 차이점들에 대해 상세하게 서술했다. 그는 예술작품에서 접하는 진술을 '사이비 판단(Quasi-Urteil)'이라고 부른다. 이런 사이비 판단들은 문학작품 및 다른 사이비 판단들의 구조 관계 속에서 비로소 기능과 의미를 부여받는다. 그리고 이런 점에서 삶의 세계의 실제 사실과 유사함을 보일지라도(혹은 바로 유사함을 보인다면) 비허구적인 텍스트에서 등장하는 동문(同文)의 진술과는 다른 상태를 나타낸다. 문학

20_ G. Müller, "Über die seinweise von Dichtung", *Deutsche Vierteliahresschrift für Literaturwissenschaft und Geistesgeschichte*, 17(1939), pp.137-152, pp.142-143.

텍스트는 경험적인 입증을 요구하는 것이 아니라 오로지 자체 내에 의미를 구성한다 — 입증 가능한 사태와 유사하거나 혹은 어긋나는 정도와는 전혀 무관하게.[21] 비허구적 언어는 뭔가의 모사로서 현실에 상응하는 것이 있는 개념들을 제공한다. 문학작품들은 현실에 존재하는 원형의 모사가 아니라 이념으로 고양된 현실을 제시한다. "예술적 묘사는 그것이 묘사하는 현실에서 눈에 보이지 않으면서도 본질을 이루는 것을 드러나게 한다. 표현은 묘사이다. 묘사는 모방이다. 모방은 인식이다. 예술적 표현은 현실적인 것의 모방으로서 결코 단순히 현실적인 것을 언어로 기록하는 것이 아니라 현실적인 것을 이념으로 고양시킨다."[22] 관조하는 주체와 관조되는 객체의 관계가 매번 달라지는 것은 바로 이런 상황에서 유래한다. 우리는 개념을 우리와 연관 짓고, 이념 앞에서는 우리 자신을 외면한다. 간단한 예를 들어 다른 말로 표현해 보자. 우리가 삶의 세계의 의사소통 상황에서 개념적으로 알게 되는 것과 우리의 온갖 반응을 유발하는 것이 이념으로 고양된 인식으로서는 각기 웃음이나 연민, 하지만 늘 거리를 두고 현실에서 '벗어나는(enthoben)' 경험을 야기할 수 있다.

이처럼 여러 맥락에서 논증된 문학작품의 '자율성'을 바탕으로 작품의 구조를 추론하고 언어의 기능을 평가할 수 있다. 이 점 역시 사례를 통해 설명하고자 한다.

이런 구절로 시작하는 괴테의 유명한 시가 있다.

> 산봉우리마다 평온이 감도누나.

이 시구는 실용적인 의사소통 맥락에서 주어지는 정보가 아니다. 기상

21_ Roman Ingarden, *Das literarische Kunstwerk* (Halle, 1931) 참조. René Wellek의 《네 편의 비평. 크로체, 발레리, 루카치, 인가르덴Fore Critics. Croce, Val》(Seattle und London, 1981), pp.55-73에 인가르덴의 사상이 잘 요약되어 있다.

22_ Gerigk, 앞의 책, p.129. 다음 설명들도 게리크의 저서, 특히 제2부 '가다머의 긍정적인 중심 개념들'(pp.121-150)과 '쇼펜하우어 예술철학의 시사성'(pp.158-184)을 참조하고 있다.

학적인 정보도 아니고 여행 감상문이나 일기도 아니다. 실용적인 소통의 맥락에서 전달하는 말이 절대 아니다. 이런 점은 원칙적으로 모든 '사이비 판단'에 해당되며, 또한 시대문학과 실화소설, 풍자, 희화 등등에서 외적으로 직접 현실과 관련 있는 것들에게도 해당된다. "문학적인 창작물에서 분명 이따금 언급되는 것들이 있는데, 이런 것들을 발견해내야만 실제로 묘사된 것을 이해할 수 있다는 식으로는 생각할 수 없다. 심지어는 이따금 언급되는 것들이 묘사된 것 속에서 지속적인 형상으로 자리 잡을 수도 있다."[23] 그러므로 어쨌든 의미기능 면에서 사이비 판단은 오로지 문학작품 자체 내에 주어진 의의 맥락에서 결정된다.[24]

언어기호의 평가, 이른바 문학텍스트의 '문체'나 '형식'의 품질과 관련해서도 같은 결론을 이끌어낼 수 있다. 예술적인 기교를 능숙하게 구사하는 시인의 소통 '능력'을 밝히려는 목적으로 그런 품질들을 해석하게 되면 문학의 본질에서 어긋난다. "작가가 아니라 작품의 관점에서 모든 예술적 기교를 생각해야 한다."[25] 모든 개개의 언어 기호는 의의를 구상하기 위한 (성공한 작품에서)불가피한 조치일 뿐이다. 형식의 기능은 재료에서 수행된다. 형식은 언제나 의미의 구성성분이다. '오로지' 이런 의의 구상의 맥락에서만 형식은 문학 텍스트의 중요한 구성성분이며 결코 전달하는 내용을 능숙하게 꾸미는 장식이 아니다. 이런 점에서 개개의 언어 기호는 전체 형상의 일부이며, 의의 전체에 대한 구조적인 관계에서 비로소 의의구조를 형성한다.

언어가 왜 실용적인 소통의 미덕을 벗어던져야만 비로소 종종 문학작품에서 임무를 완수하는지 여기에서 분명하게 드러난다. 언어의 목적이 실제의 사물을 표시하는 데 있지 않는 경우, 최대한의 투명성이 요구되기보다는 오히려 그 반대의 경우가 많다. 텍스트 의의가 **오로지** 텍스트의 특별한 형식에서 구성되는 것처럼, 낱말들의 자료적인 성격, 낱

23_ 위의 책, p.129.

24_ 위의 책, *Grundzüge einer philoso-physishen Hermeneutik* (Tübingen, 1960) p.139 참조.

25_ Gerigk: 앞의 책, p.100.

말 결합과 문장 결합도 마찬가지로 의의를 구성하는 차원을 획득한다. 언어의 작가 재귀성과 텍스트의 구조 재귀성은 작품의 본질적인 요소들이다. "전달하는 언어표현의 정보는 지칭되고 보고되어야 하는 사건, 즉 그것을 통해 … 알려져야 하는 것을 목표로 하며 대부분 다른 언어형식으로도 전달 가능한 반면, 미적인 행위에서는 말해지는 것과 말하는 언어형식이 서로 근접하다(?)."[26] 이 논제를 설명하기 위해 괴테의 시를 한 번 더 인용할 수 있다. 널리 알려진 바와 같이, 이 시의 두 가지 버전이 있다. 두 버전은 아주 사소한 점에서 다르다. 마지막 시행이 첫 번째 버전에서는 "그대 또한 휴식을 취하누나(Ruhest Du auch)"이고, 두 번째 버전에서는 "그대도 휴식을 취하누나(Ruhest auch Du)"이다. 괴테 스스로 두 버전의 의의 차이에 대해 말한 바 있다 — 그는 자연 상태의 특성 묘사에서 나이 들어가는 사람의 존재 경험으로 옮아간다 — 이에 대한 문예학적 해석들은 이미 충분히 알려져 있다. 이 사례는 세세한 부분 하나가 달라짐으로써(두 낱말의 위치가 바뀜으로써) 의의구조가 얼마나 변화하는지를 매우 인상적으로 명료하게 보여 준다. 실용적인 소통의 관점에서는 이런 정도의 변화는 전혀 눈에 띄지 않았을 것이다.

롤프 브로이어Rolf Breuer는 다른 관점에서 — 소통이론에 근거하는 문학이론의 관점에서 — 같은 결론에 이르렀다. 그는 아날로그 소통과 디지털 소통을 대비시키면서, 예술의 사유형식 및 소통형식을 학문의 사유형식 및 소통형식과 구별한다. 디지털은 명백하게 정의되지만 수학적 의미에서 임의의 '상징', 즉 지칭되는 사태와 아무 상관없는 기호를 이용하는 언어의 종류이다. 실증적이고 물리적인 실제 단위를 이용하는 언어는 아날로그 식으로 대처하며, 그 단위들은 데이터와 유추관계에 있다. 예를 들어 우리 모두 잘 알고 있는 시계 구조, 숫자판과 시계바늘의 구조는 유추를 통해 시간을 모사한다. 공간적인 간격, 즉 비수학적이고 문학적인 의미에서의 상징들을 통해. "자연 언어의 실제 목적은 좁은 의미에서의 정보의 전달이고 자연 언어는 디지털식으로 작용하기

26_ Müller, 앞의 책, p.138.

때문에, 소통의 내용적 측면이 보통 전반적으로 디지털식이다."[27] 학문적 서술은 형식을 명확하게 하고 사태를 거짓 없이 묘사하기 위해 디지털적 특성을 이상으로 삼는다. "하지만 허구적 언어사용의 경우에는 묘사하는 … 행위에서 … 묘사되는 세계가 생겨난다. 언어는 — 그 자체로서 — 어떤 다른 것에도 관련되지 않으며, 따라서 스스로 논의되고 수용될 것을 자청한다. 그러므로 형식은 사라지는 것이 아니라 의미화되어(중요성과 의의의 이중적 의미에서)의미를 얻는다."[28] 아날로그의 특성은 개개의 언어 기호, 즉 음성과 문장과 문장 결합의 미시적 영역에서뿐만 아니라 작품의 거시적 구조에서도 나타난다는 추론을 덧붙일 수 있다. 작품은 말하자면 그 자신의 상징이다.

문학텍스트의 개념 규정에 대한 이런 매우 다양한 시도들은 이런 식으로 특징 지어진 문학 예술작품 존재론에 원칙적으로 논란의 여지가 없다는 사실을 보여주기에 — 바로 다양한 이론적 시도 때문에 — 충분할 것이다. 이런 보편성 덕분에 많은 다채로운 이론과 방법이 추론 가능하다. 그런데도 아직 해결되지 않은 한 가지 본질적인 문제가 있다. 이 문제가 비단 문학 번역에만 해당되는 것은 아니지만 특히 문학 번역에서 중요하다. 우리는 예술작품의 문장들이 지시 관계의 부재 탓에 의미를 제시하는 것이 아니라 세계를 구상한다는 의미에서 '의의'를 지닌다고 말했다. 그렇다면 이러한 의의는 누구에게 드러나는가? 그리고 어디에 자리매김해야 하는가? 즉, 우리는 작품을 의도적인 의식행위로 이해하는 경우 문학작품의 의의를 **텍스트 안**에 자리매김한다. 예를 들어 인가르덴은 의의가 각기 독자의 의식 속에서 활성화된다고 보는 생각을 잘못되었다고 여긴다. 인가르덴에 따르면, 독서 행위는 문학작품의 의의를 구성하는 것이 아니라 다만 구체화시킬 뿐이다. 따라서 의의의 구체화를 그 구체화와 무관하게 존재하는 텍스트의 의의와 동일시해서는

27_ Rolf Breuer, *Literatur. Entwurf einer kommunkationsorientierten Theorie des sparachlichen Kunsrwerks* (Heudelberg, 1984), pp.12-13.
28_ 위의 책, p.41.

안 된다. 다른 한편으로 모든 의도적인 행위는 유일무이한 것이며, 따라서 텍스트의 의의는 텍스트를 읽는 제각기 독자에게 제각기 의도적인 성취라는 사실이 중요하다. 여기에서 적어도 작가의 의도와 독자의 의도라는 **이중적인 텍스트 정체성**의 역설적인 상황이 발생한다. 이런 식의 역설을 확인하게 되면, 독서행위와는 무관하게 존재하는 작품 속에서 '순수한' 의의, 각기 독자에 의해 확정되고 경험되어야 하는 '비어 있는 의의'를 인정하게 될 것이다.

결국 이러한 문제는 문학 해석학의 중심 문제 및 여기에서 추론되는, 해석을 위한 방법론적 가설로 귀결된다. 문학작품의 이해는 어떻게 이루어지는가? 그리고 문학작품의 해석은 어떻게 이루어지는가? 문학작품의 현실은 독자에게 의식되는 문학작품인가? 그리고 문학의 의미는 원심적인 이해의 대상으로서 언제나 오로지 독자의 바로 그 자리, 그 순간에 결부되는가? 아니면 자율성의 명제에서 추론할 수 있는 바와 같이, 시적 낱말은 그 자체로 존재해 "해석자의 역사적인 입장과는 완전히 무관하게" 구심적인 이해의 형식으로 드러나는 의의를 구상하는가?[29]

이제 문학작품 번역에 대해 살펴보자. 번역학이 문학작품을 하나의 텍스트유형 모델로 분류함으로써 — 아무리 세분화된 분류라 할지라도 — 그 존재방식과 작용방식을 얼마나 소홀히 대하는지 분명해졌을 것이다. 미학적 텍스트와 명제적 텍스트의 근본적 차이점에 직면해, 하지만 무엇보다도 그런 식으로 의도된 구상의 특수한 존재방식과 경험가능성, 작용방식에 직면해 번역의뢰나 목표 집단, 번역된 텍스트의 기능에 대한 물음들은 옳고 그름을 떠나 말 뜻 그대로 **본질적인** 것이 아니다. 그렇다고 우리가 전혀 다른 길을 통해 이르게 될 결과들과의 비교가능성을 배제하는 것은 아니다.

번역문도 문학적인 텍스트이고 미학적인 대상이며, 앞에서 설명한 예술작품의 모든 특성을 그대로 드러낸다. 그 밖의 것은 전부 패

29_ 이런 두 가지 방식의 이해에 대한 보다 자세한 설명은 특히 게리크의 앞의 책, 15쪽 인용문 참조.

러프레이즈, 비판적 논평, 해석일 것이다. 번역가의 임무와 문제점은 작품의 상태와 구조에서 비롯된다. 이 말은 실제보다 더 명백하게 들리며, 우선은 아주 오래된 번역 딜레마의 이론적 토대만을 표현한다. 전지적(全知的) 의식행위의 구조, 대상의 구조를 다른 언어를 사용하는 독자에게도 중개하는 것이 문제된다(인가르덴). 다른 말로 표현하면, 해석자/번역자의 역사적인 입장과는 무관하게 설정된 의의를 파악해 번역문에서 새롭게 설정하는 것이 문제된다면, 우리는 작품의 구심적 이해에서 출발하는가? '원문에 대한 충실성'은 경우에 따라서 낯선 구조까지도 보여 주는 것을 포함하는데, 이런 충실성에 대한 기대가 의식적으로든 암묵적으로든 **이런** 이론을 전제하는 것을 쉽게 인식할 수 있다. 아니면 우리는 의의 파악을 작품으로부터 멀리 독자/번역자의 이해영역으로 옮겨 놓는 원심적인 과정으로서 작품 이해를 생각하는가? 그렇다면 앞에서 설명한 작품-독자-의도의 관점에서 목표어의 독자에게 의도하는 행위를 가능하게 할 필요가 있는가? 활성화되어야 하는 구조가 독자에게 주어진 구조와 인습의 한계를 완전히 벗어나지 않는 경우에만, 그 의도하는 행위는 작품 속에서 도식화된 의의단위를 활성화하는 데 성공할 수 있을 것이다. 문학의 의미와 번역에 대한 이런 종류의 이론은 주어진 역사적 시점뿐만 아니라 주어진 문화적 맥락, 장르 관습, 예술 형식과 형식 전통, 문체 전통, 언어구조 안에서 글을 쓰고 이것들을 목표로 텍스트를 작성하는 독자/번역자를 생각하게 유도할 것이다. 자유롭게 번안하는 번역은 이런 맥락에서 그 시학적 근거를 발견했을 것이다. 오로지 이런 배경하에서만 번역전략과 번역품질에 대한 질문들은 의의를 갖게 된다.

3. 번역 이론적이고 방법론적인 결론

번역이 독일에서 **명실상부하게** 예술 창작의 형식으로 발전해 다방면으로 품위를 인정받은 시기에, 빌란트Wieland의 번역을 계기로 괴테로 하여금 두 개의 서로 상반되는 번역 원칙에 주목하게 만든 문제점이 여기에서 다시 쟁점으로 부각된다. "… 한 원칙은 낯선 나라의 작가를 우리에게로 데려와 그를 우리와 같은 사람으로 볼 수 있기를 바란다. 그에 비해 다른 원칙은 우리가 낯선 사람에게로 건너가 그의 상태와 언어 방식, 특성에 익숙해질 것을 요구한다."[30] 슐라이어마허Schleiermacher는 이 두 방식에 대해 모방과 패러프레이즈라는 그리 적절하지 않은 개념을 부여했다.[31] 앞에서 입증한 바와 같이, 두 견해는 문학 이론적인 관점에서 타당성을 인정받을 수 있다. 두 견해를 위해 반은 미학적이고, 반은 무엇보다도 역사적인 입장을 반영하는 해석학적 근거들을 제시할 수 있다.

베르너 폰 코펜펠스Werner von Koppenfels는 이 두 번역원칙을 아주 알기 쉽게 역사적인 틀 속에 옮겨 놓았다.[32] 출발어 지향은 비교적 새로운 방향이다. 그것은 낯선 사람들, 낯선 것, 낯섦을 고수하는 것들의 범주와 동시에 슐라이어마허의 해석학에서 이 범주들의 의미를 그야말로 최초로 문화사적, 미학적으로 파악한 낭만주의의 발견이다. 낭만주의 이전까지 그리스 로마 고전의 번역 원칙은 전반적으로 목표어를 지향했다. 고전을 수용하는 문화는 전달받은 것을 계속 변화시키고 이어나가는 후계자로 자처했으며, 전달받은 것은 언제나 내 것으로 만들어 동화시킨다는 의미에서의 전달이었다. '낯섦'은 근본적으로 역사적인 거리였다. 번역의 기능은 바로 이런 거리를 극복하여 고전의 권위 있는 진

30_ J. W. Goethe, "Züderlichem Andenken Wielands", repr. als ,"Drei Stücke zum Übersetzen", in: H.J. Störig, ed., *Das Problem des Übersetzens* (darmstadt, 1973), pp.34-37, p.35.

31_ Freidrich Schleiermacher, "Über die verschiedenen Methoden des Übersetzens", repr. in störig, 앞의 책, pp. 38-70, pp.47-48.

32_ Werner v, Koppenfels, "Intertexualität und Soracgwechsel. Die literarusche Übersetzung", in: *Intertextualität*, ed. U. Broich und M. Pfister (Tübingen, 1985), pp.137-157; pp.1442ff. Zur Entwicklung des übersetzungstheoretischen Diskurses, der sich wandelnden Übersetzungs-konzeptionen und der kulturhistorischen Bedetung Übersetzens in Deutschland siehe die vorzügliche Monographie von Fridmarr Apel, Sprachbewegung. *Eine histocrich-poetologi-sche Untersuchung zum Problem des Übersetzens* (heidelberg, 1982)

실을 당대 사람들에게 이해시키고 모범이 되는 고전을 번역을 통해 모방하는 데 있었다. 그러나 **모방**(imitiatio)의 기준은 친숙함이었고, 친숙함은 오로지 동시대적인 문체의 옷을 입어야만 가능했다. 그리고 당대를 풍미한 '유행문화(Modekultur)'의 형식에서 '낯선 것'이 발견되었을 때도, 문학어로서 자국어를 개선하고 발전시키는 것이 번역의 원래 고유한 기능으로 간주되었다. 따라서 주안점은 목표텍스트에 있었고, '아름다우나 부정한 것(belles infidèles)'으로서의 특성은 바로 이런 역사적 맥락에서 평가되어야 한다.[33] 그렇게 번역은 언제나 낯선 문화재의 '발견'이지만, 언제나 "우리 자신의 뜻에 따라 우리에게 외국을 알려 주고"[34] "우리 민족의 삶 한가운데서 … 우리에게 놀라움을 안겨 준다." 유럽에서 민족문학의 발전을 위한 결정적 자극은 이런 형식의 문화 만남에서 출발했다. 시대를 풍미한 문화 '유행'이 — 패권을 쥔 세력권의 반사작용으로서 — 수세기 동안 유럽 정신계의 '담론'을 결정짓고 예술작품들을 제공했으며, 당시 뒤처져 있던 민족문화들은 이 예술작품들을 모델로서 덥석 받아들여 모방했다. **모방**과 자유로운 표절이 분명한 경계 없이 서로 넘나들었다. 그러나 그것들에 공감하고 따라하는 과정에서, 자국어의 언어 구조와 주어진 여건만으로도 모방이 가능한지 아니면 모방하기 위해서는 어쩔 수 없이 자국어를 발전시켜야 하는지 처음으로 종종 시험해 볼 수 있었다. 번역은 본뜨는 것이고, 그러니 결국 전달되고 전이된 모델의 뜻을 헤아려 새로운 창조가 가능해졌다. 모델의 모방 가능한 형식 양태와 수용하는 문화의 기존 형식의 역량 사이의 관계도 마찬가지다. 유럽의 민족문학 발전의 커다란 추진력은 흔히 그런 긴장 관계에서 발생했다.

16세기 이르러 불과 수십 년 만에 영어권의 서정시가 형성된 것을 상

33_ 이런 사유의 보다 자세한 내용에 대해서는 Novert Greiner, "Translation und cultural Alterity: Some Remarks about an All too Obvious Relationship", *Text - culture - Receotion. Cross-Cultural Aspects of English Studies*, ed. R. Ahrens und A. Antor (Heidelberg, 1992), pp.47-56.

34_ J. W. Gorthe, "Noten und Abhandlungen zu bessern Verständnis des west-östlichen Diwans", repr. als "Drei stücke zum Übersetzen," in: *Störig*, 앞의 책, p.35.

기해 보라.[35] 중세는 유럽의 기독교 사회에 라틴어의 외투를 씌웠으며, 초기 르네상스까지도 라틴어 문학은 규범적인 모범을 의미했다. 그러나 단테의 《속어론(俗語論)De Vulgari Eloquentia》에 자극받고 이탈리아와 비교해 한참 뒤떨어졌던 북유럽 국가들의 적극적인 지지를 받았으며, 문학어로서 민족 언어의 의미에 대한 논쟁이 차츰 중요하게 부각되었다. 이런 정신적 분위기 속에서 각기 국가의 언어들이 정비되고 어휘가 확대되고 음향과 리듬과 음조가 확립되었다. 이를 위한 수단은 무엇보다도 번역, 더 정확히 말하면 모방이었다. **모방**은 본보기를 찾아 내어 본뜨는 것을 의미했다 — 학문적이고 신학적인 번역이론이 요구하듯 말 그대로 본뜨는 것이 아니라 자유롭게 번안하는 것. 고대의 고전적인 모델들과 더불어 이탈리아 문학도 본보기로서의 위상을 획득했다. 이탈리아 문학은 이미 고전적 전범에 상응하는 것을 넘어서서, 이미 말한 바와 같이 문화유행으로 자리 잡은 고유의 자국어 문학을 발달시켰기 때문이다. 아리오스트Ariost와 그리고 물론 페트라트카Petrarka가 있었다. 그들을 모방하는 과정에서 영어의 시적 가능성이 시험되고 계속 발전되었다. 그들과 다른 모델들을 통해 오늘날 영국 문학의 전형적인 형식과 장르들이 영국으로 수입되었다. 송가, 비가, 풍자, 경구 — 그리고 무엇보다도 소네트. 소네트 집필이 많은 모방자들에게 영어의 한계를 보여 주었는데도, 바로 그 소네트가 몇 십 년 후에는 — 시드니, 스펜서, 셰익스피어에게서 — 영국 문학 발전의 절정을 이루었다. 그리고 그것은 오늘날까지 세계문학의 절정들 가운데 하나로 손꼽힌다. **모방**을 통해 그야말로 최초로 시어가 형성되었고 시작(詩作)이 가능해졌다. 페트라르카 전통의 수용은 "영국 서정시가 자아체험으로서의 시적 매체로 발전하는 도정에서 결정적 자극을 받은 과정으로"[36] 증명된다.

18세기 독일 연극의 발달 역시 비슷하게 요약할 수 있다. 18세기

35_ 여기에서 나는 Maurice Ebans, *English Poetry in the Sixtenth Century* (London, 1967), pp.24-38의 설명을 따른다.

36_ Wolfgang Weiss, *Die elisabethanixche Lyrik* (Darmstadt, 1976), p.91.

초 라이프치히의 문학교수 요한 크리스토프 고트셰트Johann Christoph Gottsched는 독일 문학을 부흥시키고 연극의 수준과 문화적 명성을 높이고자 냉정하게 현황조사를 하는 과정에서 "연극무대가 처해 있는 커다란 혼란을 즉각 인지했다."[37] 일반적인 도덕적·철학적·사회적 교육 프로그램과 연관된 기능 대신[38] — 아마 크리스티안 바이제Christian Weise의 학교극(Schuldramen)[39]을 제외하면— '과장된 유흥'이나 '억지로 꿰어 맞춘 황당한 이야기', '천박한 희화와 음담'만을 제공했다.[40] 《비평적 시학의 시도》에서 고트셰트는 여기에 프랑스 연극, 의고주의(擬古主義)적인 비극 및 새로운 '**최루희극**(Comedie larmoyante)'[41]을 대비시켰으며, 이 선례에 따라 개혁을 추구했다. 《비평적 시학》에서 이론적인 강령이 제시되었고, 라이프치히의 한 극단이 여기에 관심을 표명했으며, 이제 오로지 본보기가 될 만한 작품만 있으면 되었다. 이 문제를 두 가지 방식으로 해결할 수 있었다. 한편으로는 본보기가 되는 작품들을 선정하여 체계적으로 번역하고, 다른 한편으로는 그 작품들을 본받아 직접 희곡을 집필할 수 있었다. 고트셰트 스스로 모범을 보였다. 1730년 그는 라신Racine의 《이피제니Iphigénie》를 번역 출간했으며, 일 년 후 '자신의' 최초의 독일 규범드라마(Regeldrama) 《죽어가는 카토Der sterbende Cato》를 발표했다. 이 작품은 사실 데샹Deschamp이 자유롭게 개작한 프랑스어 본을 인용해 에디슨Addison의 카토 비극을 번역한 것이었다. 이 최초의 독일어 '원문 비극'은 "그 후 수십 년 동안 최고의 성공적인 희곡"이 되었다. 25년 동안 10쇄 인쇄되었으며, 독일 김나지움뿐 아니라 궁중에서도 인기가 높았다.[42] 고트셰트 자신과 그의 부인, 그리고 그와 뜻을 같이하는 사람들은 대대적인 번역작업에 착수했고, 그것은 1740년대에 전

37_ Johann Gottfried Gottsched, "Vorrede", *Der sterbende Cato* (1732), ed. Horst Steinmetz (Stuttgart, 1964).
38_ Horst Steunmetz, *Die Komödie derAufklärung* (Stuttgart, 1978), p.19.
39_ 역주 — 16, 17세기 라틴어 학교에서 교육적인 의도로 상연한 연극.
40_ Gottsched, 서언, 앞의 책.
41_ 역주 — 18세기 프랑스에서 감상적인 눈물을 유발할 목적으로 상연된 연극.
42_ 위의 책, 후기, p.137.

성기를 구가했다. 1741년에서 1745년 사이 고트셰트는 《고대의 규범과 본보기에 따른 독일 무대》[43]라는 독특한 표제의 6권짜리 방대한 희곡 선집을 발행했다. 이 '독일' 무대의 전반부 세 권은 거의 번역본으로만 이루어져 있었으며, 희곡 선집의 총 36편 가운데 16편이 번역 작품이다. 이 번역 작품들이 오늘날까지 거의 알려지지 않은 이유는, 무엇보다도 18세기 중반부터 레싱Lessing을 비롯한 일부 사람들이 다시 새로운 — 낯선 문화적인! — 범례라는 이름으로 고트셰트를 맹렬하게 공격했기 때문이다. 그래서 번역을 활용한 개혁자로서 고트셰트의 업적은 보다 나은 것에 밀려 잊혔다. 그와 더불어, 고트셰트의 시도가 없었더라면 아마 보다 나은 것이 그렇게 쉽사리 자리 잡을 수 없었을 거라는 사실도 잊혔다. 이 모든 것으로 보아, 번역과의 특정 관계는 여러 개의 번역 대안 중 임의의 결정에서 생겨나는 것이 아니라 문화적 상황 및 언어적, 문학적 전제조건과 필요로부터 생겨남이 분명하게 드러난다. '이론'은 일반적인 문화이론과 역사적 발전의 산물로 증명된다.

비로소 낭만주의에 이르러 출발어 지향에서 비롯되는 '낯설게 하기'를 유일무이한 가치 — 해석학적 고찰의 결과, 자국어 구조의 일회성과 고유성 깊이 언어철학적으로 뚫고 들어간 결과, 18세기 처음으로 발달한 '원전'[44]이라는 개념의 결과, 낯선 것이 학문과 예술과 문학의 모든 영역에서 발휘하는 매력의 결과라고 여기게 된다.

낭만주의 이래 정신과학 분야를 결정지은 해석학적 사유 관습이 출발어 지향을 강조하고 새로운 번역 유형을 만들어낸 데는 충분히 그럴만한 이유가 있었다. 언어의 낯선 면을 동화시킬 수 없다는 사실을 통찰하면서 비로소 번역에서 '낯선 언어'의 구조를 긍정할 수 있게 된다. 여기에서 번역가의 새로운 미학적인 강령이 규정된다. 낯선 것으로 경험된 텍스트의 의도는 대화식의 도전이 되고 낯선 것과의 풍성한 논쟁이

43_ Faksimiledruck der Ausgabe von 1741-1745: Stuttgart, 1972.

44_ Andreas Poltermann: *Die literarische Übersetzung. Fallstudien zu ihrer Kulirgeschichte*, ed. Brigitte Schultze (Berlin, 1987), pp.14-52, pp.17 ff.

된다. 이렇게 이해함으로써 비로소 번역은 진실한 범례, '상호문화적 소통', 나아가 명실상부한 소통이 된다.

우리는 현재의 문학이론과 독서이론에서 번역 개념의 이런 발달을 엿볼 수 있다. 낯선 것에 접근해야 하는데 접근할 수 없는 상황에서 우리의 정체성이 드러나 모든 인식 형식을 향해 문을 연다. "나는 목소리를 모방하면서 모방되는 것의 외형과 스타일을 받아들인다"고 메를로 퐁티Merleau Ponty는 말한다. 목소리의 모방은 어떤 식으로든 사유방식을 받아들이는 것으로 귀결된다.[45] 그러나 철학적인 성찰만이 과감하게 낯선 구조를 지향하도록 유도하는 것은 아니다. 이미 앞에서 상술한 구조 개념과 형식 개념, 낭만주의 문학이론의 성과로 파악해야 하는 개념들에서도 낯선 것을 지향하는 원칙이 생겨난다. '형식의 의미화'라는 명제를 말 그대로 받아들이면, 모든 번안하는 방식은 형식에서 일어나는 의의 구상의 폭파일 것이다. 극단적으로 말하면, 이것은 물론 문학텍스트의 원칙적인 번역 불가능성을 뜻할 것이다. 그런데도 우리는 그 사상을 진지하게 받아들여야 한다. 특히 매우 복잡하고 광범위하고 어쨌든 의식적인 형식의 의미화가 시적 토대를 이루는 — 현대의 거의 모든 텍스트가 여기에 해당된다 —[46] 텍스트의 경우 어쩔 수 없이 그것을 지향해야 한다. 심지어 클라우스 라이헤르트Klaus Reichert는 직접 조이스를 번역한 경험을 토대로 볼슐레거Wollschläger의 번역방식을 예를 들어 가독성의 원칙을 포기할 것을 주장했다. 가독성이 구조에 대한 이해를 배제하고 작품의 복합성을 단순화시키기 때문이다. "관심은 … 옮아간다. 관심은 지시적인 의의로부터(여기에서 그는 낱말의 의미를 말한다) … 작품 구조의 파악으로 옮아가야 한다. 지시적인 의의가 작품의 전체 층들 가운데 불가피하게 가장 중요한 층이 아니라 그저 하나의 층으로 파악되

45_ 스티븐 프리드먼은 함축적인 정선-번역 이론을 전개하는 과정에서 메를로 퐁티의 사상을 자세히 다룬다. Stephan Fredman, "Not Understanding", *Translations. Experiments in Reading*, vol. a. (Cambridge, Ma., 1983), pp.19-23, p.22.

46_ Norbert Greiner, "Style as Meaning : Some Problems of Translating Modernist Poetry," in J.Albrechy u.a, eds., *Translation und interkulurelle Kommunikation* (Frankfurt/M., Bern, New York, 1987), pp.155-171.

었고 파악되고 또 앞으로 파악되는 정도에 따라서."[47] 이렇게 번역으로부터 고향의 유기체를 자극하는 이물질이 생겨난다. 최고의 의미에서의 이식, 본래 거부반응을 일으키지만 운이 좋은 경우 창조적으로 보완하는 이식. 이런 번역 이론과 번역 실제에 대해 더 이상 자세히 설명할 필요는 없는데, 우리는 그것을 어문학적인 번역 이론과 번역 실제라고 부를 수 있다. 18세기 후반 이후 이것은 독일어의 뛰어난 번역들을 만들어냈으며, 여전히 번역 문제의 학술적이고 예술적인 논의를 결정짓는다. 빌란트의 독자들을 위한 '문학' 번역의 보완 증보로서 기획된 에쉔부르크Eschenburg의 셰익스피어 번역, 특정한 견지에서 수행된 A. W. 슐레겔Schlegel의 셰익스피어 번역, 무엇보다도 19세기와 20세기의 어문학자들에 의한 탁월한 고전문학 번역들, 우리 시대의 새로운 학술적인 번역 구상에 이르기까지 독일 어문학자들의 양적, 질적으로 독보적인 번역활동은[48] 번역의 이런 전통과 독일에서의 번역에 대한 어문학적인 논의를 입증한다.

그런데도 앞에서 증명했듯이, 이런 구상은 문학 의미의 이론에서 생겨나는 여러 가능성 중의 하나일 뿐이다. 다른 관점에서는 마찬가지로 다른 번역 방식을 추론할 수 있을 것이다. 현상학적인 텍스트이론의 모순으로 증명되는 것, 즉 '분할된' 의도적인 대상(작가의 의도와 독자의 의도)의 문제점은, 번역이 스스로를 "순수한 의미의 활성화"(번역가 측에서 독자의 의도)와 새로이 작성된 텍스트 형식의 독자적인 형상(번역가 측에서 작가의 의도)으로 이해하는 만큼 번역에 전이될 수 있다. 물론 이 형상의 구속력 있는 동기는 원문(작가의 작가 의도)이다. 맥락은 다르지만 가다머의 사상을 인용하면, 여기에서 번역은 "실제로 전통을 이루는 것에 대위한 모델"일 것이다. "문학의 경직된 언어를 이루는 것이 본래 고

47_ Klause Reichert, "Lesbarkeit oder Erhaltung der Komplexität? Thesen zur Praxis des Übersetzens," *Akzente*, (februar 1978), pp.65-76, bes. p.66.
48_ 노르베르트 그라이너는 셰익스피어에 대해 〈셰익스피어 새 독일어 번역의 목적과 문제Purpose and Problems of a New German Shakespeare Translation〉, *En Torno a Shakespeare*, ed M.A.Conejero: (Valencia, 1980), pp.159-185에서 그런 경우를 소개한다.

유의 언어가 되어야 한다. 그래야 비로소 문학은 예술이다."[49]

우리 주제와의 관계에서, 그것은 '전통'을 '상호문화적인 소통'으로 대체하는 것을 뜻할 것이다. 원문의 경직된 언어인 것이 **고유의** 언어가 되어야 한다. 그러나 낯선 구조와 고유의 것 사이의 정확한 관계는 결코 엄밀하게 규정되어 있지 않으며, 항상 규범적으로 엄밀하게 규정할 수도 없을 것이다. 원문과 번역문의 차이는 미리 계산되어 있지 않을 뿐 아니라, 이 차이 때문에 시론적으로 번역문을 독립적인 예술작품으로 정의해야 하고 또 비교 문화사적 연구의 대상으로서 주목해야 하는 것으로 증명된다. 더욱이 작품과의 그런 차이를 통해 독서 행위 자체가 의의구조를 자신의 이해 지평 안으로 전이하는 것으로서, 말하자면 개인적인 **문화 내적** 전이로서 특징지어진다. 텍스트의 자율성이 이에 영향받는 것은 아니지만 모든 텍스트 체험은 유일무이하다고 한 번 더 강조해야 한다. 텍스트를 총보로 활용하는 모든 연극 연출이 그런 식의 유일무이한 특성을 지니듯이, 번역문과 독서행위의 관계도 그와 비슷하다. 원문과 번역문의 차이는 **각각의** 이해 행위를 특징짓는다. 그리고 상호주관적이고 시간적인 패러다임과 더불어 상호문화적인 패러다임도 존재하면, 그 차이는 더욱더 오래 유지된다. 의도성이라는 개념의 독자 지향적 설명과 해석학적 성찰들은 아무리 일관성 있게 낯선 것을 지향해도 메울 수 없는 번역의 다름에 대한 여지를 인정한다. 그러나 여기에서 작가의 의도를 좇아도 효과가 있을 수 있다. 일반적으로 문학작품은 독자 측에서 체험되어야 하고 작가 역시 이런 관점을 완전히 등한시하지 않는다는 점을 염두에 두면, 문학작품의 거시적 구조는 오로지 묘사되는 것의 관점에서가 아니라 특별한 문화적 담론형식의 콘텍스트 속에서 전개된다. 이런 담론 형식에 익숙한 출발어 독자는 도착어 독자와는 완전히 다르게 텍스트를 체험한다. 도착어 독자는 번역가가 낯선 것을 지향함으로써 생겨나는 낯선 구조를 전혀 또는 거의 체험하지 못하고, 설령 체험한다 하더라도 완전히 다르게 체험한다. 출발어 지향의 원칙이 말

49_ Hans Georg Gadamer, *Die Aktualität des Schönen* (Stuttgart, 1979), p.65.

하기, 의의 구상의 특별한 방식이 유지되어야 한다는 근거를 내세운다면, 출발어 독자에게는 이런 방식의 말하기가 낯선 구조에서 비롯되는 방식이 아니라는 점을 분명히 밝힐 필요가 있다. 그러나 말하기의 특별한 방식은 이해하기의 특별한 방식과도 부합해야 하지 않을까? 원문의 독자는 익숙한 것에, 번역문의 독자는 낯선 것에 대질시키면 말하기의 특별한 방식을 유지하는 것일까? 최근 기호학적 방향에서 이 문제에 접근하는 번역이론이 있다.[50] 이 이론에 따르면, 구조를 이루는 요소들이 아니라 구조의 각기 작용방식을 이해하려고 하면 문학 번역은 원문에 충실한 것으로 간주된다. 그러므로 언어적이고 형식 미학적이고 문체론적인 새로운 레퍼토리의 범위 안에서 원문의 방식에 부합하고자 원문으로부터 가장 멀어지는 번역이 가장 충실한 번역이다. 기호학적으로 보면, 완전한 번안, 이식이 가장 충실한 번역이다. 이런 맥락에서 형식의 의미화는 목표문화에서 이에 상응하는, 작용방식이 같은 다른 형식을 발견해야만 비로소 번역을 통해 진지하게 받아들여진다.

두 번역 방식에 대한 사례를 — 이미 앞에서 시사한 바와 같이 — 번역의 문화사에서 많이 찾아볼 수 있다.[51] 다만 그런 사례들이 서로 경쟁하며 대치하는 경우가 드물 뿐이다. 그보다는 한 시대를 주도하는 문학이론적인 견해와 그에 상응하는 번역방식을 서로 관련지을 수 있다. 물론 번역자들은 이런 사태를 의식할 필요가 없다. 문학작품이 특정한 방식으로 쓰이듯, 번역도 특정한 방식으로 이루어진다. 번역방식을 통해 자국의 문화와 낯선 문화에 대한 어떤 관계가 표현되느냐는 문제가 오히려 더 중요하고 번역의 역사적 분석을 위해 더 흥미롭다. 얼마만큼의 낯섦이 목표문화에서 어떤 의도적인 패러다임 교체를 준비하는가? 특정한 정도의 번안 번역은 목표문화의 확고하게 자리 잡은 관습과 취향

50_ Raymond van den Broeck, "The Concept of Equialence in Translation Theory: Some Critical Reflections," *Literature and Translation. New Perspectives in Literary Studies*, ed. J.S. Holmes and R. van den Broeck (Leuven, 1978), pp.29-67.

51_ Norbert Greiner, "Translation and Cultural Alterity. Some Remarks about an All Too Obvious Relationship," 앞의 책.

기준을 얼마나 인식하게 하는가? 이런 현상들은 시대의 제약을 받는가 아니면 특정한 시기의 장르적 특성인가?[52] 게다가 이것과는 무관하게, 번역가와 독자의 각기 미학적인(이거나) 어문학적 '인식 관심'을 고려해야 한다. 어쨌든 번역과 그 토대를 이루는 방식은 문학의 영역에서 상호문화적 소통 형식의 징후이다. 아울러 상호문화적인 소통은 종종 문학적인 것을 벗어나는 사색의 계기를 제공할 수 있다. 번역연구는 번역에 독자적인 성격을 부여하는 규범과 관습을 탐구하면서, 특정한 시점에 문화의 수용가능성에 대한 물음도 제기한다. 이런 규범들의 배후 깊이 파고들면서, 역으로 취향 문화와 문화사회학적 상황에 대한 추론을 유도한다. 이런 모든 경우에 번역연구는 비교문화사의 구성성분이 된다.[53]

앞에서 말한 두 경우에서 — 그리고 두 경우가 혼합된 무수히 많은 형식에서 — 자국적인 것의 관심을 벗어나는 낯선 문화와의 관계가 표현된다. 이 관계는 사실 처음으로 문화의 개념을 인간의 상징능력과 재현능력으로 증명한다. 이로써 번역이 무엇이고 무엇이어야 하느냐는 물음에 대한 — 물론 잠정적인 — 답변이 주어진다. 나는 번역에 대한 하이데거의 말을 적어도 이렇게 이해한다. "네가 번역에 대해 생각하는 바를 말하라. 그러면 나는 네가 누구인지 말하리라."[54]

52_ Norbert Greiner, "The Comic Mattrix of Early German Shakespearse Translation," *Shakesperare Translation in the Romantic Age*, ed. L.d'Hulst(Amsterdam, 1992), pp.203-217.

53_ 여기에 대한 상세한 설명은 Norbert Greiner, "Der domestizierte Narr. Übersetzungsforschung als vergleichende Kulturwissenschaft," *Ruperto Carola Forschungmagazine der Universität Heidelberg* 1/1997, pp.19-26 참조.

54_ Martin Heidegger, *Hölderlins Hymne "Der Ister,"* Gesamtausgabe, Bd. 53 (Frankfurt/M.,1984), pp.75-76.

II. 문화사적 번역연구

(1) 원전의 의미를 지향하는 번역연구의 출발점

1. 번역과 번역연구에 있어서 '원전'이라는 개념이 갖는 의미

'원형(原型)개념'은 문학이론 분야 안에서도 통용되어 왔지만 이러한 개념이 생겨나면서 진행되어 온 역사는 그리 길지 않다는 것을 제1장에서 간략한 문학사적(文學史的) 고찰을 통해 밝힌 바 있다. 우리의 논의에서 무엇보다 중요한 것이 있다. 문학작품을 형상화하는 과정과 그 과정의 의미론적 기능을 통해서도 비범한 독창성을 드러내는 '원형개념'이라는 하나의 유기적인 예술개념[1]이 결과적으로 독일 낭만주의 안에서 어떻게 완성되었는가 하는 점이다. 작가의 비범한 독창적 정신이 마찬가지로 독창적인 방식을 통해 언어로 옮겨지고 또 그렇게 언어로 표현될 수밖에 없는 것도 바로 그 '원형개념'에 의한 것이다. 이러한 '원형개념'에 의해 예술작품이 생성될 때 비로소 유기적 구조를 갖춘 문학적 예술작품에 대한 "경외심Ehrfurcht"이 생겨났다. 그 "경외심"이 동기로 작용하여 이어지는 이백 년 동안의 문학사 안에서 번역가와 번역연구 행

1_ 낭만주의와 괴테 시대의 유기적 모델에 관한 개념이다. 특히 L. Dolezel, *Occidental Poetics*, 앞의 책, Kap. 3, 참조.

위는 '문학적 원형'을 천착하여 탐구하게 된 것이다. 비로소 번역에 있어서도 "자유로운" 번역과 "원전(原典)에 충실한"[2] 번역으로 양분화된 시대가 본격적으로 시작될 수 있었다.

양쪽의 경향으로 갈라진 번역연구는 괴테와 낭만주의 및 독일의 관념론 철학과 해석학의 시대인 18세기 말에서 19세기 초에 각양각색의 서로 다른 이론적 관점에 의해 모습을 드러냈다. 시대의 흐름 속에서 자유롭게 선택 가능한 원칙들이 생겨났고 그 가운데 선택된 창작이론의 관점에 의해 양쪽 경향의 번역연구에 대한 논의의 물꼬가 열리면서 번역연구는 생명력을 지속해 왔다. 독일의 번역가들이 천재의 원형으로 추앙하던 셰익스피어와 그의 문학 원전을 독일의 독자들에게 가능한 한 원전의 형태로 알려 주려고 시도하면서부터 비로소 원전의 의미를 지향하는 번역 가능성과 그것의 한계에 대한 시각이 날카로워졌다. 원전의 의미를 지향하는 번역에 있어서 빌란트Wieland가 거둔 효과가 비록 크지는 않다고 해도 번역 가능성과 한계에 대한 통찰력이 날카로워진 것만큼은 사실이다.

번역에 대한 이러한 의미 규정이 이루어짐으로써 마침내 번역 행위는 어문학의 발전을 움직이는 의의까지 갖게 되었다. 즉 19세기의 흐름 속에서 고전주의 어문학은 바로 이러한 방식으로 그리스와 로마의 고대 작품들을 독일이나 유럽의 독자들에게 보여줄 수 있었던 것이다. 이렇게 작품의 원전의 의미에 충실한 번역 형식이 19세기 전반에 걸쳐 어문학적 작업의 전통을 형성하는 데 시금석이 되었다고 해도 과언이 아니다. 이러한 토대 위에서 '텍스트 비평', 즉 원전 비평이 발전할 수 있었다. 원전 텍스트를 어문학적 의미에서 철저히 손으로 기록하는 작업에 의해 낱말 하나하나에 이르기까지 상세하게 의미를 해석하여 기록하고 주석을 붙임으로써 그 원전 텍스트의 의미를 재생하는 텍스트 비평의 분야가 발전할 수 있었던 것이다. 역으로, 이 텍스트 비평과 주석

2_ 역주 — 직역(直譯)이 아니라 원전의 의미를 올바르게, 정확하게 재생하는 것을 말한다.

작업은 "원전에 충실한" 번역의 바탕이 되었다. 이러한 방식에 의해 마침내 번역은 원전의 의미를 충실하게 재생하는 어문학적 작업의 가치를 인정받게 된 것이다.

이 모든 발전과정들이 서로 상호작용하고 연합함으로써 낳은 실제적 영향력은 엄청난 것이었다. "원전에 충실한" 번역과 텍스트 비평의 상호작용으로 인하여 독일 고전주의, 낭만주의, 독일 관념론은 '교양 정치적' 영향력을 발휘할 수 있었다. 또한, 독일의 인문과학은 교양시민층, 즉 시민계급의 문화이해력을 강화하는 데 힘을 발휘하였다. 이와 같이 텍스트 비평과 "원전에 충실한" 번역이 상호작용하는 발전 과정 속에서 독일어로 씌어진 고전주의 작품들은 예술작품으로서의 완성도를 점점 더 높여 갔다. 이에 따라 시민계급의 전반에 걸쳐 교양의 수준도 높아지고 있었다. 시민계급이 공유하는 교양의 정서가 풍부해짐에 따라 결국 원전과 연관된 번역이론도 강세를 띄게 되었다.

2. 구조주의적 시각으로 바라본 작품과 번역 – 레비Jiří Levý의 번역이론

위에서 언급한 번역의 표상과 기능이 19세기와 20세기 초 문화 전반에 확산되면서도 문화의 중심이 아닌 주변 영역으로 간주된 것은 당연히 '번역'이라는 문화적 현상에 대한 이론적 성찰이 최근에 들어서야 자리를 잡은 까닭이기도 하다. 그럼에도 열정이 필요한 그 어려운 번역 작업을 주저 없이 밀고 나갔던 번역가들의 펜촉에서 흘러나오는 폭넓은 지식과 번득이는 재치를 곁들인 번역의 행위들은 언제나 존재해 왔었다. 문학작품이 모범적인 것으로 인정받을수록 그 작품에 대한 번역의 권위와 지위도 더욱 커질 수밖에 없었다. 그러나, 적어도 20세기 중반 이전까지는 번역에 관한 문예학적 이론들은 여전히 중요하지 않은 것으로 간주되어 왔다. 이러한 이론들이 한 나라의 문화발전을 위해서는 필요한 것임에도 국가문화의 중심적 주제를 다루는 것은 아니라는 것이 그 이유였다. 20세기 중반, 체코의 구조주의가 텍스트 구조 및 텍스트의 허구적(픽션적) 의미론의 문제들과 더불어 텍스트의 영향 사(史)와 텍스트 번역의 여러 문제들까지도 문학이론의 중심적 관심사로 부각시키면서부터[3] 비로소 '문학적 번역'은 문학이론의 성향을 뚜렷이 띠게 되었다. 그 사실을 인정한다는 전제조건하에서는 1963년에 출간된 레비 Jiří Levý의 저서 《문학적 번역. 예술장르의 이론Die literarische Übersetzung. Theorie einer Kunstgattung》이 문학적 번역에 관한 이론서로서는 최초이자 지금까지도 포괄적인 번역이론서로서 인정받을 수 있다. 레비가 제시한 번역이론의 명제들에게 절대적 가치를 부여하지 않는다고 해도 이것만큼은 부인할 수 없다. 물론 레비의 이 저작물은 그가 생각하는 문학사적 의미에서는 충분한 가치평가를 받지 못했다고 볼 수도 있다.

'문학적 번역'이라는 레비의 번역연구는 엄격할 정도로 원전의 의미를 지향하는 것을 출발점으로 삼았다.[4] 하나의 언어구조는 원전의 언어체계적 관점뿐만 아니라 문학체계적 관점을 통해서도 옮겨질 수 있다는 것, 즉 원전의 의미구조를 분명하게 나타내는 그 모든 구조의 특징들을 면밀히 고려하는 문학체계적 관점을 통해서도 번역될 수 있다는 문제제기로부터 번역에 관한 레비의 논의들이 성립된다. 물론 레비는 '문학적 번역'이라는 자신의 이론을 원전 텍스트의 이론으로 이해하면서 텍스트 번역과 텍스트 자체와의 구조적 소통을 원활케 하는 방법론으로서 이해할 뿐만 아니라 번역가의 번역행위에 도움을 주는 조력의 매체로서도 이해하고 있다. 그런 의미에서 레비의 글은 지금 우리가 견지하는 번역연구의 관점에서 볼 때 규범적인 번역연구의 정점이자 번역이론의 궁극적 지점으로서 읽혀져야만 한다.

레비가 전개하는 '문학적 번역'에 관한 논의는 체코 프라하 구조주의의

3_ L. Dolezel, *Occidental Poetics*, 위의 책, Kap. 7.5. 참조.

4_ 역주 — 원전의 의미를 올바르게, 정확하게 재생하는 것을 말하고 있다. 그러나 레비는 여기에서 한 걸음 더 나아가 '번역'이 문학적 예술작품을 재생산하는 기능까지도 실현해야 한다고 말한다.

의 핵심 사상에 토대를 두고 있다. 체코 구조주의의 핵심 사상들을 상호 연관시키는 가운데 간략히 요약해보자. 구조주의자들의 목적은 20세기 첫 10여년 동안에 발흥한 문예학, 즉 개념규정과 개념정의에 서툴렀던 20세기 초의 문예학으로부터 거리를 두고 특정한 개념을 규정하거나 정의하는 데 있어서 명칭의 정확성을 추구하는 "정확한" 문예학에 접근하는 것이었다. 그들의 목적은 문학작품들을 그때그때마다 이념의 틀에 끼워 맞춰 해석하는 것을 거부할 뿐만 아니라 문학작품을 해석하는 데 있어서 해석학에만 의존하는 것을 철저히 거부하는 것까지도 의미했다. 체코 구조주의자들은 예술작품의 형식요소들과 구조요소들을 정확하게 이해하면서 형식요소 및 구조요소가 작품의 의미에 미치는 기능까지도 서술하는 것을 목적으로 삼았다. 그러나 고전주의적 수사학이나 운율학의 영역도 구조주의의 궁극적 목적을 달성하기에 충분한 조건이 아니었다. 기호학과 정보이론의 영향하에 형식교육과 구조교육의 보다 넓은 영역들까지도 포함될 수 있고 포함되어야만 했다. 제1장에서 대략 언급하려고 한 것처럼 시적(詩的) 작품들과 비(非)시적 작품들을 뚜렷이 구별하는 작업에는 여전히 논쟁의 여지가 없었다. 체코 구조주의자들 중 특히 제2세대 학자들은 주로 예술작품의 미학적 의미와 의미론적 의미 — 즉 제1장에서 우리가 '의미 구성'이라고 명명했던 것 — 에 골몰하였다. 그러한 작업을 통하여 소재와 형식이 분리되는 일반적 현상을 극복하였고, 형식의 의미화 양상을 통찰하는 단계에 이르렀다. 레비의 또 다른 저서이자 중요한 가설인 《형식의 의미들과 의미의 형식들The meanings of Form and the Forms of meaning》[5]은 그 제목 자체만으로도 레비의 이론이 제시하는 중요한 방향성을 드러내주었다.

'문학적 번역'이라는 레비의 근본 가설들을 그의 몇 가지 중심 사상에 근거하여 다음과 같이 요약할 수 있다. 다음의 가설 내용은 그의 번역이론의 출발점으로 작용한다.

5_ Erschienen in *Poetics*(Wahrschau, 1966), pp.45-59.

> 원전(原典)인 예술작품은 객관적 현실을 모사(模寫)한 것으로서도 생겨나지만 또한 그 객관적 현실을 주관적으로 변형하는 것으로서도 생겨난다. 문학작품을 창작하는 과정은 언어라는 재료를 통하여 실제로 이념적 내용과 미학적 내용을 구현하는 일이다. 그러나 이 경우, 형식과 내용이라는 양쪽의 두 가지 구성요소들은 변증법적 합일을 이루게 된다. 문학작품의 형식은 의심할 여지없이 의미론적 가치를 갖게 되고, 그와는 반대로 문학작품의 내용은 언제나 특정한 방식으로 형상화되거나 구성된다.
>
> 작가의 주관은 개인적 요소뿐만 아니라 역사적 요소와도 연관되는 면이 강하게 나타나게 마련이다. 예를 들어 역사소설의 작가가 역사적 사건들을 선택하고 변형시키는 양상은 작가가 생존했던 당대의 사회적 조건에서 형성된 세계관과 그 세계관이 갖고 있는 정치적 확신에 달려 있다. 또, 작가가 선택한 역사적 사건들을 가공하여 변형시키는 양상은 예술적 기교의 발전 단계에 좌우된다.[6]

레비의 가설에서 세계에 대한 모사(模寫)라는 개념이 언어기호와 그 기호로 표현된 것 사이의 연관[7]을 의미하지 않는다는 것은 두 말할 필요가 없다. 레비는 "객관적 현실의 주관적 변형"이라는 개념과 함께 프레게 F. L. G. Frege에 의해 "**의미 투사(投射)**"라고 명명된 개념을 1960년대 자신의 전문용어 그룹 속으로 수용한다. 객관적 현실을 주관적으로 "변형"하는 것을 통하여 또 다른 세계, 즉 실현가능성을 갖는 픽션적 세계가 생성되는 것이다. 오늘날 우리가 "객관적 현실"에 관하여 더 이상 이야기하지 않는다고 해도 이 개념을 문제화시키는 작업은 주어진 연관체계 속에서 중단되지 않고 있다. 객관적 현실과 그 현실의 주관적 변형이 "의미 투사"라는 개념과 역사적 의미에서 어떻게 결부되는지를 레비는 파악하였다. 레비가 중점을 둔 것은 언어재료와 이 언어재료를 통하여

6_ Jiří Levý, *Literarische Übersetzung. Theorie einer Kunstgattung*(1963; deutscheÜbersetzung. Frankfurt/M., Bonn, 1969), p.34.

7_ 역주 — 형식과 의미, 형식과 내용 간의 연관을 말한다.

구현된 내용 사이의 "변증법적 합일"[8]이었다. 이 변증법적 합일을 레비는 형식의 "의미론적 타당성"이라고 명명하였다. 형식과 내용 간의 이와 같은 연관을 설명하기 위해 그는 기본문장을 제시한다. 원전 작품 속에서 각각의 형식요소마다 반드시 의미를 구성하는 기능을 갖는 것은 아니다. 장편소설 속에서는 특히 더 그렇다. 의미를 구성하는 형식요소들을 서로 비교해볼 때에도 의미의 단계적 차이가 갈수록 뚜렷해진다. 이러한 이유로 인해 레비는 기본문장을 통해 다음과 같이 말한다.

> (번역가는 번역을 하는 과정 속에서) 특정한 의미론적 기능을 갖는 예술 형식들을 보존해야만 한다.[9]

원전 작품의 의미를 구성하는 형식 요소들을 얼마나 정확하게 규정할 수 있는가? 혹은 각 형식 요소들이 갖는 의미의 구성기능을 어떻게 서술할 수 있는가? 하는 것이 의문으로 남는 것은 당연하다. 그러나 이러한 의문에 대한 해답이 될 수 있는 결론은 원전에 충실한 번역의 질이다. 만일 번역가가 '문체'라는 형식 요소들을 그저 간단히 모사하는 것에 치중한다면 그 번역가는 결코 원전의 의미에 충실한 번역가는 아닐 것이다. 예를 들어 어느 하나의 특정한 운율은 하나의 문학작품 속에서 특정한 리듬을 형성한다. 그런데 이 리듬은 다시 의미를 생산하는 요소가 될 수 있다. 그러나 이러한 운율이 다른 언어권의 언어로 옮겨질 때, 이 운율을 재생하기에 적합하지 않은 언어로 번역되거나 이 운율의 비교적 왜소한 의미 때문에 다른 언어의 번역 텍스트 안에서는 오히려 낯설게 엉뚱한 방향으로 작용하여 원전의 리듬을 제한하게 된다면 이런 식으로 번역되어 불쑥 부상하는 번역상의 리듬은 원전의 의미를 바꿔 놓을 수도 있다. 그러므로 번역학의 이론상으로는 아주 간단히 해결될 것처럼 보이는 것도 하나의 텍스트를 다른 언어로 옮기는 과정에서는

8_ 역주 — 형식과 의미, 형식과 내용 간의 변증법적 합일을 말한다.
9_ Jiří Levý, 앞의 책, p.37.

결정적 문제점으로 작용할 수 있다. 그러나 또 다른 면에서는 문학적 가치를 갖고 있다고 볼 수 있다. 특정한 운문의 관습 및 문학창작의 관습, 예를 들어 고대 문학의 6운각 시구(詩句)는 원전이 창작되고 발표된 한 나라의 국가적 특수성과 시대적 조건의 특수성을 지니고 있는 구성요소다. 원전이 갖고 있는 이러한 구성요소들이 세기를 거치면서 오랜 전통이 되었고 관습으로 굳어진 것이다. 그렇다면 다른 언어로 옮겨졌을 때의 "자연스러움"에도 불구하고, 옮기는 과정에서 일어날 수 있는 기능의 변환에도 불구하고 원전이 갖고 있는 이러한 특수성은 번역 텍스트 안에서도 보존되어야만 할 것이다.

> 문학작품이라는 텍스트 그 자체가 아니라 문학작품의 내용적 가치와 미학적 가치를 번역의 중요한 출발점으로 간주한다면, 문학작품의 형식과 내용 간의 연관관계를 인식하면서 번역하는 것을 원칙으로 삼아야 한다. 번역하는 과정에서는 특정한 의미론적 기능을 갖는 원전의 형식들을 번역어 안에서 보존해야만 한다. 시를 번역하는 경우에 이것은 번역가가 원전의 운율부터가 아닌 리듬으로부터 옮기는 작업을 시작해야 한다는 것을 뜻한다. 물론 원전의 그 형식은 역사적 의미를 지닐 수도 있고, 당대의 특수성을 낳을 수도 있는 요소다. 고대 게르만 시의 두운(頭韻)이나 그리스 및 로마 시의 6운각 시구(詩句)는 번역된 원전 작품의 국가적 특수성과 시대상의 특수성을 지닌 구성요소들이다. 그러므로 이 구성 요소들은 특정한 의미를 전달하는 전달자이며, 많은 경우에 있어서는 국가 및 시대의 특수성에 구속된 의미를 지니고 있는 형식 요소들이다.[10]

번역에 대한 이와 같은 이론적 성찰은 번역가가 내려야만 하는 결단에 달려 있다. 그러나 레비는 이러한 성찰과 결단에도 불구하고 발생하는 번역상의 오류들을 보여주는 번역사상(飜譯史上)의 수많은 사례들을 저

10_ 위의 책, p.37.

서의 후속 내용에서 소개하게 된다. 왜 이런 번역 오류들이 일어나는지 그 의문들은 고전주의적 어문학 분야의 번역연구에서 수십 년간 뚜렷이 나타났던 특징이라고 말할 수 있다. 번역가들이 흔히 간과하거나 잘못 해석하거나 의미를 과소평가한 원전 작품의 중요한 요소들이 어떤 것인지에 관한 질문들은 번역학 연구에 있어서 언제나 중요한 문제다. 번역가에 의해 원전의 의미상 중요한 요소들이 간과되거나 잘못 해석되거나 의미가 평가절하된다고 해도 최상의 경우에는 흥미로운 생산적 오해들을 낳게 된다. 그러나 최악의 경우에 원전 작품의 생명이 종결되는 개탄스러운 상황으로 이어진다. 어느 경우에든 이러한 형태의 번역연구는 문학작품들의 국제적 수용 통로를 전망할 수 있게 해주고, 그 작품들이 각 나라의 언어로 번역되어 수용되는 과정에서 발생하는 불가피한 변화들에 대해 폭넓은 시각을 갖게 해준다. 그러나 대개는 원전에 대한 경외심이 그러한 생산적 오해들이 가져오는 문화적 생산성과 생산효과에 대한 기대를 가로 막는다. 기대하기는커녕 오히려 번역의 오류들, 의미 축소, 왜곡 현상을 비판적으로 거론하게 된다. 그럼에도 나는 번역이 낳는 생산적 오해가 언제나 반드시 비판의 대상이 되어야만 하는 것은 아님을 설명하고자 한다.

번역가가 번역의 모든 선결조건을 올바르게 갖추고 번역 대상인 원전의 의미를 합당하게 해석하는 이상적인 상황으로부터 출발한다고 해도 그것으로써 그의 번역 작업이 충분한 효과를 거두었다고는 볼 수 없다. 각기 다른 텍스트를 번역할 때마다 생겨나는 어려움이 나타나기 때문이다. 또한 하나의 텍스트를 번역하는 각각 서로 다른 언어체계들로부터 생겨나는 어려움이 존재하고 이 책의 도입부에서 다룬 언어학적 번역 연구의 파트에서 이미 설명했던 모든 형태의 어려움이 실재하기 때문이다.

그렇다면 원전 텍스트를 다른 지역의 언어로 옮기는 행위를 통하여 원전에 합당한 올바른 어휘들을 선택하고자 노력할 뿐만 아니라 그 번역과정을 창조적인 예술행위로 승화시키는 이 두 가지 행위가 주로 일치하지 않는 양상이 나타나는 이유를 레비는 각 지역 간의 언어적 상대성과 문화적 상대성, 즉 단순하고 추상적임에도 불구하고 아주 명백히 드러나는 상대성의 예를 통해 설명하고 있다. 레비가 설명하는 모델은 오늘날 일반론으로 굳어진, 언어적 상대성을 주장하는 사피어-워프 가설에 비하면 비교적 덜 알려진 모델이다. 레비는 각기 다른 어휘체계, 각기 다른 문법구조, 각기 다른 문체양식을 가진 각기 다른 지역의 언어체계들을 '개별적으로 서로 다를 수밖에 없는 현실'이라고 명명할 것을 강조한다. 그러므로 레비는 각기 다른 현실의 내부에서 구성된 언어적 경험들 사이의 서로 상이한 부분들을 각기 다른 것으로 구별하고 분류할 것을 주장한다.[11] 방금 언급한 올바른 번역과 번역의 예술작품화 사이에서 나타나는 불일치 현상으로부터 번역의 문제점들이 생겨나고 **재생산적 예술**로서의 문학적 번역이라는 정의가 태어난다.

> 이 번역예술의 작업방식은 원전 속에 있는 하나의 언어재료가 다른 지역의 언어를 통하여 옮겨짐으로써 그 다른 언어에 의해 재생산되는 모든 예술적 자원들이 독립적으로 자연스럽게 형상화되는가에 달려 있다. 그러므로 원전 속에 있는 처음의 언어재료는 이 번역과정이 전개되는 다른 지역의 언어영역 속에서도 원전의 창조성을 유지한다. 작품으로서의 번역은 예술적 재생산이다. 과정으로서의 번역은 독창적 창작과정이다. 그런 의미에서 번역은 하나의 예술 장르다. 예술 장르로서의 번역은 재생산되는 예술과 독창적으로 창작되는 예술 사이를 구분하는 경계다. 그 경계 안에서도 번역은 모든 예술 중 특히 연극예술에 가깝다. 즉 연극배우는 원전과는 사뭇 다른 형태의 작품을 연기로써 표현한다. 배우는 언어라는 재료로 이루어진 문학적 텍스트를 (연기를 통해)연극적 서술방식으로 바꿔 놓는다. 그 연극적 서술방식의 전달자는 바로 배우이자 인간인 번역가다.[12]

11_ 위의 책, pp.57 f.
12_ 위의 책, pp.65 f.

문학적 번역가가 갖추어야 할 이와 같은 선결조건들에 대한 설명으로부터 이미 확인된 사실이 있다. 그것은 "낱말에 충실한" 번역이라는 말 자체가 겉으로는 있는 그대로의 직역(直譯)을 뜻하는 가벼운 의미로 보이지만 그러나 해석학적 관점에서도, 언어이론적 관점에서도 결코 직역을 의미하는 것은 아니라는 사실이다. 레비의 충분한 설명으로부터 나는 특히 중요다고 생각되는 보다 더 폭넓은 하나의 사상을 포착하고 싶다. 이미 거듭해서 규정되었듯이 하나의 문학작품 속에 있는 언어요소들이 단지 명칭이나 기호로서가 아니라 의미를 생산하는 요소들로서 기능한다면 — 극단적 경우에는 — 그 언어요소들의 지시기능적인 양상들은 전혀 중요하지 않은 것으로 간주되고, 그 언어요소들의 의미창조적 활동 속에서 나타나는 심층적이고 포괄적인 현상들이 두드러지게 부각된다는 점이다. 하나의 낱말 혹은 그 낱말을 비롯한 일련의 낱말 무리가 작품 전체를 위해 의미상으로 기여하는 것이 대체 무엇인지는 언제나 의문을 제기할 수 있는 문제다. 레비는 '언어유희'를 예로서 선택한다. 번역상 제기되는 이러한 문제에 대하여 레비는 수많은 언어유희의 예를 제시하였다. 레비는 하나의 예로서 독일 시인 크리스티안 모르겐슈테른Christian Morgenstern의 시 한 편을 예로서 설명하고 있다. '**미학적 족제비**(Das ästhetische Wiesel)'라는 제목을 가진 이 시는 다음과 같이 시작한다.

족제비 한 마리
조약돌 한 놈 위에 앉았다
졸졸졸 실개천 소리에 폭 잠기어

Ein Wiesel
saß auf einem Kiesel
inmitten Bachgeriesel…

이 독일어 원작시에 대해 레비는 다음과 같은 영어 번역을 인용한다.

A weasel
perched on an easel
within a patch of teasel…

영어로 옮긴 완벽한 번역이라고 생각할 수도 있을 것이다. 그러나 우리는 다음과 같은 변형을 주의 깊게 살펴보자.

A ferret
nibbeling a carrot
in a garret…

족제비 한 마리
조금씩 갉아먹는 당근
조그만 다락방에서…

혹은,

A mink
sipping a drink
in a kitchen sink…

족제비 한 마리
조금씩 홀짝이는 소주
조그만 부엌에 주저 앉아서…

레비는 이런 종류의 사례들을 계속 열거함으로써 최선의 번역이 어떤 것인지에 관한 문제를 꽤나 어려운 것으로 만들고 있다. 그러나 시인 모르겐슈테른 자신이 이러한 질문을 받는다면 의외로 대답은 간단할 것이다. 레비가 번역 텍스트로 선정한 모르겐슈테른의 시가 — 3행으로 끝나는 것이 아니라 — 계속 이어지고 있기 때문이다. 그 시의 전문(全

文)은 다음과 같이 전개된다.

족제비 한 마리
조약돌 한 놈 위에 앉았다
졸졸졸 실개천 소리에 폭 잠기어
졸고 있는 동물 좀 보아!
좋은 시운(詩韻) 놀이 때문이야

Ein Wiesel
saß auf einem Kiesel
inmitten Bachgeriesel
te Tier
tat's um des Reimes willen

시의 내용이 이와 같다면 언어와 문학의 재료를 가지고, 즉 운(韻)을 가지고 언어유희를 창출하는 것 외에 이 시가 갖고 있는 "의미"란 없다. 동물을 소재로 다룬 '동물시'라는 것은 중요한 문제가 아니다. 그렇다면 "Ein Wiesel/saß auf einem Kiesel/inmitten Bachgeriesel"이라는 시행을 번역가는 어떻게 다룰 것인가? 낱말의 표피에만 집착하는 번역가가 낱말의 지시 기능만을 살려서 낱말 그대로 번역한다면 이러한 경우를 레비는 다음과 같이 평할 것이다. "그 번역가는 제1단계를 번역하고 있는 것이다." 그러나 번역의 대상으로 앞에 놓인 이 하나의 텍스트가 자체 내에서 완결된 텍스트가 아니라 그것보다 더 큰 전체 텍스트의 일부분이라는 것을 생각해보자. 영어 이외의 다른 언어는 영어만큼 그렇게 다양하고 풍부한 번역가능성들을 제공하지 못한다는 것을 염두에 두자. 그렇다면 위에서 두 번째 번역의 예는 번역의 변형을 창조하여 제시한다. 이렇게 변형된 번역물은 특정한 사물을 가지고 특정 장소를 맴돌고 있는 한 동물에 관해 말하고 있다. 그 번역은 유희적 음향 효과를 일으키는 시운을 보존한다. 이렇게 변형된 번역물을 레비는 제2단계의 번역이라고 부른다. 그러나 시운을 보존하는 제2단계의 번역이 어떤 종류의 언어에서는 가능하지 않을지라도 문학재료와의 유희적 소통을 유지하기 위하여 어떤 형태로든지 언어유희가 개입될 수는 있을 것이다. 그것 또한 레비가 제3단계의 번역이라고 부를 만한 "충실한" 번역이 될 수 있을 것이다. 또, 언어유희가 불가능하다고 해도 일반적인 문체의 기능은 여전히 남아 있게 마련이다. 바로 '익살 문체'다. 인간이 사용하는 각 언어마다 이 '익살 문체'를 다룰 수 있다. 그러므로 번역하기로 한 그 텍스트가 이보다 더 큰 전체 텍스트의 일부분이라고 한다면 텍스트 번역을 통한 독창적 의미 창조를 위해서는 이 4단계의 번역 중 어느 번역이 가장 결정적으로 중요한 것인지를 번역가는 결정해야만 한다. 우리가 제1단계의 번역이라고 규정한 바로 그 현상들이 언제나 독창적인 의미를 창조하기 위한 번역의 결정적 요소가 되는 것은 아니다. 종종 그 현상들은 망설임 없이 기피되곤 한다. 다음과 같은 레비의 말에서 알 수 있다.

> 문학적 작품은 언어적 기호들의 시스템이지만 그 기호들 중 몇몇은 사물을 구체적으로 지시하는 의미를 갖는 것은 물론이거니와 이보다 더 높은 등급의 발화(發話)기능을 갖는다. 즉 더 높은 등급의 기호체계의 구성분자를 갖게 되는 것이다. 텍스트의 낱말들이 빚어내는 각각의 개별적 언어유희는 특정한 문체의 특징이다. 그러므로 그것은 또 다시 더 높은 등급의 복합기능을 갖는다. 즉 '익살 문체'의 기능을 발휘하게 되는 것이다. 예를 들어 한 인물의 생김새를 묘사하는 낱말들을 보면, 그 낱말들의 의미 혹은 낱말들의 독특한 문체가 특히 그 인물의 성격을 구체적으로 설명하기도 한다. 따라서 비록 인물의 생김새를 모방하는 낱말들이라 할지라도 그 낱말들 또한 성격 묘사의 기능을 갖는 것이다. 이렇게 인물의 생김새을 모방하는 낱말들의 경우에도 일차적으로 갖고 있어야만 하는 기능은 인물의 성격을 묘사하는 기능이다. 그런 다음에야 비로소 2차적으로는 그 인물을 지시하는 기능을 갖추어야 한다. 더 많은 진술 기능을 가진 낱말들 속에 더 높은 등급의 의미론적 복합기능이 내재하는 것이 번역에 있어서 더 중요하다고 말할 수 있다. 그것이

> 콘텍스트를 구성하는 낱말들이든, 한 인물의 성격을 나타내는 낱말들이든, 우화를 구성하는 낱말들이든, 한 작품이 갖고 있는 철학적 의도를 나타내는 낱말들이든…, 우리가 견지하는 관점에서 보듯이 낮은 등급의 진술 기능을 가진 낱말들 중 더 높은 등급의 의미론적 기능을 발휘하는 낱말들은 단 몇 개에 불과하다. 그들 중 어떤 낱말이 번역상 보존의 가치가 있는가 하는 문제는 그다지 중요하지 않다. 물론 낱말을 교체하며 보충하는 것은 얼마든지 가능하지만 …[13]

번역연구 분야에서 차지하는 레비의 위치를 비교적 상세하게 서술한 이유가 있다. 번역연구의 역사가 그다지 오래되지 않은 상황에서 원전과의 연관성을 연구하는 작업이 가끔은 심한 거부감을 받기 때문이다. 번역연구가보다 새로운 방법론적 발전 단계를 밟아 가고 있음에도 불구하고 올바른 번역의 기준은 물론 올바른 번역연구의 모범적 기준으로서도 레비의 번역학적 고찰이 두말할 나위 없이 중요하다는 것을 위에서 제시한 몇 안되는 번역의 사례들이 밝혀 주리라고 기대한다. 원전과의 연관성에 천착하는 번역연구 작업이 특정한 '도착(到着) 문화' 성향을 띠고 있는 다수의 다른 관점들을 깊게 고려하지 않는 현상은 앞으로도 변하지 않을 것이다. 연구의 성격상 이러한 문화적 관점들을 애초부터 고려할 수 없는 까닭이기도 하다. 레비가 초점을 맞추는 것은 가장 이상적인 번역의 상황과 사례다. 레비의 글에서 서술한 것처럼 번역은 단순히 문학적 소비재를 생산하는 행위가 아니다. 번역은 원전의 의미를 해석하는 능력과 어문학적 지식의 최대한을 전제조건으로 삼는다. 이를테면 그 전제조건이란 원전 텍스트와 문화 사이에서 그 텍스트가 쓰여진 당대의 문화를 전달하는 박학다식한 중개자로서의 번역가를 말한다. 폭넓은 지식과 교양을 갖춘 학자이면서도 노련한 언어예술가이자 문학가로서의 번역가. 그가 바로 가장 이상적인 번역의 전제조건이다. 논의를 진전시키는 가운데 나는 이 문제를 또 다른 관점과 연관시키

13_ 위의 책, pp.103-105.

면서 접근하고자 한다.

'문학적 번역'이라는 이론에 부합하는 문헌학적 번역연구가 구체적으로 어떤 양상을 나타내는지에 관해서는 이후의 논의를 통해 보여 주고자 한다.

3. 원전의 의미를 지향하는 번역연구의 대상 – 셰익스피어 독일어 번역 텍스트

셰익스피어 작품에 대한 번역은 연극의 교과서로 쓰일 만큼 이미 잘 알려져 있으며 셰익스피어 번역사(飜譯史)에서도 다양화된 양상을 나타내고 있다. 따라서 낭만주의 번역에 대해 거론하기에 앞서 우선 셰익스피어 번역의 수용과정을 살펴보는 게 우선이다. 아우구스트 빌헬름 슐레겔A. W. Schlegel의 셰익스피어 번역은 반세기 이상 유럽 전역에 걸쳐 셰익스피어 연극에 쓰이는 모델로서의 셰익스피어 작품에 대한 토론을 가장 뜨겁게 달구는 요인을 제공했다. 볼테르Voltaire의 경우 18세기 초 런던에서의 망명기간 동안 그때까지 자신이 문학적으로 구현하고 이론적으로 옹호해 오던 모든 것에 반대되는 셰익스피어 작품의 연극 무대 효율성을 경험하면서 셰익스피어 작품을 처음으로 접했다. 볼테르는 그 작품에 매혹된 느낌을 그의 저서 《철학서간Lettres Philosophiques》을 통해 프랑스 독자들에게 알렸다. 그는 단지 작은 번역 샘플만을 실은 것이 아니라 햄릿의 독백 "To be or not to be"를 선택하여 무운시행blank verse의 형식을 프랑스 희곡의 운율인 알렉산드리너Alexandriner로 대체하고 노골적인 장면들은 삭제할 뿐만 아니라 수준 높은 어법을 사용하였으며 정치적인 의도를 나타낼 때에는 강한 톤을 사용했다. 뒤이어 독일에서의 셰익스피어 작품에 대한 수용은 특히 레싱Lessing을 통해 시작되었다. 그다지 큰 효과를 보지 못한 고트셰트Gottsched의 개혁 노력과 달리 레싱은 셰익스피어의 희곡이 지닌 새로움을 독일 문학으로 유입시킨 셰익스피어 독일어 번역본으로 큰 명성을 얻었다. 레싱을 이어 크리스토프 마르틴 빌란트Christoph Martin Wieland는 번역의 역사상 최초로 모든 셰익스피어 작품을 포괄적으로 산문(散文)번역하여 명성을 얻었지만 셰익스피어 희곡의 중요한 부분을 제대로 전하는 데는 부족함이 있었다. 그 후 아구스트 빌헬름 슐레겔August Wilhelm Schlegel은 처음으로 셰익스피어의 "전체" 희곡, 즉 그의 영어 원전 작품 전부를 독일어로 번역했다. 슐레겔의 동시대인인 노발리스Novalis는 1797년 11월 30일에 쓴 편지에서 슐레겔을 다음과 같이 칭찬했다.

> 《빌헬름 마이스터Wilhelm Meister》가 독일 소설을 대표하는 책이듯 당신의 셰익스피어 번역이 독일 번역본 중 최고라고 생각합니다.[14]

우선 슐레겔의 번역 작품은 전체적으로 볼 때 셰익스피어의 작품을 현대적인 철학적 비극의 모델로 또한 낭만주의적 인간성의 전형으로 인식하였다는 의미에서 높은 평가를 받았다.[15] 페터 겝하르트Peter Gebhardt는 슐레겔의 번역 원칙과 번역 방법과 번역 성과를 각각 개별적으로 자세히 설명했다. 겝하르트의 이 연구에 대해 보다 더 자세한 논의가 필요하다. 이 연구를 통해 "충실한" 번역의 원칙과 방법을 가장 명확하게 이해할 수 있기 때문에 슐레겔과 겝하르트가 "형식 모방"이라고 부르는 영역에 대해 논의를 집중하고자 한다.

형식 모방 차원의 번역 경향들을 겝하르트는 **운문(韻文)만들기**, **음운 모방**, **통사론**, **압축적 번역**, **누락시키기**, **부가(附加)** 및 **축자역(逐字譯)**과 같이 구분한다. 이 카테고리는 겝하르트에 의해 소위 **시적(詩的) 번역**이라고 일컬어지는 작품을 통해서 더 자세하게 설명되었다. 즉 번역가가 갖고 있는 상이한 미적 관점과 특정 문체 또는 작위적 번역 및 번역자의 주관적 해석이 개입되어 텍스트를 원전에서 벗어나 "시적으로 번역한" 슐레겔과

14_ Novalis, *Schriften*, Ed. v. Samuel/Kluckhohn, Leipzig o. J., Bd. 4, p.213.

15_ Neben vielem anderen Walter Muschg, *"Deutschland ist Hamlet"*, in *Der deutsche Shakespeare*, Theater unserer Zeit bd. 7(Basel, Hamburg, Wien, 1965), pp.7-30 참조.

같은 번역자의 번역경향들을 설명하고 있다. 겝하르트가 전개하는 번역연구의 마지막 장은 셰익스피어 번역의 "햄릿 해석"에 몰두한다. 여기서는 원전에 충실하면서도 어문학적으로 볼 때 정확한 번역, 희곡 대본을 직접 소리내어 읽는 효과를 고려한 번역, 해석학적으로 볼 때 원문의 의미에 가까운 번역, 언어적 감각이 실제로 살아나는 번역, 독자의 의도를 고려한 번역을 소개하고 있어서 무척 흥미로운 사례들을 접하게 된다.

음운과 리듬

> 원전의 예술형식을 충실하게 따르는 번역과정의 마지막 결과는 번역텍스트의 각 단어의 음향이 원전의 음향과 비슷할 때까지 충실하게 재현하려고 노력하는 것이다. 슐레겔은 자신의 고유한 표현법에 따라 모음과 자음을 사용할 때 눈에 띄는 음의 유사성과 두운법, 특정 모음 또는 자음 연결을 놓치지 않았다. 슐레겔에게 있어서 … 언어의 모음은 번역텍스트를 읽는 독자의 감정과 느낌과 관련이 있고 자음은 독자의 상상력과 관련이 있다.[16]

슐레겔이 원전이 갖고 있는 예술형식의 요소들을 재생하는 해석을 추구하면서 원전에 가까운 극단적인 형태를 지향한다는 것은 의심의 여지가 없다. 이와 관련된 번역의 원칙을 슐레겔은 "귀 기울임" — 영어 운문을 정확히 옮기고 적당한 부분에서 나누고 의미 단위와 순서를 따르며 아주 작은 음운이라도 비슷하게 옮기려는 노력 — 이라고 표현했다. "청각의 민감함을 전제로 한다"[17]는 말은 번역이란 무엇보다도 대단한 언어적 창조성과 예술적 재능을 전제조건으로 삼는다는 것을 의

16_ Peter Gebhardt, A. W. Schlegels Shakespeare-Übersetzung. *Untersuchungen zu seinem Übersetzungsverfahren am Beispiel des Hamlet*(Göttingen, 1969), p.154.
17_ 위의 책, p.157.

미한다. 번역의 목적은 야심찬 것이며 번역의 원칙은 언어학적으로 구속된 경우가 많다. 이와 더불어 원전의 언어는 적절하면서도 때로는 지나치다 싶을 정도로 사용 가능성이 제한될 때까지 재번역이 요구되는 것이 흔한 일이다. 이 점은 몇 가지 예를 통해 쉽게 이해할 수 있다.

I do beseech you, give him leave to go. (Hamlet I.2.61)

간청하오니 그(레어티즈)가 갈 수 있도록 허락해 주십시오.
(햄릿 제1막 2장 61행. 폴로니어스의 말)
Ich bitt Euch, gebt Erlaubnis ihm zu gehn.

It waves me forth again! I'll follow it. (Hamlet I.4.68)

다시 손짓하는구나, 나는 그를 따라가리라. (햄릿 제1막 4장 68행. 햄릿의 말)
Es winkt mich wieder fort, ich folg ihm nach.

이 두 가지 번역의 사례에서 보듯이 슐레겔이 각 행의 리듬뿐만 아니라 두운법, 음향법과 전달법 등을 고려하여 번역한 것이 뚜렷하게 나타나고 있다. 또한 언어 사용의 한계 역시 보여 준다. 원전의 언어는 자연스러운 리듬을 따르는 반면 독일어에서는 짜 맞춘 느낌이다. 예를 들어 "Bitt(간청하오니)"와 "gehn(갈 수 있도록)"은 번역가가 운율을 생략하는 언어형태에 맞추었다. "Erlaubnis ihm[그가 (갈 수 있도록) 허락]"은 음절의 길이와 운율에 맞추어 배치를 바꾼 것이다. 여기서 진지하게 생각해 볼 점은 번역하는 사람이 얼마나 원문에 충실했는가 하는 점이다. 슐레겔이 이 두 줄의 문장을 번역하면서 의미를 갖는 모든 언어 요소의 예술형식을 모방하고 재생한다는 점에는 의심의 여지가 없다. 여기서 우리는 번역에 있어서 예술형식보다는 의미의 영역에 더욱 중요한 가치를 부여했던 레비의 원칙을 상기해 보자. 그의 원칙에 비추어 바라본다면 위에서 슐레겔이 번역한 문장이 무대에서 구어(口語)의 효과를 충분히 발휘할 수 있을 만큼 어느 정도 자연스러운 어휘의 흐름을 가지면서도 예술형식보다 더 중요한 의미를 견고하게 구축하는 번역테스트의 수준을 확보하고 있는지는 의문이다. 또한 번역된 두 번째 문장의 사례에서 보듯이 리듬 외에도 특히 두운이 문장에 맞게 만들어진 문장은 슐레겔의 번역예술에서 눈에 띄는 인상적인 부분이다.

압축적 번역

번역 과정에서 생기는 두 언어의 시스템이 서로 다른 이유로 발생하는 기본적 문제는 슐레겔도 비켜갈 수 없는 문제다. 일관적으로 나타나는 현상이지만 영어 텍스트는 독일어 텍스트보다 짧다. 누락시키는 언어 형태가 항상 가능한 것은 아니므로 전체적으로 의미를 압축시키는 번역이 요구되게 마련이다. 이러한 문제가 자연스러운 구어를 사용하는 데 영향을 미친다는 것은 이미 지적된 바이기도 하다. 하지만 무엇보다도 일반적으로 독일어 텍스트가 영어 텍스트보다 길다는 것이 해결해야 할 관건이다.

> That one may smile, and smile, and be villain. (Hamlet I.5.108)
>
> 미소를 지을 수 있고 여전히 짓고 있어도
> 악당은 악당이지 (햄릿 제1막 5장 108행)
> Daß einer lächeln kann and immer lächeln
> Und doch ein Schurke sein; …

분명하게 나타나는 문제는 독일어의 경우에는 동사뿐만 아니라 다른 부분에서도 자주 다음절(多音節)의 단어로 구성되는 반면 영어는 뚜렷하게 "단음절 구조"를 가지고 있다는 점이다. 정말 문제가 되는 부분은 단음절을 가진 영어의 to 부정사 또는 아주 자연스럽게 약강격 구조로 이루어진 to be다. 다시 말하자면 영어의 자연스러운 악센트는 약강격을 눈에 띄지 않게 자연스러운 운각(韻脚)으로 바꾼다. 예를 들어 To be or not to be that is the question, 이 구절은 상당히 자연스러운 구절인 동시에 사상의 깊이를 지닌 창작과 사려 깊은 사고를 전해 주는 절제된 약강격 리듬을 보이는 구절이다. 이 부분을 번역한다는 것은 독일어에서는 거의 해결될 수 없는 문제로 보인다.

> To be or not to be that is the question.
> 사느냐 죽느냐 그것이 문제로다
>
> Sein oder Nichtsein, das ist hier die Frage. (Schlegel)
> 존재할 것인가 존재하지 않을 것인가, 그것이 지금은 문제로다. (슐레겔)
>
> Sein oder Nichtsein dann, das ist die Frage. (Fried)
> 존재할 것인가 존재하지 않을 때에는, 그것이 문제로다. (프리트)
>
> Sein oder Nichtsein — ja, das ist die Frage. (Schaller)
> 존재할 것인가 존재하지 않을 것인가 — 그렇다, 그것이 문제로다. (샬러)
>
> Sein oder Nichtsein —, das ist die Frage! (Flatter)
> 존재할 것인가 존재하지 않을 것인가 —, 그것이 문제란 말인가! (플라터)

독일어의 태생적 리듬이 일으키는 문제 또한 간과할 수 없을 만큼 명백하다. 영어의 or의 뜻으로 사용된 "oder"가 두 음절의 소리를 내고 또는 영어의 to be와는 반대말인 "Nicht-Sein"이 첫 번째 음절에 강세를 두기 때문에 리듬에 문제가 생긴다. 슐레겔은 5개의 약강격 음보를 만들기 위해 "hier"를 문장에 편입시킨 것이 분명하다. 하지만 영어의 문장과 비교한다면 빈 곳에 단어 하나를 끼워 넣음으로 인해 그 행 자체를 바꾸는 결과를 낳았다. 슐레겔이 사용한 "hier(지금은)"이라는 낱말은 주어진 순간에 선택과 결정을 강요받는 일반적인 생각의 성찰에서 만들어진 것이다. 영어 문장에서는 적어도 Sein(존재)에 관한 일반적인 철학적 성찰을 서술할 수 있는 낱말이지만 독일어 번역 문장에서는 꼭 그렇다고 보기는 어렵다. 위에서 인용된 나머지 세 명의 독일 번역가의 번역 문장은 각각의 번역이 하나같이 한 가지 방법을 선택할 수밖에 없는 단순한 상황을 보여준다. 프리트는 "dann(그럴 때에는)"을 사용하여 가장 동떨어진 의미를 만들었다. 프리트는 햄릿 앞에 닥친 순간의 선택과 결정을 죽음 후의 삶을 깊이 있게 생각해 보는 것으로 바꿔 놓았다. 샬러는 "ja(그렇다)"를 추가하여 행의 해석을 중립화시키려고 했다. 플라터는 단어를 생략하여 행의 길이를 줄임으로써 상반되는 방향으로 번역을 했다. 리듬을 강조하는 "das ist die Frage!(그것이 문제란 말인가!)"라는 그의 번역은 행동의 선택에 대한 신중한 고려를 '존재'라는 근본적인 철학적 문제에 대한 성찰로 바꾸었다. 이 두 가지 예는 번역하는 사람이 예술가로서의 창조성이나 철학적 정확성으로도 해결될 수 없는 언어 문제의 운율 구조를 어떻게 옮기려고 시도했는지를 보여준다. 어찌되었든 번역의 관건은 해당된 문제에 대한 인식이다. 번역하는 사람이 어떤 식으로 번역해야 할지 궁극적으로 결정하는 것은 문제를 평가하는 기준에 달려 있다. 이 점에서 우리가 논의해야 할 것은 "옳은" 번역에 대한 지침이 아니라 번역연구의 제반 문제를 설명하는 것이다.

언어유희

셰익스피어 번역에 대한 연구 중 가장 인기 있는 대상은 언어유희(Wortspiel)에 대한 연구라는 것은 의문의 여지가 없다.[18] 하지만 지금까지 논의를 전개한 관점으로 볼 때는 만족할 만한 언어유희 연구가 거의 없었다. 슐레겔의 번역에 대해 겝하르트는 다음과 같은 견해를 밝혔다.

18_ Hans Georg Heun "Probleme der deutschen Shakespeare-Übersetzung. Eine Bibliographie", *Jahrbuch der Deutschen Shakespeare-Gesellschaft(West)*, (1966), pp.273-87; (1968), pp.251-265; (1971), pp.230-244; (1974), pp.260-275; (1977), pp.203-219; (1980), pp.260-274 참조.

> 언어유희와 관련하여 원전 텍스트의 특정 단어의 의미를 누락시키는 데서 오는 문제를 규명하는 것이 절실하다. 슐레겔은 영어 텍스트의 언어유희 대부분을 독일어로 재생하지 못했다. 그 이유는 우선 슐레겔이 영어의 언어유희를 알아채지 못한 데 있다. 슐레겔이 번역하면서 고려한 언어유희들 중에서 원전의 예술형식과 의미에 유사하도록 모방하고 재생한 부분은 극히 적다.[19]

무엇보다도 언어유희와 관련해서는 모르겐슈테른Morgenstern의 시를 번역하는 것에 대한 레비의 관점을 주목하여 제시한 바 있다. 직역의 중요성을 부각시키는 편에서 본다면 언어유희를 사용하는 것이 문제가 되지만 다른 한편으로는 여기서 레비가 암시한 의미에서의 언어유희를 살리는 보완의 가능성이 실현될 수 있다. 레비의 관점으로 본다면 번역하는 사람이 언어유희를 도모하는 경우에 원전의 의미가 상실된다는 이유를 들어 번역을 포기하는 것은 바람직하지 않다. 그러므로 번역하는 사람이 언어유희의 시스템 속으로 들어온 낱말들의 낱말뜻이 의미론적으로 올바른지를 묻기보다는 전반적인 언어유희의 의미창조적 기능에 대해 묻는 것이 번역에 있어서 사실상 훨씬 더 중요한 일이 될 것이다. 이때 가끔씩 원전에 충실함과 관련된 아주 다른 문제들이 생기기도 한다. 슐레겔이 《햄릿》에서 자신의 고유한 셰익스피어 이미지를 창조한 것뿐만 아니라 《로미오와 줄리엣》에서 로미오 이미지를 창조한 것 또한 이미 알려진 바다. 로미오는 낭만주의자들에게는 이상적인 연인이다. 이런 이상적인 연인의 특정 언어형태는 사실상 영어 원전에서는 로맨틱하지 않다. 예를 들어 로미오가 줄리엣과 사랑에 빠지기 전에 셰익스피어는 로미오의 친구들을 물불을 가리지 않는 방탕하고 호색적이고 재미있는 남자로 묘사했다. 이러한 묘사의 태도는 로미오와 그의 친구들의 대사에 무엇보다도 언어유희가 담겨 있음을 나타낸다. 슐레겔은 이 언어유희를 모두 생략했다. 그러나 바로 여기에서 번역가가 언

19_ Gebhardt, 위의 책, pp.172 f.

어의 변화를 통한 사건의 자연스런 진행 가운데 작중인물의 성격을 변화시킬 수 있다는 것의 중요성을 드러낸다. 단지 비극의 첫 번째 부분에서만 로미오는 언어유희를 사용했고 줄리엣과 사랑에 빠진 이후에는 기존과 다른 "좀 더 자연스러운" 언어를 사용했기 때문이다. 이렇게 변화된 언어의 사용을 슐레겔은 배제하는 대신 인물을 부드럽게 만들고 인물의 역동적인 중요한 요소만 단편적으로 취하여 옮겼다.[20] 이러한 번역의 사례는 레비가 설명한 것처럼 번역하는 사람이 원전을 해석할 때에 미리 판단하고 결정해야 할 요소들이 얼마나 중요한지를 보여 준다. 레비가 모르겐슈테른Morgenstern의 시를 번역하면서 보여 준 바와 같이 위의 사례는 번역하는 사람에 따라서 언어 속에 담아내는 의미의 차원이 서로 다를 뿐만 아니라 번역 수준도 상이하다는 것을 동시에 구체적으로 설명한 것이다. 이런 경우에 중요한 것은 언어유희 자체의 특정 의미가 아니라 특정 상황에 처한 특정 인물이 사용하는 언어유희다. 즉 언어유희를 사용하도록 설정된 작중인물이 특정 상황에 적합한 언어를 사용하는 것이다.

이와 같이 위계적으로 구조화된 번역상의 의미의 차원들 및 번역의 중요성과 관련된 문제에 대해서는 다음의 사례연구에서 더 자세히 설명하고 싶다.[21]

4. 사례연구 A
– 대화리듬 및 발언형식에서 보는 《햄릿》의 번역 문제

다음의 사례를 통하여 지금까지 다룬 적이 없는 문제를 설명하게 될 것

20_ Klaus Bartenschlager, "Shakespeares Wortspiele als Problem einer deutschen Shakespeare-Edition", in *Jahrbuch der Deutschen Shakespeare-Gesellschaft(West)*, 1975, pp.93-108 참조.

21_ Norbert Greiner, "Sprechrhythmus und Redeform als Übersetzungsproblem" (am Beispiel Hamlet, I.2. 1-38), in *Jahrbuch der Deutschen Shakespeare-Gesellschaft (West)*, 1991, pp.159-172 참조.

이다. 그것은 의미를 구성하는 요소인 문체(Stil)의 수준과 관련된 상이한 번역 수준이 번역에 미치는 효과의 중요성이다. 구체적으로 말하자면, 다음에서 보는 사례를 통해 대화리듬이 갖는 술어의 기능 및 문장과 문체의 수준이 번역에 작용하는 양상을 설명하게 될 것이다. 또 다른 한편으로는 번역을 위한 결정 요소들과 예비적으로 결정한 요소들이 어문학적 준비 작업에 꼭 필요한 기본 바탕이 되어야만 하고, 그래야만 문체의 차원을 방기하는 오류를 저지르지 않는다는 것을 설명하고자 한다. 이때 서로 다른 여러 번역물이 비교 목적으로 고려되는 경우는 다시 말하지만 번역물을 평가하기 위해서가 아니라 번역을 위해 미리 예비적으로 결정한 것들이 어떤 번역 결과를 가져오는지 보여 주기 위한 것이다.

레비가 번역의 성찰과 관련된 다른 문맥에서 언급한 바 있는《햄릿》의 한 구절, 즉 국가 의회에 들어서기 전 새로운 덴마크 왕의 첫 번째 대사(I.2.1 –38)를 바로 그 번역의 사례로 들어보자. 이 구절을 선택한 목적이 있다. 그것은 원전의 낱말이 갖고 있는 본래의 의미가 번역가의 결정 요소와 예비 결정 요소를 통해서 어느 정도까지 다른 의미의 차원으로 번역되어 "(번역)작품 속으로" 유입되는지, 그리고 그렇게 번역된 낱말의 서로 다른 의미들이 정녕 신중한 역사적 어문학적 해석의 기초에 근거하여 탐구의 과정을 거친 것인지, 또한 결과적으로는 그 의미들로부터 번역의 어떤 문제들이 도출될 수 있는지를 보여주고자 하는 것이다.

이 국가 의회에서의 발언을 평가할 때 우리는 우선 첫 번째와 두 번째 장 시작 사이에서 관객들의 눈을 사로잡는 분명한 대조적 상황을 주목해야 한다. 관객이 청취할 수 있도록 음향 효과를 사용하여 모든 군대와 덴마크 국민을 사로잡은 두려움과 불안함을 부각시키는 극적 발단에 이어 새로운 왕이 무대에 등장한다. 그런데 그는 덴마크 전역에 퍼져 있는 혼란을 잊게 하려고 입가에 "미소(smiles)"를 띄운다.(이 미소는 제1막 5장 108행에도 나타난다)

Though yet of Hamlet our dear brother's death
The memory be green, and that it us befitted
To bear our hearts in grief, and our whole kingdom
To be contracted in one brow of woe,
Yet so far hath discretion fought with nature
That we with wisest sorrow think on him
Together with remembrance of ourselves.
Therefore our sometime sister, now our queen,
Th'imperial jointress to this warlike state,
Have we, as'twere with a defeated joy,
With mirth in funeral and with dirge in marriage,
In equal scale weighing delight and dole,
Taken to wife. Nor have we herein barr'd
Your better wisdoms, which have freely gone
With this affair along. For all, our thanks.
Now follows that you know young Fortinbras,
Holding a weak supposal of our worth,
Or thinking by our late dear brother's death
Our state to be disjoint and out of frame,
Colleagued with the dream of his advantage,
He hath not fail'd to pester us with message,
Importing the surrender of those lands
Lost by his father, with all bonds of law,
To our most valiant brother. So much for him.
Now for ourself, and for this time of meeting,
Thus much the business is: we have here writ
To Norway, uncle of young Fortinbras
Who, impotent and bedrid, scarcely hears
Of this his nephew's purpose — to suppress
His further gait herein, in that the levies,
The lists, and full proportions are all made
Out of his subject; and we here dispatch
You, good Cornelius, and you, Voltimand,
For bearers of this greeting to old Norway,
Giving to you no further personal power
To business with the King more than the scope

Of these delated articles allow. (I. 2. 1-38)[22]

친애하는 과인의 형님 햄릿의 죽음이
아직 기억에도 새로우며, 슬픈 가슴 안고
이 나라 전체가 비탄의 얼굴 일색으로
모두 찌푸리고 있음이 합당할 테지만,
지금까진 분별심이 우애심과 싸운 결과,
과인은 가장 현명한 슬픔으로 형님을 생각하며,
우리 자신들도 잊지 않았소.
그래서, 전에는 형수요 지금은 왕비인,
전운 감도는 이 나라의 왕권 분담자를
과인은 이를테면 꺽어진 기쁨으로,
한 눈은 행복에 또 한 눈은 수심에 차,
장례에 축가를 혼례에 만가를 부르듯,
환희와 비탄을 꼭 같은 무게로 달면서
부인으로 삼았소. 또 과인은 이 일에서
경들의 뛰어난 지혜를 막지 않았고
혼사에 기꺼이 반영했소. 모두 고맙소.
다음, 다 알다시피 포틴브라스 왕자가
과인의 값어치를 얕잡아보았거나,
최근 과인의 친애하는 형님의 죽음으로
나라가 뒤틀려 혼란에 빠졌다 생각하고,
자기가 유리하단 그 따위 꿈과 결탁하여,
그의 아비가 모든 법적 구속력에 따라
용감무쌍한 과인의 형님에게 잃은 땅을
양도하란 뜻의 전갈을 보내와,
과인을 누누이 괴롭혔소. 그건 그만큼 해두고.

22_ William Shakespeare, *Hamlet*, The [New] Arden Edition (London, New York, 1982). Norbert Greiner, "Sprechrhythmus und Redeform als Übersetzungsproblem (am Beispiel Hamlet, I.2. 1-38)", *Jahrbuch der Deutschen Shakespeare-Gesellschaft(West)*, 1991, p.9 참조.

이제 과인은 이번 모임에서 일처리를
이렇게 할 것이오. 포틴브라스 왕자의 삼촌인
노르웨이 왕에게 — 힘없고 병들어
자기 조카의 목적을 잘 모르는 그에게 —
과인이 여기에 그의 더 이상의 활동을
억제하라 써 놓았소. 왜냐하면 모병과
군사들과 군대가 모두 자기 백성들로
이뤄지기 때문이오. 따라서
과인은 그대 코넬리어스 경과 볼티맨드 경을,
이 친서를 휴대시켜 노르웨이 노왕에게
지금 곧 급파하되, 여기 세부사항에서
허락된 범위를 넘어서는 일은
왕과 개인적으로 협상할 권한을 안 주겠소.[23]

사전적인 측면과 의미론적 관점이라는 양면에서 바라볼 때에도 해석과 번역에 전혀 문제가 없을 만큼 위의 내용은 명확하게 이해된다. 늙은 햄릿 왕이 뜻하지 않게 죽은 후 외교 정책의 적대자이던 자가 덴마크에 대항하여 정권을 바꿀 적기(適期)라고 판단되는 유리한 시간을 사용한다. 덴마크의 왕좌를 누가 계승할 지는 너무나 명백하다. 투표 군주제를 실시하는 덴마크에서 국가 의회의 투표를 거쳐 선왕의 경쟁자였던 자가 왕으로 선출된다. 유능한 정치가인 그는 국가 의회의 희망과 권고에 부응하여 선왕의 왕비를 아내로 맞이하고 무언가를 선포하는 듯한 연설로써 국내 정치의 안정을 꾀한다. 그는 군주로서 단호하게 공적인 역할을 수행해 나간다. 그의 정치적 행동을 통해 속속 보고되는 결과들과 변명서에서 나타나는 것처럼 그는 효과적인 군주국을 꾸미는 데 성공한다. 물론 햄릿이 느끼는 것과 관객에게 전달되는 햄릿의 감정이 일치하지 않는 것은 사실이다. 이러한 평가는 무엇보다도 작중인물에 대한 예

23_ 역주 — 윌리엄 셰익스피어, 《햄릿Hamlet》, 최종철 옮김, 민음사, 1998, pp.18-20.

부터의 전통적 해석과 인물의 무대 연출 간에 일어나는 모순에서 비롯된다. 하지만 햄릿의 정신적 긴장과 갈등 상황에서 결정적으로 주목해야 하는 것은 《햄릿》의 다른 구절이나 셰익스피어의 다른 희곡에서와 마찬가지로 위의 구절에서도 언어, 언어형식, 인식과 진실 간의 관계에 대한 문제가 제기된다는 점이다.[24] 더군다나 언어의 창조적 힘에 대해 갖고 있던 믿음이 처음에는 궁궐에서 유행하던 능변의 문화적 모델로 환원되다가 결국에는 언어에 대한 회의적 태도로 바뀌는 문화사(文化史)적 관련성과 결부되면서 그 문제는 더욱 크게 부각된다. 따라서 관습과 격식에 의해 관념적으로 굳어진 세계상과 엄격하게 체계화된 행동잣대에 의해 주어진 단순한 세계경험이 사회적 상황의 실재와 맞부딪치면서 몹시 흔들리는 갈등을 겪는 것이 젊은 왕자 햄릿의 인생 초기 경험이다. 또한 햄릿이 습득한 사회적 역할이 명확하지 않을 뿐만 아니라 역할들이 극도로 모순을 보여주다가 비극적인 방법으로 상쇄되는 것도 그의 초기 경험에 속한다.[25] 그리고 무엇보다 인식과 의사소통을 가능케 하는 언어의 도구가 불분명하다. 예를 들어 비텐베르크(Wittenberg) 대학생인 햄릿[26]의 첫 번째 발전 단계는 실제의 삶과 이상 그리고 진실과 언어 사이에서 일어나는 갈등을 간단명료하게 요약하는 형식으로 마친다. "미소를 지을 수 있고 여전히 짓고 있어도 악당은 악당이지(That one may smile, and smile, and be villain-)"(제1막 5장 108행). 그러므로 이 비극 《햄릿》을 그 어떤 희곡도 시도하지 않은 새로운 표현형식과 새로운 그림, 인물 및 구조를 지향한 비극이라고 규정하는 것은 불가피하다. 또한 잉

24_ Norbert Greiner, "Sprach- und Rollenspiel als Verhaltensnormen der "Messina"-Gesellschaft. Zum Thema in Much Ado About Nothing", in *Studien zu "Much Ado About Nothing*(Frankfurt, 1983), pp. 95-123 참조.

25_ Dietrich Schwanitz, *"Theatrum Mundi und soziales Rollenspiel: Zur sozialgeschichtlichen Deutung des Hamlet*", Jahrbuch der Deutschen Shakespeare-Gesellschaft West, (1978/79), pp. 114-131 참조. 디트리히 슈바니츠Dietrich Schwanitz는 이 논문에서 사회학적 역할 개념을 햄릿에게 적용하였다.

26_ 역주 — 마르틴 루터의 종교개혁의 영향을 받은 덴마크는 북유럽의 국가들 중 가톨릭에서 개신교로의 개종이 가장 급진적으로 이루어진 국가였다. 덴마크에 프로테스탄티즘이 정착된 후에 종교 개혁의 발상지인 비텐베르크Wittenberg로 덴마크 청년들이 유학을 떠나는 것은 일반적인 현상이었다.

가 스티나 에브방크Inga-Stina Ewbank가 지적한 것처럼 이렇게 언어를 비평하고 관습을 비평하는 비평적 논쟁은 비록 관객에게는 뒤늦게 의식되는 것이긴 해도 관습적인 언어구조와 발언형식을 까발려서 희화화하거나 패러디하는 것과 밀접하게 연결되어 있다.[27] 미소 짓는 악인으로 등장하는 클로디어스는 새 시대의 혼란스러운 인식문제를 시사한다. 그렇게 서술함으로써 셰익스피어의 시대를 살아가는 단순한 대중이 이해하기에 전혀 지장이 없는 수사학적 전략을 능숙하게 사용하고 있는 것이다. 이와 더불어 클로디어스의 발언이 갖고 있는 의도된 효과에 대하여 어느 정도는 방법론적으로 확실한 정보를 얻기 위해서라면 동시대의 수사학 교과서를 찾아볼 필요가 있다. 볼프강 바이스Wolfgang Weiss의 경우 헤르모게네스Hermogenes의 수사학적 영향과 관련된 또 다른 부분을 제시하면서 드라마 작중인물의 시적 언어를 분석하는 데 필요한 특별한 수사학적 장점들을 논증하였다.[28] 패터슨A. M. Patterson이 르네상스 문학의 수사학적 의미를 강조하면서 부각시킨 이러한 수사학[29]은 무엇보다도 극적(劇的) 발언의 표현에 도움이 되는 발언형식, 음향 효과, 대화 리듬, 단어 및 문장의 길이를 세부적으로 설명하기 때문에 셰익스피어 드라마에 끼친 영향을 연구하는 데 충분한 도움을 준다. 이와는 반대로 시적인 고상함과 관련된 문체의 범주뿐만 아니라 그 범주에 속할 수 있는 문체의 규정들을 특정한 주제의 복잡성 및 발언 계기들과 연결시킨 전체적인 범주 또한 이러한 발언 계기들이 픽션적 연극 문맥 속에

27_ Inga-Stina Ewbank, "Hamlet and the Power of Words", in: K. Muir and S. Wells, eds., *Aspects of Hamlet* (Cambridge, 1979), pp.84-99; bes. pp.88-89: "새롭고 독창적인 경험을 표현하는 새로운 언어는 개별적인 각각의 낱말들뿐만 아니라 새로운 구조, 새로운 이미지, 새로운 형태에 의해서도 제시된다. 그 언어요소들은 오래된 문장론적 패턴들과 수사학적 형태들을 새롭게 사용함으로써 유기적으로 결합되어 새로운 언어를 제시하게 되는 것이다. … 언어는 햄릿을 에워싸는 세계가 어떤 유형의 세계이며 햄릿을 어떻게 압박하는가를 보여주기 위해 늘어나고 재형성되는 것이다."

28_ Wolfgang Weiss, "Redeform, Rhythmus und Charakter: Das Beispiel König Lears", *Jahrbuch der Deutschen Shakespeare-Gesellschaft West, (1977)*, pp.70-83.

29_ Annabel M. Patterson, *Hermogenes and the Renaissance. seven Ideas of Style* (Princeton, 1970). 헤르모게네스의 수사학과 관련된 모든 인용과 설명의 출처는 패터슨의 이 책이다.

내재하는 한에 있어서는 작중인물의 발언 문체를 분석하는 데 유용한 것으로 보인다.

헤르모게네스는 다양한 문체개념을 일곱 가지로 구분하고 여러 개의 하위 범주로 다시 분류한다. 설정된 주제의 영역에 기초하여 국가 의회에서의 왕의 연설에 주어진 발언 계기에 적절하게 응용될 수 있는 '장엄함(grandeur)'이라는 문체개념을 집중적으로 살펴보자. 이 '장엄함'이라는 문체개념의 틀 안에서 왕의 공개연설을 위한 문체개념으로 고려된 '웅장함(magnificence)'이라는 두 번째 하위 개념의 그룹이 존재하게 된다. 헤르모게네스가 개별적으로 설명한 문체의 특징들은 주제나 계기에 적합할 뿐만 아니라 동시에 읽는 이를 기쁘게 만들거나 깊은 인상을 주는 데서도 중요한 기능을 발휘한다는 것이다. 청취자에게 기쁨을 주거나 감동을 주는 것은 새로운 왕이 여러 문제로 부담되는 상황에서 처음으로 공개연설을 할 때 의심할 여지없이 갖게 되는 목표다. 헤르모게네스가 추천한 문체의 도구를 살펴본다면 추밀원에 등장하여 전개하는 클로디어스의 연설은 마치 수사학 교과서에서 빌려다 쓴 국왕의 연설의 전형적인 예로 보인다. 헤르모게네스는 명사 문체를 선호한다. "어법은 크게 명사와 대명사 그리고 명사로서 역할을 하는 음성의 다른 부분으로 이루어져 있으며 동사는 되도록 피해야 한다"(72쪽), "은유법의 적절한 사용이 필요하다"(71쪽), "특히 기본적으로 의식적인 연설의 장식을 위해서는 이중 모음과 강조되는 장모음"(71쪽) 및 "명백히 필요한 삼 음절과 다음 절 낱말들, 즉 영어권에서의 포괄적인 로마네스크풍의 낱말들"(72쪽)을 충분히 사용함으로써 좋은 음조 효과를 볼 수 있다.

인용된 행을 잠시 살펴보면 위의 조건을 만족하는 많은 예를 찾을 수 있다. 처음의 두개의 행(Of Hamlet … the memory be green)과 6~7행(remembrance of ourselves) 그리고 명사 문체 구문이 부사를 대체한 10~13행의 흔하지 않은 명사 문체는 병렬 분사구문의 광범위한 순위를 통해 연설의 두 번째 부분(17-25: Holding…, Thinking…, Colleagued…, Importing…, Lost)에서 추가되었다. 화법의 은유적 문체 사용이 분명하다면 이제는 화법의 소리 형성에 대해서 잠깐 살펴보자. 거의 모든 행이 두운(頭韻)의 음들의 연결 형태와 위엄 있는 울림의 표준인 불완전 운각(韻脚)으로 채워져 있다. 불완전 운각과 이중모음과 장모음을 통하여 소리가 더욱 길게 퍼지면서도 당당하게 울리는 낱말들을 만들려는 노력이 눈에 띈다(remembrance of ourselves, Th'imperial jointress, defeated joy, with an auspicious eye, In equal scale weighing delight and dole, the scope of these dilated articles allow).

수사학적 효과를 조심스럽게 지원하는 것이 영어 화법의 운율이 갖는 특성이기도 하다. 발언의 도입부 내내 변함없이 이어지는 추상적 운율체계의 단일한 구조와 낱말강세와 문장강세를 띠는 프로필은 약강격의 시행(詩行) 구조를 촉진시키는 남성적 구절들을 반복적으로 진행시키는데(27~38행) 이로 인해 일률적인 화법의 리듬이 가능해진다.

통사론에 관한 헤르모게네스의 권유를 들어보자. 그는 웅장함(magnificence)이라는 하위 범주의 문체개념을 또 다른 하위 범주의 문체개념과 연결할 것을, 특히 화려함(splendor)과 연결하든지, 아니면 우회적으로 말하기(circumlocution)와 연결할 것을 추천한다. 화려함(splendor)이 청취자에게 지적이고 긴장감 넘치는 것을 느끼게 하는 — 클로디어스의 의도에 전혀 방해되지 않는 효과인 — 특별히 조형적이면서도 장식적인 휘황찬란함을 표현한다면 우회적으로 말하기(circumlocution)는 확장되고 긴장감이 지속되는 통사론적 구조를 동반하면서도 본래는 격식을 중시하는 궁정적 발언과 연설이 지향하는 문체의 이상에 걸맞는 문체다. 그럼 여기서 짧게나마 이미 언급한 번역 문제를 다루는 하위 범주의 문체개념에 대해 살펴보도록 하자.

우회적으로 말하기(circumlocution)라는 문체개념을 수사학적-통사론적 차원에서 권유함으로써 기대할 수 있는 문체의 효과는 클로디어스의 발언이 전체적으로 갖고 있는 통사론적 기초에서 논증될 수 있다. 주제에 따라 왕의 발언과 연설을 세 가지로 구분할 수 있다. 왕위 계승의 실행(1-16행), 노르웨이를 통한 전쟁 도발(17-25행), 덴마크 왕으로서의 조치(26-37행)가 바로 그것이다. 만약 우리가 이 세 부분을 연결하는 세 개의 짧은 문장을 고려하지 않는다면(16행, 25-27행) 다음과 같은 구조를 보게 된다. 총 16행[30]으로 구성된 첫 번째 부분(1-16행)은 두 개의 긴 문장과 하나의 짧은 문장으로 이루어져 있다. 총 9행으로 구성된 두 번째 부분(17-25행)은 한 문장으로 이루어져 있고 총 12행으로 구성된 세 번째 부분(26-37행) 역시 하나의 문장으로 이루어져 있다. 다시 말하자면 세 번째 부분의 긴 문장은 84개의 단어로 구성되어 있다. 이 숫자는 오늘날 관객이 수용할 수 있는 범위보다 7배 정도 많은 분량이다. 수사학적으로 볼 때에도 훌륭하고 통사론적으로 볼 때에도 능숙한 클로디어스의 연설은 청중이 수용할 수 있는 한도를 훨씬 뛰어넘는 것이라고 말할 수 있다. 하지만 이와는 반대의 경우도 생각해볼 수 있다. 특히 이 세 번째 부분의 복잡하고 종속적인 구조에도 불구하고 통사론의 측면에서 본질적으로 이해하기 힘든 문제는 생기지 않을 뿐더러 리듬은 균일하고 힘이 있으면서도 조용한 흐름을 유지한다. 문장구조의 복잡성에도 불구하고 개별 구절들이 어떻게 구성되어 있는지를 구분해서 파악할 수 있다. 더욱이 문장을 구성하는 각각의 구(句)는 그렇게 짧지만은 않으며 오히려 일률적으로 길고 구조상 거의 같은 형태를 이룬다. 무엇보다 그때그때마다 나타나는 하나의 문장 단위는 또 다시 하나의 시행(詩行) 단위와 한 몸으로 결합하는 하나의 완결된 생각 단위를 서술하는 것으로 설정되어 있다. 말하자면, 하나의 문장 단위마다 하나의 생각과 하나의 행 혹은 이에 상응하는 중간 휴지부(Zäsur)를 가진 반쪽의 행을 포함한다. 문장들은 엄격할만큼 병렬적으로 정렬되어 있다. 통사론적 구조의 이해를 위한 상대적인 시그널 — 여기서는 병렬적으로 정렬된 분사들 — 은 그때 그때마다 시행이 시작되는 부분에 위치하면서 주의를 기울여야 하는 의미론적 정보와 통사론적 정보를 가장 효과적인 위치에서 지니고 있다. 이 연설의 첫 번째 행(17)은 주어를 포함하고 있다. 그

30_ 역주 — 저자는 '총 16행'으로 기록하였지만 그가 구분한 클로디어스 연설의 세 부분 중 첫 부분(1-16행)은 '총 17행'으로 기록되어야 한다. 총 16행 오류이다.

뒤로는 주어의 자격을 부여하는 3개의 분사구문이 따르며(18-24) 각각의 분사구문은 1행 혹은 2행으로 이루어져 있다. 두 번째 부분(17-25행)의 여섯 번째 행(22)에서는 첫 번째 행(17)의 포틴브라스를 가리키는 주어(He)를 다시 수용하며 "주어+술어+부정사절"로 이어지는 간단한 형태의 문장을 완성한다. 앞선 행(22)의 마지막 낱말과 관련된 보다 더 확장된 분사 구문(23)으로 한 줄의 행이 뒤따르며 마찬가지로 앞선 행(23)의 마지막 낱말과 관련된 한 줄의 마지막 분사구문(24)이 이어진다. 문장을 지배하는 수사학적 원칙은 모든 행의 단위와 생각의 단위는 물론이요 무엇보다도 화법의 단위마다 엄격하게 병렬적으로 정렬된 분사를 사용함으로서 하나의 행 안에 본질적인 문법의 핵심(주어+술어+부정사절)을 압축시킨 하나의 문장을 수사학적으로나 통사론적으로 확장하여 장식하는 것이다. 각 행의 시작점에 위치한 각각의 분사들로 인해 문법상의 주종 관계가 명확해지면 과다하게 긴 문장도 발음하기 좋고 이해하기도 쉬워진다. 문장의 형식과 효과는 'grandeur(장엄함)'이라는 문체개념의 전반적인 전제조건을 충족시키며 특히 'circumlocution(우회적으로 말하기)'라는 하위 범주의 문체적-수사학적 규정의 조건을 충족시킨다. 이와 동시에 클로디어스는 발언의 문체를 선택함에 있어서 보다 더 확장된 상위의 기본원칙을 확보하는 데 주의를 기울여야 한다. 말하자면 "확고하고 안정된 리듬"을 통해 연설자에게 필요한 수사학적 조절장치와 청중에게 필요한 이해력을 확보하기 위해서도 그것이 필요하다.

앞서 언급한 모든 영역에서도 그렇거니와 다음절(多音節) 낱말들의 강세 및 각 시행(詩行)의 강세를 배열할 때 그리고 광범위한 문장 구조의 통사론적 배열에서와 같이 소리형태와 의미형태를 삽입할 때에도 이러한 상위의 기본원칙이 반영되고 실현되었다.

이제는 아우구스트 빌헬름 슐레겔A. W. Schlegel과 오늘날 연극 무대에서 애용되고 있는 에리히 프리트Erich Fried의 클로디어스 연설 번역문을 비교해 보자. 우선 문장 리듬과 음향 효과의 관점에서 연설문의 시작 부분을 살펴보기로 하자.

슐레겔은 첫 번째 부분(1-16행)이 시작되는 행들을 다음과 같이 독일어로 옮겼다.

Wiewohl von Hamlets Tod, des werten Bruders,
Noch das Gedächtnis frisch; und <u>ob</u> es unserm Herzen
Zu trauern <u>ziemte</u> und dem ganzen Reich
In eine Stirn des Grames sich zu falten:
So weit hat Urteil die Natur bekämpft
Daß wir mit weisem Kummer sein gedenken
Zugleich mit der Erinnrung an uns selbst.

슐레겔의 독일어 번역

친애하는 과인의 형 햄릿의 죽음이
아직도 기억하기에 생생하여, 우리의 가슴에
슬픔이 가득하고 제국 전체가 비탄의 얼굴로
이마를 찡그리고 있는 것이 마땅하겠지만
지금까지는 판단력이 천성과 계속 투쟁해왔기에
우리는 현명한 슬픔으로 햄릿을 추모하면서
아울러 우리 자신도 잊지 않았소.

나의 관점에서 본다면 슐레겔의 이 번역이 에리히 프리트의 번역에 비해 더 나은 번역으로 생각되지만 이 번역문에 문제가 아주 없는 것은 아니다. 이 번역문은 비교하기에 걸맞는 리듬의 수준을 갖고 있는 것도 아니고 쉽게 이해되는 것도 아니다. 어법의 고풍스런 효과를 배재하더라도 슐레겔이 번역자로서 전형적인 번역 방법을 선택함으로 인해 첫 번째 행에서부터 이미 문제가 드러났다.[31] 운율학적 관점에서 보면 소유격이 명사 앞에 위치하고 햄릿이라는 이름의 소유격에 동격을 의미하는 소유격을 플러스하여 이중 소유격을 사용함으로 어휘 순서가 바뀜과 동시에 서로 떨어져서 위치하는 까닭에 원전의 문장과 비교한다면

31_ Peter Gebhardt, 앞의 책, p.159 참조.

시작 부분의 부피가 커졌다. 슐레겔의 번역에서 자음의 축적으로 음향이 강화되는 결과를 가져오는 그와 같은 이유로 인해 선택된 모음생략[우리 가슴에(unser(e)m Herzen)]도 당대에 널리 보급되어 있던 번역 전략만큼이나 언급할 만한 가치가 있는 것이긴 하지만 제2행과 제3행의 통사론적 관계는 더 큰 문제가 있다. 영어 원문 제2행의 that은 대체형식이며 이전의 제1행에서 사용된 접속사 though를 반복해서 사용하는 것을 피하는 데 도움이 된다.[32] 이 통사론적 관계를 알고 있었던 것으로 보이는 슐레겔은 그래서인지 "obwohl"의 어미를 생략하고 "ob"만을 사용하려고 했다. 하지만 이 번역의 버전은 관객의 해석을 잘못된 길로 이끌 수 있다. "ob"은 독일어에서 의문을 나타낼 때 쓰이는 낱말로서 해석의 통사론적 기대감을 전혀 다른 방향으로 유도하기 때문이다. 그다음에 이어지는 문장도 이와 비슷한 해석의 어려움을 일으킨다. befitted에 종속된 두 개의 부정사절(us … to bear; our … kingdom/To be contracted)은 영어 텍스트에서는 비교적 쉽게 이해될 수 있다. 그런데 슐레겔은 'ziemte마땅하다'라는 낱말을 영어의 위치와는 반대로 첫 번째 부정사 구문 뒤에 편입시키며 또 다시 영어 텍스트와는 전혀 다른 독일어 문법 구조를 만들었다. 지금 거론하고 있는 행들을 슐레겔이 수용하는 과정에서 문제가 될 수 있는 것은 전치법(Hyperbaton)과 앞 뒤에 놓인 이중 제3격(Ob es unserm Herzen zu trauen ziemte und dem ganzen Reich)을 포함한 부정사 문장뿐이다.

슐레겔이 번역한 위의 행(1-7행)이 우리가 논의하고 있는 관점과는 전적으로 다른 관점으로 본다면 성공한 번역 전략의 사례로서 활용될 수도 있다. 번역상의 오류도 그다지 문제될 것은 없고 번역을 위해 선택하고 준비한 요소들도 문제될 만한 것이 없다고 볼 수도 있다. 그렇다고는 해도 왕의 연설 속에 담겨 있는 절제된 리듬과 다소 복잡하지만 쉽게 이해할 수 있는 언어의 전달이 슐레겔의 번역문 속에서는 통사론적인 양면성과 문법적 자유 및 음성상의 조작을 통하여 질적으로 변화하였

32_ OED that, conj. 8.

다. 결과적으로 왕의 연설이 의도했던 효과는 오히려 줄어들었다.

약 150년 후에 보여준 에리히 프리트의 번역도 여기에서 논의하고 있는 연설의 질을 그다지 고려하지 않은 탓에 번역자가 집중해야 할 관심의 중점에서 벗어나고 말았다.

Zwar grünt von Hamlets, unsres teuren Bruders
Tod noch das Andenken, daß unsrem Herzen
Trauer geziemt', und unsrem ganzen Reich
In eine Stirn des Grames sich zu furchen,
Doch hat Verstand Natur so weit bekämpft,
Daß wir mit weisestem Schmerz sein gedenken,
Zugleich auch unser selber eingedenkt.[33]

프리트의 독일어 번역

우리의 친애하는 형제 햄릿의
죽음이 아직도 기억하기에 생생하여, 우리의 가슴에
슬픔이 가득하고 우리의 제국 전체가
비탄의 얼굴로 이마를 찡그리는 것이 마땅하긴 하지만
그래도 지금까지는 이성이 천성과 계속 투쟁해왔기에
우리는 가징 현명한 아픔으로 햄릿을 추모하면서
아울러 우리 자신도 잊지 않았소.

에리히 프리트가 과도하게 세 번이나 반복하여 사용한 'unsr우리의'는 소유대명사 'unser'의 모음 'e'를 생략한 것으로, '자음(s)+r'의 형태가 중첩되는 음향효과를 통하여 낱말이 반복될수록 'unsrem'의 음향이 점점 더 강해지면서 귀로 듣기에는 매우 거슬리는 소리의 효과를 낸다. 게다가 'unsres teuren Bruders 우리의 친애하는 형제'에서 'unsr'와 마찬가지로 낱말 'teuer 친애하는'의 모음 'e'를 생략하고 'teur'로 표기함으로서 앞선 'unsr'에 이어지는 'teur'의 자음 'r'의 탁한 소리가 연결되어 'teu(e)r

33_ Erich Fried, *Shakespeare-Übersetzung: Hamlet. Othello*(Berlin, 1972), pp.1-86, pp.7-8.

(친애하는)'이 아닌 'treu(충실한)'으로 읽힌다. 이에 따라 그 구절은 '우리의 충실한 형제(unsres treuen Bruders)'라는 소리로 들린다. 프리트 역시 영어 원문 2행(제1막 2장)의 that을 번역하는 데 어려움이 있었다. 프리트는 자주 그래왔던 것처럼 여기에서도 잘못된 번역의 결과를 초래하는 직역을 선택했다. 프리트가 2행과 6행에서 연속적으로 사용한 종속접속사 daß는 상대적으로 바로 앞에 나온 명사 'Andenken(기억)'을 나타내는 지시 대명사 'das(그것)'으로 들리는 효과가 있다. 이렇게 생각하지 않는다면 그 문장 구조는 좀처럼 이해하기 어렵다. 에리히 프리트의 번역처럼 문장구조를 바꾸는 변화를 통하여 셰익스피어 작품 속에서 명확하게 균형이 잡힌 병렬 관계를 재생하는 것을 포기한다면 영어 원문의 두 개의 부정사문(To bear our hearts in grief and our whole kingdom/To be contracted in one brow of woe,) 간의 관계를 독자는 결코 명확하게 파악하지 못할 것이다.

그러나 더욱 간과할 수 없는 것은 프리트의 번역이 연설의 운율학적 성격을 방해하고 교란한다는 점이다. 제2행이 시작되는 곳에 'Tod 죽음(토트)'라는 낱말을 위치시킨 것은 기교가 없으면서도 정말 운율을 교란시키는 월행(越行)이라고 말할 수 있다. 제2행이 시작되는 곳에 강제적으로 배치된 낱말은 운율의 규칙성을 갖고 있는 시행으로 시작하는 것이 아니라 율격과 어휘강세와 음성강세 사이의 두드러진 모순을 통해 셰익스피어의 원전이 갖는 문체의 조화를 깨버렸다고 단정할만 한다. 그 행에서 강세가 없는 두 번째와 세 번째 낱말을 삼음절의 낱말 'Andenken(안뎅켄, 기억)'이 뒤따르고 있다. 삼음절의 이 'Andenken'은 낱말강세를 그 다음의 낱말로 옮길 때에 추상적인 약강격(弱强格) 운율의 기준에 맞지 않는 장단단격(長短短格) 리듬을 타게 된다. 영어 원전의 약강격 운율이 깨지는 것은 강세가 있는 단음절의 낱말과 바로 그 다음의 첫 음절에 강세를 두는 이음절의 낱말이 뒤를 따르기 때문이다. 같은 리듬이 "mit weisestem Schmerz(현명한 아픔)"이라는 직역에도 적용된다. 흔하지 않은 남성적 시행의 끝부분, 즉 셰익스피어 원문에서 볼 수 있는 남성적 시행 27개의 끝부분을 대신하는 프리트의 번역문 16개의 시행에서도 리듬 문제가 계속 발생한다. 이 경우는 하나의 시행에서 강세가 없는 마지막 음절이 강세가 없는 그 다음 시행의 첫 음절보다 선행하기 때문에 나타나는 현상이다. 그러나 이 문제는 독일어가 갖는 고유한 운율의 성격에 따른 것이므로 전혀 해결할 수 없는 문제가 될 것이다. (슐레겔의 번역문은 20개의 남성적 시행의 끝부분을 담고 있다.) 에리히 프리트는 안정된 문장과 규칙적으로 조절된 리듬 대신에 거의 산문적 어법의 운율에 가까운 시행으로 원문을 옮겼다.

통사론의 관점에서 연설의 두 번째 부분(제1장의 제2막 17-25행)[34]을 살펴보자. 앞에서 보았듯이 두 번째 부분의 문장은 특이할 정도로 길게 이어지면서 예술적 언어로 구성되어 있다. 이 부분의 문장은 무운시행(無韻詩行)의 리듬을 문장의 분절과 의미의 세분화로 사용하여 전반적으로 circumlocution(우회적으로 말하기)라는 하위 범주의 문체개념과 grandeur(장엄함)이라는 상위 범주의 문체개념이 요구하는 특별한 수사학적 전제조건들을 충족시킨다.

이 부분은 슐레겔의 번역문으로 다음과 같이 옮겨졌다.

Nun wißt Ihr, hat der junge Fortinbras
Aus Minderschätzung unsres Werts und denkend,
Durch unsers teuren sel'gen Bruders Tod
Sei unser Staat verrenkt und aus den Fugen:
Gestützt auf diesen Traum von seinem Vorteil,
Mit Botschaft uns zu plagen nicht ermangelt
Um Wiedergabe jener Länderein,
Rechtskräftig eingebüßt von seinem Vater
An unsern tapfern Bruder. —

슐레겔의 독일어 번역

34_ 역주 — 저자가 구분한 클로디어스 연설의 세 부분 중 17-25행은 그가 앞에서 분류한 조건에 따르면 '두 번째 부분'으로 기록되어야 한다. 따라서 옮긴이는 '세 번째 부분'으로 기록한 오류를 바로 잡아 '두 번째 부분'으로 교정한다.

이제 여러분도 알다시피 어린 포틴브라스 왕자가
우리의 가치를 과소평가한 나머지
우리의 친애하는 형제의 죽음으로
우리의 온 나라가 탈골(奪骨)한 듯 무너졌다 생각하고,
그가 유리하다는 이따위 망상에 의존하여
그의 아버지가 법적 구속력에 따라
우리의 용맹한 형제에게 상실한 저 땅을
되돌려 달라는 뜻의 전갈을 보내 와서는
우리를 혹독히 괴롭히고 있소.

영어 원문의 리듬이 월등하게 잘 조절된 것도 아니고 의미가 쉽게 이해되는 번역은 아니라고 해도 슐레겔의 번역이 이 부분에서만큼은 또 다시 실패한 것은 아니다. 그의 번역은 작시법(作詩法)을 애써 사용해야 한다는 이유가 작용하여 모음 생략에 많이 의존하고 있다. 그러나 무엇보다도 영어에서 경쾌하게 용이하게 쓰이는 분사구문이 독일어에는 좀처럼 쓰이지 않기 때문에 생각의 단위와 문장의 단위 및 시행의 단위를 관류하는 동일성도, 이것들을 병렬적으로 통합하는 것도 가능하지 않다. 그러므로 술어의 한 부분("hat")은 벌써 첫 번째 행(18)에 나타나 있고 22행에서는 주어도 없거니와 술어의 이 부분("hat")도 다시는 모습을 보이지 않는다. 문법적 구조 다시 말해 문장의 문법적 핵심은 6개의 행에 걸쳐 강화되었고 연설을 듣는 청중의 기억에 깊이 남아 있도록 연설내용을 구성하려는 번역자의 노력이 기울여진다. 따라서 노르웨이에서 보내온 전갈의 내용에 대한 설명은 결과적으로 — 영어 원문에서는 직접 분사구문으로서 "전갈(message)"이라는 낱말 다음의 모든 행을 포괄하지만(제22행) — 여기 슐레겔의 독일어 번역문에서는 행 전체에 걸쳐 연관어 "Botschaft(전갈)"과 분리된 형태를 보여준다.(23-24행).

프리트는 연설의 수사학적 차원에 중점을 두지 않은 것이 분명하다.

Nun, was ihr wißt: Der junge Fortinbras,
Wohl weil er unsern Wert geringschätzt oder
Durch unsres seligen teuren Bruders Tod
Unseren Staat nun außer Rand und Band glaubt,
Ließ es — im Traum, er sei im Vorteil — nicht
Dran fehlen, uns mit Botschaft zu belästigen
Um Wiedergabe jener Länderein, die
Sein Vater doch verlor — mit Fug und Recht —
An unsern tapfern Bruder.

프리트의 독일어 번역

이제 여러분도 알다시피 어린 포틴브라스 왕자가
우리의 가치를 과소평가했거나
우리의 친애하는 형제의 죽음으로
우리의 온 나라가 이제 제멋대로 돌아간다 생각한 것인지,
그가 유리하다는 망상에 빠져
그의 아버지가 정당한 절차에 따라
우리의 용맹한 형제에게 상실한 저 땅을
되돌려 달라는 뜻의 전갈을 보내 와서는
우리를 혹독히 괴롭히고 있소.

프리트가 번역한 위의 행들은 관객과 연설자가 이해하기에는 그리 쉽지 않게 번역되었다. 주문장과 확장된 분사구문들은 나란히 정렬되어 있는 두 개의 종속문과 독일어 문장구조의 원칙에 부합하도록 분절되어 있는 양상이다. 번역문의 독일어 문장 구조는 인과문, 부정사문, 관계문 그리고 두 개의 삽입문과 한 개의 주문장으로 이루어져 있다. 주문장은 제17행의 주어와 21-22행의 술어부로 나누어져 있다. 이 주어와 술어부는 삽입문을 통해 서로 떨어져 위치한다. 독일어 번역문에서는 각각의 종속문 끝에 본질적인 의미를 전달하는 중요한 낱말이 위치할 뿐만 아니라 각각의 문장 단위와 문장마다의 생각 단위가 시행 단위와 일치하지 않는다는 사실도 연설자가 거침없는 능변을 전개하는 것

을 더욱 어렵게 만드는 요인으로 작용하고 있다. 연설의 첫 번째 부분에서 논의했던 운율학적이며 음향적이고 어휘적인 문제들은 연설의 이 두 번째 부분에서도 여지없이 뚜렷하게 반복되고 있다. 전체적으로 말하자면 이 연설이 당대의 관습적 기대와 수사학적 기대에 멋들어지게 부합하면서도 주어진 극적(劇的) 상황을 이해하는 데 있어서 중요한 주제의식을 함유하고 있느냐가 문제다. 하지만 프리트의 번역문은 연설자가 사라진 것처럼 보이는 문장구조를 갖고 있다. 그의 번역문으로 연기하는 배우도 애를 먹지만 관객도 내용을 이해하는 데 여간 수고스럽지 않은 상황이다. 제1막의 2장에서 관객에게 실제적으로 다가왔던 클로디어스의 연설이 이 번역문에서는 들려오지 않는다.

슐레겔과 프리트의 번역본을 비교하여 어떤 번역이 더 나은지 가치판단과 평가를 하려는 것이 우리 논의의 목적은 아니다. 그와 같은 판단과 평가를 위한 연구의 관점도 부족하거니와 설사 관점을 선택한다고 해도 하나의 관점만으로는 부적합하다. 이 두 사람의 번역본은 역사적 의미와 변함없는 현실성의 이유로 인하여 연극무대에 올리기에 합당하다는 미학적 평가와 함께 번역미학적 측면에서도 여지없는 호평을 받고 있다. 또한 번역에 초점을 맞춘 연구들이 이 두 사람의 번역본을 통하여 번역의 전반적인 질이 얼마나 중요한지를 뚜렷이 부각시키고 있다.[35] 더 정확히 말하자면 레비Levy가 강조하여 언급한 것처럼 번역 작업을 시작하기 전에 번역자가 예비적으로 선택하고 결정할 요소들이 있으며 이는 근본적으로 어문학적 교육 및 해석학적 교육이 전제되어야 하는 자연스러운 현상이라는 것을 보여주기에 타당한 사례이기도 하다. 하지만 이 어문학적 교육의 토대가 번역의 필수적 전제조건인지는 명확히 규정할 수 없다. 그러나 이와 동시에 원전과의 연관성이라는

35_ M. Atkinson, *August Wilhelm Schlegel as a Translator of Shakespear*(Oxford, 1958); P. Gebhardt, 앞의 책.; Reinhold Grimm, *Der Deutsche Shakespear*. Theater unserer Zeit, Bd. 7(Basel, Hamburg, Wien, 1965); Rudolf Stamm, "*Erich Fried als Shakespear-Übersetzer. Bemerkungen zum ersten Band seines Übersetzungswerkes*", Jahrbuch der Deutschen Shakespeare-Gesellschaft West, (1971), pp.23-34; Norbert Hofmann, *Redundanz des Hamlet*(Tübingen, 1980).

개념과 원전에 충실한 은유가 사전과 의미론에 지나칠 정도로 면밀히 주의를 기울인 탓에 내용이 길어지고 원전과는 거리가 먼 번역문을 만들어낼 뿐만 아니라 극단적인 경우에는 원전 텍스트의 의미 차원을 너무 협소한 시각으로 파악한 나머지 원전의 본래적 의미와는 동떨어진 방향으로 나아가는 현상에 대해 번역학적으로 문제를 제기하고 논의하는 것이 매우 중요한 문제가 되었다.

III. 문화사적 번역 연구
(2) 도착문화 중심의 연구 경향

1. 독립된 텍스트로서의 번역물
-문화적으로 형성된 텍스트와 문화 생성 패러다임

지금까지 번역연구는 주로 이론적 쟁점을 다루거나 원본과 번역의 상관성 연구 혹은 원본과 비교해 번역의 질과 우수성 여부를 판단하는 데 관심을 두었다. 이와 연관된 수용미학의 관심 역시 원본과의 연관성에 머물러 있다. 개별 번역물 혹은 문학작품 번역물에 대한 연구는 상대적으로 소수에 지나지 않는다. 그래도 노턴Glyn P. Norton[1]과 켈리L.G.Kelly[2] 혹은 아펠Friedmar Apel[3]의 저서같이 보다 광범위한 역사적 연구방향을 보여주는 기념비적인 저작들은 특별히 주목할 필요가 있다. 이들의 연구는 모두 유럽의 여러 민족문학 내에서 찾을 수 있는 뛰어난 번역사례 내지는 번역시기를 대상으로 하고 있다. 그런데 이들 연구에는 한 가지

1_ Glyn P. Norton, *The Ideology and Language of Translation: In Renaissance France and Their Humanist Antecedents*(Genf: Droz, 1984).

2_ Louis G. Kelly, *The True Interpreter: A History of Tranlation Theory and Practice in the West*, (Oxford, 1979).

3_ Sprachbewegung, 앞의 책.

뚜렷한 역설이 나타난다. 이들의 연구를 보면 항상 각각의 번역물은 자신이 속한 도착문화의 강력한 영향을 받고 있다는 사실이 드러난다. 그리고 그 영향은 직접적인 문학적 의미에서 뿐만 아니라 종종 정치적, 권력 투쟁적 맥락 또는 최선의 경우엔 국민 통합적 맥락에서도 나타난다는 걸 보여준다. 하지만 위 저자 중 누구도 번역물을 **그 자체로 독창적인** (sui generis) 텍스트로 다루어 원본과의 연관관계뿐만 아니라 특히 도착문화에서 강력한 영향을 끼치는 제반 요인들과의 연관관계를 기술하는 번역연구 방법론을 제시하지 않는다. 이 점에서 이들의 연구는 역설적이다.

이런 상황 때문에 70년대 들어 일부 학자들이 처음에는 독자적으로 이 연구 분야를 새로운 방법론적인 토대 위에 정립하고, 자기 문화 안에 있는 텍스트로서의 번역물을, 그리고 이 텍스트가 다른 텍스트 혹은 문화 현상들과 맺고 있는 특수한 관계를 집중적으로 연구하게 되었다. 지난 연구들을 되돌아 볼 때 이런 일련의 노력에서 공통적으로 볼 수 있는 일반적인 전제는 다음과 같이 간단하게 정리된다. 번역연구의 핵심은 순수 이론적, 번역개념에 관심을 둔 역사적 연구나 텍스트 중심으로 시작해 언제나 원본과 대조하는 연구, 즉 번역연구의 목표가 새로운 번역물 생산을 위한 기초공사에 지나지 않는 연구방향 대신 해당 번역물을 도착문화의 텍스트로 서술하기 위한 하나의 비전을 획득하는 것이었다. 이런 연구 개념이 확실히 표명되어 있었느냐 아니면 해당 번역물을 토대로 이런 개념의 함의가 밝혀져야 할 필요가 있었느냐 하는 문제는 중요하지 않다. 더 나아가 이런 기술적(deskriptiv) 작업을 위해 체계적이라기보다는 우연히 얻게 된 여러 가지 기능적 연구항목을 대표적인 번역물분석으로 대체할 수 있는 방법론을 발전시키는 것도 마찬가지로 중요했다.

여기서 각각의 특수한 지리-정치적 상황 때문에 번역에 관심을 기울일 수밖에 없었던 세 지역에서 서로 다른 연구 아이디어가 발전했다는 사실 또한 관심을 갖지 않을 수 없다. 이 세 중심지역은 벨기에의 루뱅

대학과 네덜란드 암스테르담 대학, 이스라엘의 텔아비브 대학이다. 주목할 점은 이들 연구 중심지역이 특수한 역사적, 정치적, 지리적, 언어·지리적 상황 때문에 **자연스럽게**(per se) 상호 문화적 만남의 교차지가 되었다는 점이다. 결정적인 발전의 계기는 1976년에 개최된 '문학과 번역'이란 주제의 한 심포지엄이었다. 이 심포지엄에서 새로운 연구방향을 결정짓는 가장 중요한 원칙들이 발전되었다. 그것을 다음의 다섯 가지 테제로 요약할 수 있다.

a) 원본과의 비교연구와 분리된 번역연구
b) 번역물에 대한 기술(記述)로 방향전환
c) 번역자가 의식적이든 무의식적이든 따르고 그에 따라 번역물 형성에 영향을 미치는 다양한 규범과 전통과의 논쟁 및 번역물이라는 문화적으로 창조된 텍스트의 기술(記述)
d) 문학적 다중체계Polysystem라는 개념의 발전과 이 문학적 다중체계 속에서 차지하고 있는 번역된 문학의 위치에 대한 연구
e) 번역물과 문학적 교환 간의 맥락을 일반적으로 기술하는 범주의 계발

이 심포지엄의 결과로부터 다양한 관심이 촉발되었고, 촉발된 관심은 다시금 이후의 심포지엄과 논문집 속에 그 흔적을 남겼다. 그 중에서 기드온 투리Gideon Toury가 펴낸 논문집 《번역 이론을 찾아서》[4]가 탁월하다. 이 책은 번역 문예학적 연구에 새로운 방향을 제시할 문학적 다중체계 및 의미론적 이론과 방법론을 기초하고 있다. 한 권 더 언급하자면 예나 제나 문학적 번역 연구의 방향을 제시해 주고 있는 테오 허먼스Theo Hermans의 탁월한 편저작 《문학의 조작》[5]을 들 수 있는데, 제목에서 이미 저자가 지향하는 방법론적 방향성을 읽을 수 있다. 여기서 번역물

4_ Gideon Toury, *In Search of a Theory of Translation*(Tel Aviv, 1980).
5_ Theo Hermans ed, *The Manipulation of Literature: Studies in Literary Translation*(London, 1985).

과 원본, 번역자와 다른 텍스트에 의한 원본의 각색이 전제되지만, 그것은 손실이 아니라 각각의 모든 번역물이 갖는 필수적인 요소로서 이해되고 있다. 모든 번역물은 좋은 의미에서 번역한 텍스트를 "조작한다". 새로운 번역연구에서는 이런 "조작"의 조건과 그 결과 내지 조작된 텍스트가 도착문화에 끼치는 영향에 관심을 갖는다. 이전의 번역사적인 연구는 물론이고 이 책에 수록된 논문의 다양한 논지들을 개관하면서 편저자는 이런 연구 방향의 공통분모를 다음과 같이 요약하고 있다.

> 이들에게 공통적인 것은 간단히 말해 문학을 복합적이고 역동적인 하나의 체계로 보는 시각, 이론적 모델과 실제 사례 연구 사이에는 지속적인 상호작용이 있어야 한다는 약속, 문학 번역에 대한 기술적, 목표 지향적, 기능적, 체계적 접근, 그리고 번역의 생산과 수용을 지배하는 규범과 제약에 대한 관심 … 또한 기존의 문학 내, 그리고 문학들 사이의 상호작용 속이라는 양자 속에서 번역이 놓인 위치와 역할에 대한 관심이다.[6]

아래에서 개별적 사례연구에서 이것이 얼마나 잘 적용될 수 있는지 보여주기 위해 이론적 전제들과 방법론적 방향성을 좀 더 자세하게 설명하고자 한다.

홀름즈James S. Holms는 이론 중심의 규범적 번역 연구에 반대하여 체계적, **기술적** 관점을 표명한 최초의 연구자 중 한 명이다. 자신의 거의 교과서적인 논문 〈번역 연구–명칭과 본성The Name and Nature of Tranlation Studies〉[7]에서 홀름즈는 번역학(Übersetzungswissenschaft)이라는 개념도 피하고 있는데, 그 이유는 (오히려 언어학 쪽에서 과도하게 사용되는 경향이 있는) 이 개념이 미리 규정된 안내에 따라 일직선으로 나아가는 적확한 연구방향이라는 잘못된 인상을 불러일으키기 때문이다. 반대로 그에게는 **경험적**(empirisch)인 것이 곧 **역사적-기술적**(historisch-deskriptiv)**인** 것이

6_ 위의 책 pp.10-11.
7_ 1972년 코펜하겐에서 발표되었지만 1988년 사후에야 출간. James S. Holms: *Translated! Papers on Literary Translation and Translation Studies* (Amsterdam, 1988), pp.67-80.

다. 이때 홀름즈는 생산 지향적, 과정 지향적, 기능 지향적 시각을 구분하고 있다.[8] 이런 구상에서부터 이미 그 때까지 관심의 중심에 서 있던 원본은 시야에서 거의 완전히 사라지고 있음을 알 수 있다. 연구 대상은 오직 번역물 내지 번역행위일 뿐이다. 원본의 수용사는 하나의 원본에서 야기된 텍스트에 대한 문화사적 기술에 의해 대체된다. 번역비평 대신에 번역비교, 번역된 한 문학작품의 인상(Physiognomie)에 대한 기술 또는 어떤 특정한 시기의 번역물 프로필이 들어선다. 그와 함께 영향사(Funktionsgeschichte)가 큰 역할을 하게 된다. 도착문화 속에서 이룬 번역물의 특수한 업적 내지는 이런 방식으로 연관을 맺게 된 문화들 간의 관계에 대한 다음과 같은 질문이 전면에 등장하게 되는 것이다. 어떤 작가 혹은 어떤 문학 작품이 어떤 문화의 선택을 받아 번역되는가? 어떤 시대에 그리고 어떤 조건하에서 특정한 문화가 특히 열광적으로 수용되는가? 다른 곳에서는 중요한 어떤 텍스트가 어떤 문화에서는 아직 번역되지 않고 있는가? 한 작품이 번역물 속에서 어떻게 변경되는가? 말하자면 도착문화의 어떤 규범과 전통이 번역물의 형성에 영향을 끼치는가? 번역물들은 때에 따라 새로운 패러다임으로서 도착문화에 어떻게 영향을 미치는가? 다시 말해 어떤 모방 혹은 어떤 후속 번역이 이어지는가? 번역물은 원본과 어떤 관계에 놓여 있는가? 내지는 어떤 문학 이론적 위치를 대변하는가? 등과 유사한 질문들이 이 연구방향의 특징을 이루고 있다. 그 결과는 각각의 문학적 체계와 상이한 문화가 비교되고, 문학 작품들 속에서 대변되는 문화들이 만나면서 생성되는 결과물을 얻게 되는 것이다.

이렇게 하여 원본을 지향하지 않고, 문헌학적 교육에서 드물거나 거의 제기 되지 않던 문제설정을 발전시켰다는 점에서 홀름즈는 처음으로 번역연구를 문헌학과 구분 지었다. 다른 한편 그의 연구방법론은 규

8_ 번역 분야에 대한 개관은 스넬-혼비의 〈번역 연구 — 예술인가, 과학인가 아니면 유토피아인가?Translation Studies–Art, Science or Utopia?〉를 참조할 것. 실린 곳은 K. M. van Leuven-Zwart, T. Naaijkens *Translation Studies – The State of the Arts*(Amsterdam, Atlanta, 1991), pp.13-23..

범적으로 "올바른" 번역을 요구하고, 그 잣대에 맞춰 **모든 각각의 번역물**을 불량품이라고 부르거나 아니면 번역행위라는 언어적 현상에만 집중하는 전통적인 번역연구와도 구분이 된다.

이 방법론의 가장 직접적인 결과는 테오 허먼스를 중심으로 한 연구자 집단으로 자신들의 연구 방법론을 기반으로 최초의 사례 연구를 모아 《문학의 조작》을 출간했다. 홀름즈의 연구에서 출발점으로 언급된 것들이 이 책에서는 체계적이고 철저하게 제시되고 있으며, 더욱이 기드온 투리는 다중체계 이론을 통해 이런 번역이론에 적합한 문예학적 토대를 발전시키고 있다. '새로운 연구방향은 기술적, 목표 지향적, 기능적, 체계적'이라는 홀름즈의 번역연구 구상이 이 책에서 다시 한 번 핵심적으로 요약되고 있다.

체계개념이 번역물에 대한 기능적인 고찰방식에 특히 생산적이라는 사실이 입증되었다. 문학, 사회, 문화 같은 현상들은 체계들로 이해된다는 생각은 러시아 형식주의와 체코의 구조주의자들에게서 왔다. 에벤-조하르Itamar Even-Zohar는 그 생각을 더 다듬어 **다중체계 이론**으로 발전시켰고, 번역이론과 연관된 결과물들을 특히 〈문학적 다중체계 내에서 번역된 문학의 위치The Position of Translated Literature within the Literary Polysystem〉[9]와 〈다중체계 이론Polysystem Theory〉[10]에서 설명하고 있다.

다중체계이론의 기본개념은 다음과 같다. 한 문화의 재현으로서 문학 텍스트는 우연히 그리고 이 문화와 무관하게 존재하는 것이 아니다. 문학 텍스트는 그 안에 재현된 문화와 마찬가지로 규범과 전통에 따라 조종되는 하나의 체계를 이룬다. 이 규범과 전통은 다시금 전혀 다른 종류의 전통들과 기대(혁신에의 기대!), 그리고 다른 수많은 것들로부터 온다. "하나의 체계란 하나의 단위로 지각되고 내부에서 진행되는 변화에도 불구하고 자신의 '정체성'을 유지할 수 있는 세계의 일부분이다."[11]

9_ James S. Homes et al., *Literature und Translation: New Perspectives in Literary Studies* (Leuven, 1978), pp.117-127.

10_ Poetics Today *I/1-2*(1979), pp.287-310.

11_ André Lefevere, "Why Waste our Time on Rewrites? A Trouble with Interpretation and the

하나의 문화적 체계 내지 문학적 체계라는 생각은 개별적인 업적을 이 체계 내에서 좀 더 정확하게 규정할 수 있게 해주고, 전통과 변화, 혁신들을 그것이 체계 내에서 갖는 기능 속에서 좀 더 정확하게 기술할 수 있도록 해준다. 이 때 "체계(System)"란 소쉬르의 의미에서의 정적인 체계가 아니라 역동적 과정, 특히 역사적 과정을 위해, 그리고 상이한 부분체계들 간의 교환을 위해 규칙성과 함께 해석의 여지도 허용하는 역동적이고 개방된 체계로 이해된다. 더욱이 개방된 그리고 역동적인 체계들은 그들이 끊임없이 인접한 체계들로부터 영향을 받고 그 때문에 또한 급격한 변혁에 "좀 더 쉽게 전염된다"는 바로 그 점에서 정적인 체계와 구별된다. 에벤 조하르의 다중체계는 바로 이런 체계들의 특징을 보여준다.

> 하나의 의미론적 체계는 반드시 **혼성적인**(heterogeneous), **열린** 구조다. 그 때문에 필수적으로 **단일**체계가 아니라 **다중**체계, 즉 복합적 체계, 상호간에 교차되고 부분적으로는 겹치는 다양한 체계들의 체계이다. 이것은 여러 체계들을 동시에 선택할 수 있지만 독립된 체계들로 구성된 하나의 구조화된 전체로서 작용한다.[12]

그러니까 하나의 다중체계는 하나의 관계망으로서 그 안에서 개별 요소들이 다시금 관계망을 이루고 있는 것이라고 이해 할 수 있다. 여기서 강조되는 것은 개별 체계들 간의 다수의 연결점과 거기에서 기인하는 다중체계 맨 바깥의 복합적 구조이다.

체계들은 각각 계층적으로 배열되어 있다. 즉 하나의 중심과 하나의 주변이 존재하는 데, 다중체계의 경우에는 다수의 중심과 각각 거기에 속하는 다수의 주변들이 존재하는 것이다. 역사적 과정에서 나타나는 체계들의 역동성은 이런 계층들 사이에 지배력을 확보하기 위한 끊임없는 투쟁이 수행되었다는 사실에서 입증된다. 거기에서 (중심에서

Role of Rewriting in an Alternative Paradigm". Th. Hermans, *The Manipulation of Literature*, 앞의 책, pp.215-243, p.224.

12_ I. Even-Zohar, "Polysystem Theory", 앞의 책, p.291.

주변으로의) 원심운동 혹은 (주변에서 중심으로의) 구심운동이 발생한다. 그런 다중체계 내부에서 또 체계경계를 넘어가는 경우가 발생할 수 있고, 그리하여 예를 들어 하나의 현상이 한 체계의 주변부로부터 이웃한 동등체계(Co-System)의 주변부를 넘어 그것의 중심에까지 도달할 수도 있다. 다중체계의 구조변경을 야기하는 이와 같은 전이운동을 에벤 조하르는 전환Konversion이라고 부른다. 이와 같은 전환들은 각각 정전화(Kanonisierung)되거나 정전화되지 않는다. 혹은 근본적(primär)이거나 그렇지 않으면 부차적(sekundär)이다.

하나의 정전화된 문화는 공식적인 표준문화 혹은 고급문화, 그러니까 이 문화 속에서 살고 있는 사람들로부터 공통적으로 대표적인 문화, "좋은" 문화로 간주되는 부분이다. 다중체계 내부의 정전화된 문화는 지속적으로 정전화 되지 못한 문화의 공격을 받는데, 이것이 체계의 발전과 변화, 그리고 그것을 통해 체계의 존속을 보장한다. 왜냐하면 한 체계의 정전화된 하위 체계들은 만약 그들이 경쟁하는 비정전화된 체계들을 통해 도전을 받거나 때에 따라 대체되지 않는다면 재빨리 정체되기 때문이다. 도전과 변화는 또한 다중체계의 존속을 위한 결정적인 토대인 진화라고도 부를 수 있다.

근본적 요소와 부차적 요소의 규정은 정전화라는 개념에서 나온 것이다. 어떤 진술 혹은 텍스트가 확고하게 확립되고 인정된 작품목록과 연관되어 있으면 외형을 통해 상대적으로 쉽게 예상 가능하고, 또 — 최소한 미술 분야에서 — 비록 인정을 받긴 하지만 그 기간이 길던 짧던 상대적으로 큰 의미를 갖지 못하게 된다. 이와 같이 보수화된 한 체계에서 생산된 결과물은 "부차적"이라고 불린다. 하지만 체계에 제기되는 도전은 모두 다 처음에는 바람직한 혁신이 아니라 체계 전체를 위협하는 것으로 여겨진다. 그럼에도 이와 같은 문제제기는 한 체계의 진화와 존속을 위한 전제조건이기 때문에 그런 새로운 요소들은 근본적 요소로 간주된다. 근본적 요소들은 그 외적 형태를 예견하기가 어렵거나 전혀 예견할 수 없기 때문에 고도의 혁신 잠재성을 갖고 있다. 장기적으로 이 근본적 요소들은 기존 모델의 전통적 요소들을 대체한다.

문예학에서 체계이론의 장점은 명백하다. "문학에 대한 체계적 접근은 지속적이며, 상대적으로 설명하기 쉽고 … 잠재적으로 생산적이다. 체계이론을 기반으로 한 연구는 다루는 문제를 풀 수 있을 것으로 보인다. … 게다가 이 방법은 문학을 하나의 사회적 현상으로 기술하기 위한 중립적인 틀을 제공한다. 이것은 그런 접근이 유럽 중심적 문학 개념에 얽매여 있을 필요가 없다는 것, 그리고 불편함을 느끼지 않고 유럽과 미국 문화와는 다른 문화 속에서 생산된 문학작품들을 통합할 수 있다는 것을 의미한다."[13] 문학 해석과 서술의 관점에서 이 말은 문학적 현상이 고립적으로 연구되는 것이 아니라 항상 유사하거나 대립적인 현상들과의 맥락 하에서 연구되어야 한다는 의미다. 예를 들어 아동문학은 그 자체로 하나의 부분 체계일 뿐만 아니라 진지한 문학과 연관되어 있고, 번역문학은 지배적인 민족 문학과 연관되어 있으며, 통속문학과 오락문학은 마찬가지로 소위 진지한 문학을 배경으로 해서만 돈을 벌 수 있다고 설명될 수 있는 것이다. 하나의 역동적인 체계 속에 상이한 중심들이 나란히 그리고 서로 경쟁하면서 존재한다는 생각, 그 주변부에서는 교환과정이 작동하고 이런 식으로 전(全) 체계의 발전이 보장된다는 생각은 개인적인 명작(名作)이란 개념 역시 상대화시킨다. 무엇 보다 기능적 문학고찰은 그런 종류의 명작에만 국한해 이루어질 수 없다. 하나의 문학적 체계, 문학사를 이해하고자 한다면 우리는 결국 이 체계 내의 모든 요소들, 즉 요소들 상호간에 드러나는 상이한 역동적 과정을 이해해야 하는 것이다. 취향 규범(Geschmacksnormen)의 표현으로서 가치제계들 역시 마찬가지로 체계적 연구의 대상이다. 문예학 연구를 명작에만 국한시키는 것은 스스로 그 일부를 이루고 있는 이 체계의 전체 영역을 보지 못하는 꼴이 되며, 그 작품에 대한 해석을 불가능하게 만든다. 하지만 명작이라는 개념 대신에 중심작(中心作)이라는 개념을 대체한다면 특정한 시기에 그 작품들이 갖는 기능을 인정하면서도 그 기능의 상대성 역

13_ Lefevere, 앞의 책, p.223.

시 배제하지 않을 수 있다.

이런 방법론적인 구상은 특히 번역연구에 적합하다. 문학번역의 기능, 즉 문학번역이 민족 문화 내지는 다른 문화적 부분체계에 끼치는 영향은 이러한 기능적 관점하에서 보다 잘 서술될 수 있다. 번역 역시 도전적인지 아니면 전통적이고 긍정적인지에 따라 근본적인 입장 혹은 부차적인 입장을 취할 수 있는 것이다. 번역은 혁신적 요소로서 문학적 다중체계를 변화시키거나 이 체계의 기존 규범을 승인할 수도 있다. 하나의 문학적 다중체계 내에서 번역의 혁신적 기능은 무엇보다 도착문화의 문학적 다중체계가 아직 상대적으로 젊을 때, 즉 도착문화가 전체적으로 상대적으로 허약하거나 주변부에 머물 때나 아니면 한 문화 내에서 도착문학에 전환점, 위기 혹은 문학적 진공이 존재할 때 발휘된다.[14] 하지만 보통 번역된 문학은 원본문학의 대부분처럼 부차적인 위치에 자리 잡을 개연성이 크다. 다시 말해 번역된 문학은 도착문화 내의 문학적 다중체계의 중심 형성에 거의 영향을 미치지 못한다. 그런 번역물들은 독자들의 욕구를 채우게 되는 것이다. 여기에서 번역은 다중체계의 중심에서 지배하는 규범들에 복종하기 때문에 번역 역시 보수적 세력으로 기능하는 것이다. 번역된 문학은 스스로 도착문화의 다중체계 내에서 독자적인 체계로서 연구될 수 있다. 이런 식으로 체계 개념을 이해함으로써 기술적인 것(das Deskriptive)과 목표지향, 그리고 기능성과 같은 추가적인 범주들이 나오게 된다.

비록 모든 시대에 번역행위에 대한 규범적인 사고가 전개되고 있지만 만약 우리가 그것을 학문적으로 시야에 담는다면 번역 역시 **역사적-기술적**으로 다루어 질 수 있다. 만약 하나의 번역**이론**이란 것이 있다면 그것은 선험적 범주들에서 나오는 것이 아니라 한 문화에서 번역이라는 상표가 붙은 유물 전체로부터 발생한다. 달리 말해 번역에 대한 하나의 이론은 번역의 문화사가 번역과 번역물이란 개념하에서 이해한 결과물에서 생성된 것이다. 그런 종류의 결과물과 결과물에 대한 서술

14_ I. Even-Zohar, "The Position of Translated Literature …", 앞의 책, p.121.

은 따라서 우연적이 아니라 체계적이어야 하고, 소위 명작에 국한되지 않고 가능한 한 전 시대와 영역을 아우를 수 있어야 한다.[15] 램버트J. Lambert와 반 고프H. van Gorp는 이를 발전시켜 두 사람의 방법론적 주요 논문 〈번역 서술에 대해On Describing Translations〉에서 번역 서술에 대한 체계적인 접근 틀을 만들고 있다. 이 논문에서 두 사람은 앞서 언급한 여러 구상과 마찬가지로 목표를 추적하며, 번역은 어떤 것이어야 하는가에 대한 이상화된 이해 대신에 문화사 전체를 통해 모든 번역물의 기술적 재고조사를 시행하고 있다.[16]

조작학파(manipulation school)가 오로지 도착문화만 겨냥하고 있다는 사실은 그들의 기술적, 체계적 구상에서 나온 것이다. 출발텍스트를 지향하는 번역서술은 모두가 다 처음부터 원본과 번역물 사이에 특정한 연관성을 주장하며, 따라서 번역물에 대한 체계적인 서술에 적합하지 않다. 그들은 "올바른 번역사례들"인 단지 특정한 번역생산물만을 인정하며, 그런 점에서 규정적일 수밖에 없다. 하지만 **조작학파**에게는 번역된 텍스트란 우선적으로 도착문화의 텍스트이며, 추가적인 의미에서만 출발텍스트의 재현이다.

> 번역된 텍스트는 … 하나의 언어와 하나의 텍스트 전통의 실제, 즉 도착어와 텍스트의 실제일 뿐이다. 출발어와 출발텍스트의 관점에서 번역물은 출발문화의 모두가 다 그 번역물의 실존을 안다 해도 실존성을 갖는 것은 매우 어렵다. 번역물은 출발어 체계와 규범 및 텍스트 체계와 규범은 물론이고 출발텍스트 자체에도 아무런 영향을 끼치지 못한다. 반면 번역물은 도착 수용 문화의 텍스트 및 언어적 규범, 심지어 체계에 이르기까지 큰 영향을 미칠 수 있다. 당연히 도착문화의 텍스트와 도착어 텍스트는 동일하게 취급된다.[17]

15_ G. Toury, *In Search of a Theory of Translation* (Tel Aviv, 1980), p.81.

16_ José Lanbert, Hedrik van Gorp, *On Describing Translations*, Theo Hermans 편, *The Manipulation of Literature*, 앞의 책, pp.42-53.

17_ G. Toury, *In Search of a Theory of Translation*, 앞의 책, p.83.

이 인용문을 보면 목표지향적 번역연구는 소위 "스코포스 이론(Skopostheorie)"과 다르다는 점을 알 수 있다. 우리의 맥락에서 목표지향성이란 목적규정과 목적에서부터 도출되어 규정된 번역개념을 말하는 것이 아니다. 목표지향이란 말은 오로지 도착문화 속에서 해당 텍스트의 기능에 대한 질문을 추구한다는 것을 뜻한다. 당연히 목표지향성이 출발텍스트와 연관된 그리고 번역에 본질적인 현상을 연구에서 완전히 배제한다는 의미는 아니다. 다만 이 모두가 오직 도착텍스트에서부터 서술되고 설명되어야 한다는 것을 의미할 수는 있다. 중요한 것은 연구대상이 되는 현상의 순서와 중요도일 뿐이다.[18] 연구과정은 출발텍스트의 **잠재적** 번역 문제를 남김없이 연구해, 몇 몇 얻은 해결책을 가지고 번역물을 대상으로 씨름하는 것이 아니다. 오히려 반대로 도착텍스트에서부터 보았을 때 해당 번역 해결책을 갖고서 출발텍스트에서 **실질적으로** 문제 되는 요소들을 고찰하는 것이다. 여기에서 더 이상 분석의 중심이 출발텍스트상 문제와 번역 해결책과의 씨름이 아니기 때문에 더 이상 출발 텍스트 자체는 기술적 번역연구를 위한 무조건적 전제가 될 수 없다는 결론에 도달하게 된다.

도착어와 도착문화, 그리고 도착문학에서 번역된 텍스트가 만족시킨 욕망, 즉 번역물의 발생과 형성에 영향을 미치는 욕망이라는 **조작 학파** 최후의, 어쩌면 가장 중요할 수 있는 문제 역시 이런 상황의 결과물이다. 결과적으로 번역물에 대한 목표 지향적인 서술의 주요 관심사는 번역물과 다른 텍스트, 즉 도착문화에서 번역되거나 번역되지 않은 텍스트들과의 연관성에 대한 서술, 간단히 말해 **도착문화 속에서 번역물들의 기능**에 대한 서술이다. 여기서 기능개념은 의미론적으로만 이해되어야 한다.

> 여기서 '기능'이란 그것의 의미론적 의미에서 상상해 볼수 있다. 그것은 어떤 항목에 가치가 할당되는 것은 산입되는 관계망에 좌우되는 것

18_ G. Toury, "What are Descriptive Studies into Translation Likely to Yield apart from Isolated Descriptions?," in K. M. von Leuven-Zwart, Ton Naaijkens ed., *Translation Studies...*, pp.179-290, p.184.

과 같은 것이다. 따라서 기능은 베르메르의 스코포스 이론에서처럼 최종 생산물의 단순한 '사용' 과는 다르다.[19]

따라서 여기서는 번역자, 계약 출판사 등에 의해 조준된 목적 혹은 **의도된** 기능이 문제가 아니라 오히려 (경우에 따라 모든 의도들에도 불구하고) 도착 쪽에서의 번역물과 다른 요인들을 연결하는 연관성, 말하자면 원래의 혹은 번역된 다른 텍스트들, 즉 목적문화의 영화, 음악 혹은 모든 다른 생각해 볼 수 있는 문화현상과의 **실질적인** 연관성이 문제가 된다.

번역에 작동하는 규범의 역할

조작학파가 규범적인 번역연구를 반대하긴 하지만 이들의 연구에서도 역시 드러난 혹은 함축된 규범에 대한 연구는 떼어내기 힘들어 보인다. 하지만 여기서 중요한 것은 좋은 혹은 나쁜 번역에 대한 규범이 아니라 번역물에 직, 간접적인 영향을 미치며, 자기들 방식으로 — 다시금 명시적이든 함축적이든 — 번역된 텍스트의 특정한 모습에 영향을 미치는 문학적 규범과 문체적 규범 혹은 일반 문화적 규범들이다. 여기서 규범이라는 개념은 체계 개념에서 나온다. 즉 모든 문화 체계와 그 하부체계는 작동 방식을 규제하는 규범들을 가지며, 이들은 단지 침묵하면서 받아들인 취향상의 독재가 되어버린 일반적인, 구속력이 없는 규범적 취향에 불과할 수도 있다. 이제부터는 그와 같은 규범의 의미에 대해 간략하게 살펴볼 것이다.

규범이란 일반적으로 특정한 상황에서 취해야 할 태도에 대한 사회적 의견일치라고 할 수 있다. 그 때문에 규범은 그걸 활용하는 체계에 종속되어 있을 뿐만 아니라 역사적으로 변화를 겪기도 한다. 하지만 우리가 규범을 사회적 일치에 기반한 규제하는 힘이라고 이해한다면 규범은 다양한 방식으로 번역과정과 번역물의 형상에 영향을 미칠 수 있음에 분명하다. 이럴 때 말하자면 규범은 번역될 정전(正典), 그러니까

19_ 위의 책, p.183.

번역프로그램의 선택뿐만 아니라 번역된 텍스트가 문학의 기존 체계와 여타 문화적 하부체계 내에서 강요받은 여러 가지 다양한 양식 역시 규제하는 것이다. 또한 규범은 특히 도착문화의 지배 규범과 갈등에 빠지는 번역된 텍스트의 특정한 요소들에 대한 관계 역시 규제한다. 예를 들어 그런 요소들이 도착문화의 규범에 동화되느냐 아니면 그 규범을 돌파해 도착문화의 규범들을 변화시키느냐 하는 문제들을 규제한다는 것을 말한다. 여기서 상이한 장르전통과 형식전통들 간에 존재하는 저 모든 긴장들, 즉 상이한 문체전통 사이에, 상이한 취향규범과 미학적 원칙 사이에, 상이한 문학 시장 구조와 다른 소통 체계 간에, 상이한 관객사회학, 상이한 사회적 터부영역 등등 사이에 존재하는, 그러니까 상호 문화적 관계가 작동하는 모든 영역 사이에 존재하는 저 모든 긴장들이 선명하게 드러나게 된다. 하지만 번역에 작동하는 규범이 그처럼 복잡하게 된 것은 이런 규범들 자체가 상황에 따라서는 완전히 다른 원천, 부분적으로는 경쟁 불가능한 원천에서 발원하고 있기 때문이다. 70년대에 이미 기드온 투리는 〈문학 번역에서 규범의 본성과 역할The Nature and Role of Norms in Literary Translations〉이라는 논문에서 번역 연구에서 규범이 갖는 작용방식과 의미를 상세하게 다룬 바 있다. 특히 그는 **예비 규범**(preliminary norms)과 **운영 규범**(operational norms)을 구분한다.[20] **예비 규범**은 한 편으로 (어떤 작품이나 작가, 장르가 번역되느냐 하는) 일반적인 번역프로그램에 해당하고, 다른 한편에서는 원본이 도착문화에 도달하고 번역되는 관계로(關係路, Beziehungsweg)에 해당된다. **운영 규범**(operational norms)은 실제 번역결정에 영향을 미친다. 여기서 투리는 **운율 규범**(matrical norms)과 **텍스트 규범**(textual norms)을 구분한다. **운율 규범**(matrical norms)은 번역된 텍스트의 운율, 그러니까 언어 재료의 배치에 해당된다. 특히 출발텍스트의 통일성을 위해 번역물에는 원본과의 상응성이 반드시 존재해야 하는지, 그 상응성은 원본과 똑같은 자리에 놓

20_ James S. Homes et al., *Literature and Translation: New Perspectives in Literary Studies* (Leuven, 1978), pp.83-100, p.85.

이는지를 규정한다. 또 (번안, 축약본 등의)번역 방식 속에서 일어나는 형식상의 변경을 규정한다. **텍스트 규범**은 순수 언어 층위와 형태상징 층위 양 측면에서 출발언어의 통일성에 상응하는 통일성을 유지하기 위해 도착언어에서 어떤 재료를 선택할 것인지 규제한다.

연구대상인 번역물의 말뭉치(코퍼스)를 규제했던 규범은 번역된 텍스트를 통해 재구성되거나 이 텍스트와 연관된 (서문, 시문학 텍스트 혹은 비슷한 것 등) 다른 텍스트를 통해 재구성될 수 있다. 이 때 염두에 둘 사항은 번역물만이 규범에 의해 규제된 번역과 연관된 태도의 일차산물이며, 서문과 번역이론 텍스트들에서 제시된 규범들이 반드시 번역물 속에서 실현되는 건 아니라는 점이다.

투리의 규범에 대한 설명은 번역과정과 밀접하게 연관되어 있다. 테오 허먼스는 〈번역 규범들과 올바른 번역Translational Norms and Correct Translations〉이란 논문에서 자신의 아이디어를 발전시켜 규범 개념을 체계적 구상에 결합시켜 규범의 사회적 기능, 즉 태도의 조종에 대해 좀 더 정확하게 파악할 수 있었다. 그의 이론에 따르면 모든 사회 및 문화 체계와 마찬가지로 번역이라는 하위 체계 역시 개방적이고 순응적이다. 다시 말해 주변과 정보와 자원을 끊임없이 교환하며, 자기 주변의 압력과 변화에 반응하면서 지속적으로 새로운 태도에 적응한다. 규범들은 바로 이런 내부체계의 변화에 결정적인 역할을 담당한다.

> 사회·문화적 체계 내에서 규범의 역할은 이와 같은 피드백과 자기규제의 맥락에서 관찰될 수 있다. 규범은 그 본질적인 기능에 있어 그런 체계들과 하위 집단 및 그 속에 있는 개인들로 하여금 주위 환경에서 오는 자극의 복잡성과 우연성을 감소시킴으로써 스트레스를 극복할 수 있도록 하는 방식이다.[21]

21_ Theo Hermans, "Translational Norms and Correct Translation", Kitty M. van Leuven-Zwart, Tom Naaijkens, *Translation Sudies: The State of the Art*(Amsterdam, Atlanta. 1991), pp. 155-169, p.160.

따라서 규범은 문제의 유형을 규제하고, 번역자가 여러 가지 행동이 가능한 특정한 상황유형에서 선택을 할 수 있도록 돕는다. 이때 규범이란 개념이 강제적인 계율부터 전통에 이르기까지 전 영역에 미치기 때문에 다소간 구속력을 갖게 된다. 규범에서 벗어난 태도는 보통은 급격한 처벌로 이어지지는 않으며, 마찬가지로 그것을 따르지 않는 것 때문에 규범의 효력이 제거되는 것도 아니다. 이렇게 이해할 때 규범이란 개념은 제어용 조끼가 아니라 번역과 관련된 태도, 특히 번역된 텍스트의 최종 결과물에 어느 정도 신뢰감을 부여하는 카테고리 목록이라고 이해할 수 있다. 규범은 그들이 갖고 있는 **규범적 힘**(normative force) 외에도 또한 **규범적 내용**(normative content)도 갖추고 있다. 규범내용은 무엇이 옳고 그른지 판단 기준이 되는 사회적 의견일치이다. 한 사회에서 그런 **바른 의식**(correctness notions)의 "번역결과"는 모두 규범과 문화 그리고 체계에 결부되어 있으며, 이 체계의 다층성 때문에 바른 의식과 그에 속하는 규범들의 복잡성 역시 높아진다. 그런 점에 국한하면 규범은 수많은 잠정적이고, 예측 곤란한 결정사항과 원본에서 오는 여러 문제가 갖는 해답의 수를 감소시켜 번역자가 이상적 유형, 즉 무엇이 올바른지 대한 지배적인 관념과 그 배후에 놓인 가치에 호응할 수 있는 기회를 제공한다. 당연히 문학 체계의 진화에 기여하는 의도적인 규범파괴 역시 규범과 규범을 따르는 태도에 포함시켜야 한다. 하나의 규범은 항상 복종과 거부의 가능성을 모두 포함하고 있다. 거의 모든 혁신이 그러한 규범갈등의 결과이다. 번역의 경우 새로운 취향규범들이 도착문화 속에 도입된다는 데서 혁신을 말할 수 있을 것이다.

2. 사례 연구 B: 독일에서 번역과 관련된 희극수용 - 문화적으로 형성된 번역 텍스트

지금까지 새로운 구상들을 상대적으로 상세하게 설명했으니까 이제 그

이론을 역사적 사례에 비추어 검토해보고자 한다. 이를 위해 나는 18세기의 사례를 선택했는데, 그 이유는 독일에서는 이 세기가 번역 업적과 기능을 두고 보았을 때 특별히 중요한 시기이기 때문이다. 양적으로는 19세기나 20세기 보다 작을지 몰라도 18세기의 많은 번역사례는 번역의 문화적 창조 활동은 물론이고 규범에 따르는 번역자의 태도, 그러니까 문화적으로 형성된 번역의 모습도 특히 잘 찾아볼 수 있다. 희극이 사례 연구에 특히 적합한 이유는 희극 번역에는 번역 행위의 언어적 문제들은 물론이고 텍스트 너머의 문화적 규범과 상이한 취향 구조, 뿐만 아니라 어쩌면 사회적 타부영역들도 함께 관여하고 있기 때문이다. 또한 문학사회학적 관점에서 흥미 있는 다른 문화들의 상이한 연극 사회학 역시 매우 중요하기 때문이다.

이 점에 있어 번역 사례들을 살펴보기 전에 일반적인 문화적 맥락을 짧게 설명하는 것이 필요하다.

현재 맥락에서 우리에게 희극이 중요하긴 하지만 18세기에 희극은 중심 역할을 전혀 담당하지 못하고 있었다. 그 밖에 독일에서 영국 희극의 수용은 셰익스피어와는 아무 관련이 없었다. 레싱Gotthold Ephraim Lessing이 프랑스의 영향에 맞서 셰익스피어를 본보기로 제시할 때도 비극과 역사극을 언급했지 희극에 대해서는 전혀 혹은 거의 언급하지 않았다. 고트셰트Johann Christoph Gottsched와의 비판적인 논쟁에서부터 사악한 논쟁에 이르기까지 한 발짝도 물러서지 않은 레싱이지만 희극이론 문제에서는 철저하게 침묵했다. 물론 그 역시 고트셰트의 업적과 고트셰트가 선전한 전범(典範)의 타당성을 문제 삼았지만 [그는 서툰 솜씨로 희극을 독일어로 번역한[22] 고트셰트 권(圈)(Gottsched-Kreis)을 비난했다] 이 문제에 대해 실질적으로 언급할 만한 이론적 논쟁은 일어나지 않았다. 격렬한 미학적 논쟁에도 불구하고 희극적인 것(das Komische)은 거의 다루어지 않았고, 희극 역시 시민적 도덕 기관으로 만들려는 시도 속에서

22_ "17차 문학편지17. Literaturbrief" 참조. Kurt Wölfel 편, *Lessings Werke* (Frankfurt/M., 1969), Bd. 2, p.615.

— 영국과는 달리 — 희극적인 것, 목표를 겨냥하지 않은 웃음과 폭소에 대해서는 언급이 되지 않았다. 오히려 고트셰트의 〈비판적 문학예술 Critische Dichtkunst〉에는 "그들의 무대 위에 관객을 교육하기는커녕 전염시키는 방종한 도덕적 타락이 지배하기를 원치 않기를 바랄 뿐이다"[23]라고 적고 있다. 계속해서 그는 "앞의 것[사랑]에서는 조신함과 정조의 법을, 뒤에 것[쾌락]에서는 예의를 잊지 않도록 유념하길 바란다."(651)고 말한다. "희극의 우스꽝스러운 것은 말보다는 사건으로 이루어지며"(648), 고귀한 귀족 계층의 등장인물을 "웃음거리가 되도록 등장시키는 것"은 "공경에 반하는 것"(647)이기 때문에 "아무 의미 없는 익살 Posse"(638)은 좋은 희극에서는 무성한 말장난만큼이나 낯설다. 영국풍의 희극성의 본질에 대한 보다 후기의 좀 더 차별화된 시각 역시 이러한 미학적 핸디캡을 완전히 불식시킬 수 없었다. 물론 프리드리히 니콜라이Friedrich Nicolai가 "영국 연극이 우리나라에서 너무 과소평가되지 않기를"[24] 원하고 있지만, 서둘러서, 사람들이 "영국 연극의 거칠음과 불규칙성, 제멋대로의 대화"를 모방해선 안 될 것이라고 덧붙이고 있다.[25] 이것은 레싱이 《함부르크 희곡론Hamburgische Dramaturgie》에서 영국 희극을 변호하면서도 반복해서 언급했던 유보적 논조와 똑같다.[26] 그럼에도 불구하고 당대의 시대취향에 정반대 쪽에 서서 위철리William Wyscherly와 콩그리브William Congreve를 최고의 영국 희극작가라고 명명한(1767년 7월 9일 제 12편) 레싱은 물론이고 이미 그에 앞서 니콜라이 역시 영국 본보기의 장점이 어디에 있는지 인식하고 있다. 니콜라이에 따르면 "웨스

23_ Johann Christoph Gottsched, *Versuch einer Critischen Dichtkunst*[1730](Darmstadt, 1962), p.640.; 역주 — 인용문 내의 괄호는 원문에 따름.

24_ Friedrich Nicolai, *Briefe über den itzigen Zustand der schönen Wissenschaften in Deutschland, Der Eilfte Brief*(1755), *Kritik ist überall, zumal in Deutschland, nötig*. Satiren u. Schriften zur Literatur, W. Albrecht 편(München, 1987), pp. 183-195, p.188.

25_ 위의 책, p.188.

26_ Gotthold Ephraim Lessing, *Hamburgische Dramaturgie*, 12. Stück, 9. Juni 1767, *Lessings Werke*, 앞의 책, Bd. 2, p.172. 1768년 4월 1일 제96편(위의 책 p.502)에서 익살극(Lustspiel)의 모델로 "언어 유희, 속담, 매일 거리에서 들을 수 있는 가벼운 농담"을 언급하는 것에 단호히 반대함(이 점에서 슈트름운트드랑Sturm und Drang의 경향과 반대 됨).

트민스터와 드러리 레인 극장에서 영국인은 아무런 구속을 받지 않은 채 제멋대로 유쾌해하며, 가장 익살스런 방식으로 농담을 즐긴다 … 영국 희극의 농담은 세련되진 않았지만 그만큼 더 신랄하다 …"[27] 이것은 어쩌면 더 이상 사회적 도덕적 국외자에만 우스꽝스러움이 부여되는 것이 아니라 이제는 기존 "현실"의 희화화, 지배 사회에 대한 희극적 거리, 풍자 역시 희극의 수단으로 인정되는 희극문학이론 방향의 첫 걸음이 될 수도 있을 것이다.

이와 같은 장르사적인 배경을 놓고 볼 때 독일 극장이 18세기 50년대 후반부터 의도적으로 그리고 포괄적으로 동시대 영국 드라마, 특히 영국 희극을 이식하려 한 것은 정말 놀라운 일이다. 독일의 번역가와 극장들이 희극모델로서 영국 왕정복고시대 희극(restoration comedy)과 풍속희극(comedy of manners)에서 발견한 것은 그들이 전혀 찾으려던 것이 아니었다. 어떻게 보면 영국 문학의 이런 스타일은 — 독일의 문화 정치적 맥락에 비추어 — 하나의 무정부주의로서 서둘러 수정해야 할 필요가 있었던 것이다.

역설적이긴 하지만 다음과 같은 공식을 떠올릴 수도 있을 것 같다. 즉 웃음과 사회비판적 조롱에 대한 태도를 볼 때 영국 희극과 그들이 만든 웃음 및 언어문화에는 철저하게 시민적 방식으로 사회적 주제를 다룰 때에도 마찬가지로 관료주의적인 정신이 배어 있었던 것이다. 이것은 한편으로 궁정과 교양 시민계층 상호간의 관계 및 극장과의 관계에 기인한다. 또 이것은 매우 동종적이고 깊은 교양을 갖춘 문학적, 연극적 공공대중이 존재하고 있는 데서 기인하고 있다. 마지막으로 그리고 다른 무엇보다도 이것은 영국 특유의 완전히 다른 종류의 시민 자의식 때문이다. 지금부터는 이 점에 대해 간략하게 설명하고자 한다.

크롬웰 주도의 청교도적, 공화주의적 실험의 흔적이 남아 있을 때 찰스 2세와 함께 파리에서 런던으로 되돌아 온 것은 왕당파만이 아니었다. 그들과 함께 프랑스의 우아한 절대주의 궁전의 흔적을 간직한 채 그

27_ F. Nicolai, *Briefe* ..., p.183.

런 분위기의 생활 및 오락형태를 그대로 답습하려는, 내전 이전에는 알려지지 않았던 생활방식도 따라 들어왔다. 하지만 이런 모방에는 또 그들 고유의 특색도 있었다. 그것은 당시 이미 존재하고 있던 런던 도시문화와는 다른 종류의 공화주의 정치세력의 영향, 1688년 명예혁명으로 이끈 항구적인 정치, 사회적 긴장의 영향, 그리고 마지막으로는 영국 시민계층의 막대한 경제력과 스튜어트시대 희극에서 이전부터 내려오던 극장전통의 영향을 받아 형성된 특징이었다. 유럽의 다른 국가보다 일찍 붕괴된 한 사회의 사회적 긴장, 프랑스의 절대주의 궁정의 영향을 받은 예술적 세련성과 궁정식의 우아한 생활방식은 테마에 있어서나 형식상으로 연극 미학적 차원에서 생산적인 공생이 이루어졌는데, 이러한 공생 속에서 프랑스식 모범 역시 빠른 속도로 낡은 것으로 치부되었다. 예를 들어 몰리에르는 영국극장에서 소재 제공 역할로 중요한 작가였는데, 그가 쓴 극작품의 구성, 등장인물, 플롯전개는 개선, 보다 정확히 말하자면 확대될 필요가 있었다. 그 이유는 몰리에르가 "영국극장에 맞지 않게 흥미로운 극중 사건을 너무 적게"[28]담고 있었기 때문이다. 이 극장은 왕실 궁정과 밀접한 관계를 맺고 있었다. 찰스 2세는 연극에 출연한 친구들과 맘에 드는 배우들을 곁에 두고 가까이 했고, 거의 모든 유명 극작가들이 그가 베푼 호의와 사교모임을 즐기고 있었다. 그는 또 정기적으로 런던극장을 방문하는 관객이기도 했다.[29] 동시대 관객은 주로 관료 집안 출신인 교양 있는 엘리트로 충원되었지만 또한 하층 귀족과 상류 시민계층 역시 관객층을 형성했다. 더 중요한 것은 연극관람이 이 문화엘리트들의 일상적인 오락욕구의 일부였다는 사실이다. 그리고 수많은 서문과 서막에서 잘 볼 수 있듯이 연극비평은 급격하게 실시된 취향검열 때까지 '**아름다운 세계**(beau monde)'의 최신 유행 문화적 담론의 중요한 부분이었다. 1702년 〈**희극에 대한 담론**A Discourse Upon Comedy〉에

28_ Thomas Shadwell, *Dedication and Soul of the Miser* (1672), *Works of Shadwell, II*. 다음 책에서 재인용: Richard W. Bevis, *English Drama: Restoration and Eighteenth Century, 1660-1789*(London und New York, 1988), p.82.

29_ R. W. Bevis, *English Drama*, 앞의 책 p.31 참조.

서 조지 파커George Farquhar는 "영국 희극의 규칙은 아리스토텔레스나 추종자들의 나침반 안에 있는 게 아니라 피트와 박스 그리고 갤러리석에 있다"[30]고 선언하고 있다. 18세기 말에는 이런 상황이 오히려 더 첨예하게 되었다.[31] 연극은 일상이었고, 공적인 삶의 핵심요소이었으며[32] 항구적인 공적 비판 과정의 대상이었다. 연극은 일종의 문학적, 연극적 공중으로 18세기에 문학과 예술 전 분야를 사로잡았다. 또한 광범위하게 커져가는 오락잠재성에 힘입어 사회적으로 더욱 확산되었고, 좀 더 자연스럽고 활발해졌다. 이 시기 대륙의 모든 전통, 특히 독일 희극론의 핵심사상과 차별되는 영국 희극이 가지고 있던 희극성의 주요 특징은 다음과 같이 설명된다.

> 삶에서 예술로 넘어가는 데 있어 가면은 르네상스기 연극의 주요 상징물이 되었다. 찰스 1세와 찰스 2세 시대 희극의 분위기는 유럽의 카니발 축제 때 분위기를 연상케 했다. 그것은 가면과 성적 탐닉, 유괴와 석방의 시간이었다.[33]

전체적으로 그 시기 드라마에서는 원시 제의 자리의 떠들썩한 웃음소리가 수반된 환각과 도취의 정신, 남근 제의의 정신, 축제일 순간을 위해 모든 도덕적 사회적 질서가 지양된 전도된 세계의 정신, 즉 근원적인 코모스(komos)의 정신이 숨쉬고 있었다. 그것은 결코 현실에서 멀어질 필요가 없이 재미있는 놀이 속에서 동시대 사회를 지배하는 특징들을 사실적으로 모사할 수 있는 정신이었다. 다만 이 때 중요한 것은 다시 들어선 궁정 생활스타일에 대한 조롱만은 아니었다. 쾌락, 즉 공적으로 체험되고 드러나는 삶의 환희에 대한 욕망 **또한 — 왕정복고기 희극**에 반대하여 시민진영에서 제기된 도덕주의적 사상에도 불구하고, 그리고

30_ R. W. Bevis, *English Drama*, 앞의 책, p.146.
31_ James J. Lynch, Box, *Pit and Gallery*(New York, 1971, 2판), p.205, pp.271-272 참조.
32_ J. H. Plumb, *Georgian Delights*(London, 1980), p.9, pp.76-77.
33_ R. W. Bevis, *English Drama*, 앞의 책 p.71.

시민적 감수성에 반드시 따라붙는 타협에도 불구하고 — 부와 삶의 환희를 얻게 된 영국 시민계층 일부를 특징짓는다. 이들은 **상인** 그룹으로 전보다 가난해진 시민들과 거리를 두면서 실질적으로 혼인과 토지매입을 통하거나 아니면 최소한 주관적으로 독특한 자존감 속에서 귀족과 자기 자신을 동일시했다.

18세기가 경과하는 동안 시민 관객과 도덕적 비판, 그리고 — 그보다는 덜하지만 — 의고전주의 시학의 영향을 받아 영국 희극이 얻게 된 특징들은 잘 알려져 있다. 우리의 맥락에서 중요한 것은 정화노력과 관객층이 상층 시민으로 상향 조정되었음에도 희극의 평가와 가치 평가에 **본질적으로는** 하등의 영향을 미치지 못했다는 사실이다. 이것은 이 세기 동안 영국에서 전성기를 구가했고 여러 가지 "저열한 희극" 전통을 이어갔던 희극(Komödie)의 하위 장르인 소극(笑劇, Farce)에만 해당되는 것은 아니다.[34] 18세기 전체적으로 "인기 있는 연극들에 대한 솔직한 인정과 그런 연극에서 마주치는 비도덕적 상황과 대화에서 얻는 즐거움"[35]으로 특징을 정리할 수 있는 기대지평을 가졌던 영국 희극에도 — 잘 알려진 정화 노력을 두고 볼 때 매우 놀랍게 보이겠지만 — 이것은 마찬가지로 적용된다. 사회적 관계의 가치 변화와 함께 중요한 테마 영역도 변했다. 또 거기에서 새로운 희극 구조도 생겨났다. 하지만 순수한 **감상희극**(sentimental comedy)은 더 이상 유지되지 못했다. 우스꽝스러움의 수단인 위트는 18세기 들어서도 여러 수정 요청이 있었지만 곧바로 재 부흥한 **풍습희극** 속에서 확고한 지반을 다졌다.[36] 그 이유는 바로 연극 공공대중이 보존된 채 유지되었고, 극장에서 생성된 이들의 새로운 문화적 자

34_ James J. Lynch, Box, "Pit and Gallery", 앞의 책, pp.27-28 참조.

35_ 위의 책, p.272.

36_ 이에 대해서는 위의 책 31쪽을 볼 것. "몇몇은 이 세기 초에 정점에 달한 재치나 위트를 담으려고 노력했던 것으로 보인다. 그래서 이 세기 중반에 가장 빈번하게 공연되었던 대부분의 새로운 희극들은 콘그리브와 스틸 두 사람에 의해 유명해진 전통들을 받아들인다. … 동시에 풍습희극의 보다 초기 형태로 되돌아감으로써 극작가들은 자기 시대 작품에 더 뛰어난 위트와 유머의 요소를 주입하려 했다. 말하자면 유익함을 강조해 한동안 불균형 상태에 있던 즐거움(dulce)과 유익함(utile) 간의 균형을 복원시키려고 했던 것이다."

의식이 즐거움과 오락의 대 사회적 형식으로서 앞서 언급한 '코모스'를 요청했기 때문이다.

> 이 모든 것[새로운 것의 유입과 유동성, 정보]이 새롭고 흥미진진한 세계의 분위기를 창조하는 데 일조했다. 그 중 하나는 탐험하면서 동시에 즐기는 기쁨이었다 … 모든 것[예술]이 즐거움을 위해, 쇼를 위해 제작되었고, 18세기가 수컷(tom)이라고 부른 것을 보여주었다 … 행복으로 가는 문들이 열렸기 시작했다 … 이들은 천천히 그리고 가차 없이 점점 더 넓게 열려 수백만 인구로 하여금 … 지금까지 고도로 편협하고 관료적인 엘리트 계층의 필수품이었던 어느 정도의 문명과 문화, 예술을 ─ 실로 한가한 행복을 ─ 즐길 수 있도록 해주었다.[37]

볼프강 프로미즈Wolfgang Promies는 18세기 **독일** 시민계층이 희극적인 것과 웃음 그리고 공적인 쾌락에 대해 맺고 있던 영국과 완전히 다른 종류의 관계를 상세하게 다룬 바 있다.[38] 한 가지 조그만 번역 사례를 보면 이 두 다른 시민 문화 간 차이를 이해하게 된다. 다른 맥락에서 영향을 준 릴로George Lillo의 시민비극 〈런던 상인The London Merchant〉에는 작품 한 곳에 행복(happiness)에 대해 말하는 장면이 있다. 이 작품을 처음으로 독일어로 옮긴 바세비츠Bassewitz는 당시에도 아주 분명하고 단순하게 이해할 수 있는 이 행복이란 단어를 눈에 띄게 차이가 나는 두 개의 개념인 "평온(Ruhe)과 충만한 기쁨(Glückseligkeit)"[39]으로 번역을 하고 있다. 영국과 독일에서 사람들이 자기 자신 행복을 찾는 장소와 방식의 차이를 이처럼 적절하게 번역한 사례는 없다. 여기서는 세속적인 도시문화와 경건주의적인 내면성으로 충만한 신교 교회의 ─ 특히 웃음문화에서의

37_ J. H. Plumb, 앞의 책, p. 7, pp. 47-48.; 역주 ─ 인용문 내의 괄호는 원문에 따름.

38_ Wolfgang Promies, *Der Bürger und der Narr oder das Risiko der Phantasie. Sechs Kapitel über das Irrationale in der Literatur des Rationalismus*(Frankfurt/M., 1987), pp.14-116.

39_ George Lillo, *Der Kaufmann von London oder Begebenheit Georg Barnwells*. Ein bürgerliches Trauerspiel. Henning Adam von Bassewitz(1752), Klaus-Detlev Müller(Tübingen, 1981), 1막 2장, p.10.

— 대비가 두드러진다.

따라서 위대한, 전형적인 왕정 복고시대 희극, 즉 위철리와 에서리지의 희극이 **단 한 편도** 번역되지 않았다는 사실은 놀라운 일이 아니다. 번역프로그램은 종종 번역 전략과 똑같이 많은 의미를 담고 있다. 세기전환기의 문턱에서 한편으로 왕정복고 시대의 귀족적 생활양식 및 연극취향과 18세기 초 도덕적으로 감성적인 시민계층의 취향 간에 타협점을 찾으려고 애썼던 보다 현명한 파커와 콘그리브의 희극이 번역되었다. 또 다소 광범위하게 이런 타협 정신을 호흡하고 있는 18세기의 동시대 희극 형식도 당연히 번역되었다. 하지만 어쨌든 간에 두 개의 너무나 차이나는 (웃음)문화가 충돌할 때 그것을 덮어줄 나머지 희극 형식들은 남는다. 이런 문제를 어떻게 처리하느냐가 각각의 번역전략의 특징을 보여준다.

이런 맥락에서 에어푸르트 대학 법학교수를 지내다 기센의 철학 및 문학 교수를 역임한 크리스티안 하인리히 슈미트Christian Heinrich Schmid의 위대한 번역서들은 특히 중요하다. 그는 60년대 중반부터 70년대 말까지 21편의 영국 드라마를 번역해 1769년에서 1777년 사이에 《영국연극Englisches Theater》이라는 제목으로 전 7권의 책을 펴냈다. 처음으로 체계적으로 포괄적인 영국문학 번역을 착수했다는 점에서 슈미트는 선구자였다. 하지만 극장장 프리드리히 루트비히 슈뢰더와 반대로 슈미트는 매일 무대에 올려야 할 새로운 작품을 찾아 나섰던 것이 아니다. 그는 영국의 연극론에서 새로운 미학적 모범을 발견했고, 이것을 소개하고자 했던 것이다.

> 좋은 독창적인 작품이 부족한 우리 배우들이 도피처로 삼고 있는 수많은 겉만 화려한 프랑스 익살극(Lustspiel) 대신 나는 종종 영국 극작품을 우리 무대에서 볼 수 있기를 원했다.[40]

40_ Christian Heinrich Schmidt, *Englisches Theater*, 1권 (Danzig und Leipzig, 1772), p.V.

최소한 그가 번역한 몇 작품은 극장에서 큰 성공을 거두었다. 슈미트가 〈비밀 결혼Die Heimliche Heirath〉이라는 제목으로 번역한 콜맨George Colman과 개릭David Garrick의 〈**비밀결혼**The Clandestine Marriage〉은 1769년 함부르크에서 초연되었다. 이 번역의 성공은 이 작품이 영국에서도 보여준 성공을 반영하고 있다.[41] 이 작품은 슈미트가 연극 번역에서 선택한 전략을 대변하고 있을 뿐만 아니라 동시대 영국 드라마를 대변하고 있다. 이 작품은 "희극적 경향과 감상적 경향 간의 타협점을 보여주는 가장 뛰어난 사례"였던 것이다.[42]

만약 우리가 슈미트가 희극적인 것을 어떻게 대했는지 묻는다면 그가 번역한 것 내지 그가 번역할 가치가 없는 것으로 간주한 것에서 그 답을 찾게 될 것이란 말을 기억해 두자. 무엇을 번역할지 선택 하는 과정에서 독일어로 중재되는 영국의 웃음문화는 이미 위철리와 에써리지가 통과하지 못했던 최초의 필터를 통과해야 했던 것이다. 슈미트는 직접 쓴 서문에서 다음 두 번째 필터를 밝히고 있다. 보통 다른 곳에서는 축어역으로 이해되는 "누락 번역(auslassende Übersetzungen)"이란 말을 직접 언급하고 있다. "약간은 뻔뻔한 성향, 커튼, 너무 많은 등장인물, 영국 도덕 등에 대한 인용은 우리 극장 감독들을 깜짝 놀라게 하는 일이 잦다. 내가 할 수 있는 건 그저 그걸 삭제하는 것 뿐, 그럼 장애물은 제거되는 것이다 …"[43] 슈미트는 여기서 관록 있는 권위에 호소하고 있다. 또 이 서문을 작성한 바로 그 해인 1769년 자신의 번역극을 상연한 함부르크 샤우슈필하우스 극장을 **명백히**(expressis verbis) 염두에 두고 있다. "때로 레싱의 말마따나 보다 광범위한 솎아내기(Aushau)가 이루어져야만

41_ Frederick L. Bergmann, *"David Garrick and The Clandestine Marriage"*, PMLA 67 (1952), pp.148-162, p.154. 동시대 수용에 대해서는 Holger Klein, *"George Colman und David Garrick: The Clandestine Marriage"*, Heinz Kosok, Das englische Drama im 18. und 19. Jahrhundert (Berlin, 1976), pp.117-132 참조. 또한 Elizabeth R. Stein, David Garrick, *Dramatist* (New York, 1937), p.247 참조.

42_ A. H. Thorndike, *English Comedy* (New York, 1929), p.420. 또한 Eugene R. Page, *Georg Colman the Elder* (New York, 1937), p.112에도 비슷한 내용.

43_ Schmid, *Englisches Theater*, 앞의 책, p.VI.

한다면 덧붙여 넣기보다는 삭제하는 것이 더 쉽다. 나는 감히 덧붙여 넣을 생각이 없다."[44]

> 이 점[플롯]에서 영국 방식은 우리 마음을 산란하고 피곤하게 만든다. 우리는 한 번에 파악될 수 있는 단순한 플롯을 선호한다. 본국 무대의 사랑을 받았다 해도 영국인들과 마찬가지로 프랑스 극도 우선 플롯의 삽화들을 전부 다 검토해야만 한다. 만에 하나 그 연극들을 가지고 우리 무대를 살찌우려면 우선 영국 드라마의 복잡한 플롯을 덜어내야 할 것이다. 만약 이런 제멋대로 자라 우거진 풀을 솎아내듯이 솎아내지 않는다면 우리가 콘그리브와 위철리 같은 작가가 쓴 영국 최고의 희극들을 감당하기 힘들 것이다.[45]

여기서 살펴볼 작품의 경우 작품의 축소가 그렇게 포괄적으로 이루어지지 않지만 한 장면 전체가 번역되지 않은 경우도 많이 있다. 슈미트의 수정에 대한 근거를 완전히 이해할 수 있으려면 엄격히 말해 장면 비교는 물론이고 출판 장소도 비교해봐야 한다. 사실상 슈미트에게 중요한 것은 장면 전환을 최소화함으로써 플롯진행을 타이트하게 하는 것, 특히 장소의 일치였다. 고트셰트가 요구한 의고전주의적 규칙을 따르려는 노력이 이 결코 놀랍지 않은 원본 변경의 이유이다.

하지만 슈미트는 여기서 멈추지 않는다. 자신이 선포한 것과는 반대로 이 조치는 전형적이지도 우선적이지도 않다. 텍스트의 변경과 불법적 개입 그리고 삭제가 다른 수많은 부분에서 이루어졌다. 아래 사례에서 이걸 볼 수 있다.

> Coman/Garrick
> LORD OGLE.: I think the daughters are tolerable. — Where's my cephalic snuff?

44_ 위의 책, p.VII.

45_ Lessing, *Werke*, 앞의 책, 2권, p.172.; 역주 — 인용문 내의 괄호는 원문에 따름.

(Brush gives him a box)

CANTON: Dey think so of you, my lor', for dey look at noting else, ma foi.

LORD OGLE.: Did they? — Why, I think they did a little. — Where's my glass? (Brush puts one on the table.) The youngest is delectable.

CANTON: O, ouy, my lor' — very delect, indeed; she made doux yeux at you, my lor'.

LORD OGLE.: She was particular — the eldest, my nephew's lady, will be a most valuable wife; she has all the vulgar spirits of her father and aunt, happily blended with the termagant qualities of her deceased mother …

콜맨/개릭

오글리경: 딸들이 괜찮아 보이는데. 내 코담배 어디 있나?

(브러쉬가 상자를 건넨다)

캔턴: 그 아이들은 오직 각하만 생각합죠. 맹세컨대, 다른 사람은 안중에도 없습니다.

오글리경: 그 아이들이 그런단 말이야? 그런데 왜 난 안 그렇다는 생각이 들까 — 안경 어디 있나? (브러쉬가 안경을 테이블 위에 놓는다) 막내딸이 매력적이던데.

캔턴: 아, 예, 전하 — 아주 매력적이죠, 사실 전에 그 아이가 각하께 추파를 던졌습죠.

오글리경: 그 아인 특별했어 — 그런데 당신 장녀가, 그러니까 내 조카며느리 말이지, 제일 비싼 여자가 될 거 같은데. 애비와 고모의 추잡한 기질은 모조리 갖고 있거든. 죽은 어미의 괄괄한 성미까지 닮았으니 얼마나 좋아 …

Schmid

LORD. — Die Töchter gehen noch an. Wo ist mein Schnupftobak für den Kopf? Wo ist mein Spiegel? — Die jüngste ist ein Leckerbissen. Die älteste, meines Neffen Braut, wird ein gar herrliches Weib werden. Sie hat alles Pöbelhafte von ihrem Vater und von ihrer

Tante mit einer glücklichen Mixtur von ihrer seeligen Mutter, der Amazone. …

슈미트

오글리경: … 딸들이 아직 괜찮더군. 내 코담배 어디 있나? 안경은? — 막내딸이 매력적이야. 내 조카며느리인 장녀는 정말 대단한 여자가 될 거야. 그녀 애비와 고모의 천박함은 모조리 갖고 있거든. 여장부였던 죽은 어미 모습도 보이니 얼마나 좋아 …

Schröder

LORD. … Die Töchter gehen noch an. Wo ist mein Flußtabak? (Brosch gibt ihm eine Dose.)

CANT. So denken Sie von Mylor, ma foi, sie seh'n Niemand anders an.

LORD. Wirklich? Es kam mir selbst so vor. Mein Spiegel! - die jüngste ist ein Leckerbissen. (Nimmt Tabak.)

CANT. Oh, oui, Milor, Leckerbis! — Waraftig, sie mak zärtlik Blick zu Mylor.

LORD. Sie nahm mich auf' Korn. — Die ält'ste, meines Neffen Braut, wird ein gar herrlich Weib werden. Sie hat allles Pöbelhafte von ihrem Vater und ihrer Tante, mit einer glücklichen Mixtur Unverschämtheit von ihrer seligen Mutter, der Amazone.

슈뢰더

오글리경: … 딸들이 아직 괜찮더군. 내 코담배 어디 있나? (브러쉬가 둥근 통을 건넨다)

캔트: 그 아이들은 맹세컨대 전하 생각뿐입니다. 다른 사람은 쳐다보지도 않지요.

오글리경: 정말? 나도 그런 것 같더군. 안경은! — 막내딸이 아주 예쁘던데. (담배를 집는다)

캔트: 아, 예, 각하, 예쁘죠! — 실제로 각하께 추파를 던졌습죠.

오글리경: 날 노렸던 거지. — 그런데 당신 장녀는, 내 조카며느리 말이지, 정말 대단한 여자가 될 거야. 애비하고 고모의 천박한 모습은

모두 다 갖췄어, 여장부였던 죽은 어미의 뻔뻔함도 닮았으니 얼마 나 좋아.[46]

결과는 명백하다. 슈미트의 번역에서는 등장인물을 삭제함으로써 대화가 후속 플롯의 이해를 위해 필수적인 정보를 담는 장치 정도로 축소되고 있다. 두 언어 체계의 뒤섞임, 즉 문법적, 청각적, 관용적 뒤섞임에서 야기되는 언어 희극성뿐만 아니라 바라고 있는 관계를 넌지시 암시하는 미묘한 표현도 사라지고 없다.

하지만 여기서 사라지고 없는 것은 우스꽝스러움의 자유로운 유희, 즉 기능으로부터 벗어난 농담의 희극성 뿐만은 아니다. 원본 일부를 부분적으로 삭제하면서 성애와 음란한 연애관계 등에 대한 노골적인 언급도 사라지고 없다. 추가로 삭제된 다른 장면에서도 플롯 진행의 단순화와 장소의 일치에 대한 노력과 함께 성적인 표현을 제거하는 것이 우선적으로 고려되고 있다. 그래도 슈미트가 엄격히 도덕주의적으로만 처리하지 않는다는 사실만은 제한적으로나마 확인할 수 있다. 그래서 성적인 표현이 번역되는 장면은 항상 **더블 앙탕드레**(double entendre), 즉 이중 해석의 형식을 취하거나, 아니면 정숙해야 되는 독일 시민계층이 자유롭게 성애를 탐닉하도록 허락한 하인들에게서 제한적으로 나타난다.

그 밖에 번역 상의 삭제나 단순화의 희생양이 된 부분은 **언어**희극적(sprachkomisch) 층위다. 인물의 성격을 부여하고 희극성을 위해 규범으로 받아들여지는 "올바른" 문학 언어에서 벗어난 것은 독일어 번역 텍스트에서 모두 제거되었다. 이것은 특히 3막에 등장하는 법률가 계층에 속하는 한 등장인물의 거드름 피우는 태도를 과장된 언어사용을 통해

46_ Gerge Colman/David Garrick, *The Clandestine Marrige* (London, 1766). John Hampden, *18th Century Plays* (London, 1928), pp.273-337, p.287에서 인용. Christian Heinrich Schmid, *Die heimliche Heirath, Englisches Theater*, 1권 (Danzig und Leipzig, 1772), p.31. Friedrich Ludwig Schröder, Die Heimliche Heirath, *Dramatische Werke*, 1권 (Berlin, 1831), p.15. 이하 이 판본들을 기준으로 막과 장면, 페이지순으로 표기. 삭제된 번역 이후의 상황을 보기 위해 프리드리히 루트비히 슈뢰더의 번역을 참고했기 때문에 비교 목적으로 해당 부분을 여기서 인용하고자 한다.

희화화하고 있는 장면에서 나타나는데, 번역에서는 이런 규범을 지키기 위해 중요한 법률 전문어 리스트가 삭제되었다. 법학교수인 슈미트가 이 장면 전체를 번역하지 않은 것은 분명 전문어 리스트에 대한 경험 부족 때문은 아닐 것이다.

등장인물 개인의 언어적 특이 버릇을 번역할 때도 사정은 비슷하다. 오글비경이 영어 텍스트에서 휘하의 시종의 말을 흉내낼 때 사용하는 프랑스식 표현들은 삭제되어 있다. 물론 이것은 시종이라는 인물이 완전히 삭제되었기 때문에 어쩔 수 없는 측면이 있긴 하다.

하지만 더 중요한 사실은 슈미트가 의도적인 단어의 오용(Malapropism)도 모두 삭제했다는 점이다. 이러한 스타일의 인물에 이름을 부여한 희극인물들뿐만 아니라 수많은 전임자와 후계자들도 저 항상 흥겹고, 절대적으로 적확한 언어적 희극성의 특징을 보여준다.

Colman/Garrick

MRS. HEIDEL.: We, who are the persons of most consequence and experunce in the two fammalies, are to know nothing of the matter till the whole is as good as concluded upon. But his lordship, I am sure, will have more generosaty than to countenance such a perceeding — And I could not have expected such behaviour from a person of your quallaty, Sir John. — And as for you, brother —

STERL.: Nay, nay, but hear me, sister!

MRS. HEIDEL.: I am perfectly ashamed of you. — Have you no spurrit? No more concern for the honour of our fammaly than to consent —

STERL.: Consent? — I consent! — As I hope for mercy, I never gave my consent. Did I consent, Sir John.

콜맨/게릭

하이델부르크 부인: 우린 두 집안에서 가장 중요하고 경험 있는 사람들이니 일이 잘 마무리되도록 그 문제는 덮어둘 거예요. 하지만 그렇게 하면 내 장담컨대 각하께서는 그냥 넘어는 가겠지만 옳지 않다고 생각하실 거예요. 그런데 존 경, 난 당신처럼 교양 있는 분이

그런 짓을 하실 줄은 상상도 못했네요. — 그리고 스털링, 너 말인데—

스털링: 아니, 아니, 내 말 좀 들어봐요, 누님!

하이델부르크 부인: 너 때문에 정말 창피해 죽겠다. — 정신 나갔니? 우리 가족의 명예는 안중에도 없이 승낙한 거니

스털링: 승낙이라니! — 내가? — 맹세컨대 난 그런 적 없어요. 내가 승낙했나요, 존 경? (III. 1, 30-8)[47]

Schmid

MISS HEDELBERG. Wir, die wichtigsten und erfahrensten Personen in beyden Familien, wir sollen eher nichts von der Sache wissen, als bis alles schon so gut als richtig ist. Aber Milord, das weiß ich gewiß, wird viel zu edel denken, als daß er ein solches Betragen billigen könnte. Und ich hätte mir eine solche Aufführung von einer Person von Ihrem Stande. Sir John, gar nicht vermuthet. Und du, Bruder —

STERLING. Aber höre nur Schwester —

MISS HEIDELBERG. Ich schäme mich in deinem Namen. Hast du nicht mehr Verstand, nicht Achtung für die Ehre unsrer Familie, daß du deine Einwilligung —

STERLING. Einwilligung? Ich hätte meine Einwilligung gegeben? Auf meine Ehre, ich habe meine Einwilligung nicht gegeben! Habe ich meine Einwilligung gegenen Sir John?

슈미트

하이델베르크 부인: 우린 두 가문에서 가장 중요하고 경험 많은 사람들이니 일이 모두 잘 마무리될 때까지 덮어두는 게 좋겠어요. 하지만 장담하건대 각하께서는 생각이 너무 고상한지라 그런 짓을 용납하시지 않을 거예요. 그런데 당신 같이 고상한 분이 그럴 줄은 꿈에도 몰랐네요. 존 경. 그리고 스털링 너 —

47_ 역주 — 여기서 의도적인 단어의 오용에 해당되는 것은, families 대신 fammalies, experiance 대신 experunce, generosity 대신 generosaty, quallity 대신 quallaty, spirit 대신 spurrit, family 대신 fammaly가 쓰인 부분이다.

스털링: 내 말 좀 들어봐요 누님 —

하이델베르크 부인: 너 때문에 정말 창피하다. 정신 나간 거니? 우리 가문의 명예는 안중에도 없이 승낙했단 말이니? —

스털링: 승낙이요? 내가 그랬대요? 난 맹세코 승낙해준 적이 없어요! 내가 승낙했나요, 존 경? (III. 8, 82-83)

Schröder

M. HEID. Has du nicht mehr Verstand, nicht mehr Achtung für die Ehre unserer Familie, daß du so deine Einwilligung —

STER. Einwilligung? Ich hätte meine Einwilligung gegeben? Auf meine Ehre, ich habe meine Einwillingung nicht gegeben! Hab' ich meine Einwillingung gegeben, Sir John?

슈뢰더

하이델베르크 부인: 정신나간 거니? 우리 가문의 명예는 안중에도 없이 승낙했단 말이니? —

스털링: 승낙이요? 내가 그랬대요? 난 맹세코 승낙해준 적이 없어요! 내가 승낙했나요, 존경? (III. 5, 30)

보다시피 슈미트는 단어 하나하나를 번역하려고 애쓰고 있다. 그만큼 의도적으로 오용된 단어를 소극적으로 번역한다는 점이 도드라진다. 따로 설명할 필요도 없이 슈미트는 이런 언어적 희극 분야의 번역에 — 게다가 등장인물인 캔톤과 프랑스 마니아 오글비가 삭제된 맥락에서 — 능숙하지도 못했고, 마음대로 되지도 않았다. 원본에서 의도한 벼락부자가 되려고 하는 자에 대한 — 신랄하기보다는 낄낄거리고 웃는 것이 확실한 — 희화화는 이제 독일어 번역에서 어쩔 수 없이 좀 더 부드러운 번역을 위해 누락되고 있다.

슈미트의 번역 장치의 특성을 본다면, 많은 부분에서 축자적 번역이 놀랄 만큼 잘 이루어지도록 노력하고 있는 건 사실이다. 다만 거기에는 독자적인 필터가 설정되어 있는데, 이것은 레싱이 요구한 "음탕한" 사건 더미를 솎아내고, 희극을 보다 더 장르에 맞게, 그러니까 보다 규칙에 따르도록 만드는 노력으로 밖에 설명될 수 없다. 곧 보게 되겠지만 다른 식으로 더 잘 솎아내는 것도 가능했을 것이다. 그러니까 여기에서는 하나의 도덕률이 존재해 성적인 내용을 연상시키는 수많은 익살스러운 대목을 희생시킨 것이 분명하다. 그러면서도 시민계층 특유의 새 침함이 철저하게 이루어지는 건 아니다.

전체적으로 보면 별로 풍자적이지도 않은 언어적 희극 영역 역시 좀 더 유화되고 있다. 그는 원본 텍스트를 — 이렇게 표현해도 좋을지 모르지만, 슬그머니 — 단순화하고, 동화시키고, 걸러낸다. 하지만 실질적으로 왜곡하거나 자신의 충실한 번역 의도가 거짓임이 뚜렷이 드러나는 것도 아니고, 때로 어쩌면 무의식적으로 그렇게 한다.

1769년의 함부르크 공연은 슈미트의 번역물을 토대로 했다. 아커만 극단 해체 후 수 년 동안 함부르크를 떠나 있던 프리드리히 루트비히 슈뢰더는 이 상연과 연관이 없었다. 추가적인 함부르크 공연, 이번에는 슈뢰더의 번역물을 토대로 한 공연은 1773년으로 밝혀졌다. 호프만은 이 공연이 슈미트의 번역물이 아니라 슈뢰더의 독자적인, 하지만 영어 원본을 직접 번역하지 않고 슈미트의 번역물을 각색한 새 번역물을 토대로 했을 거라고 추측한다.[48] 이 각색 혹은 번역물은 그것이 어떤 것이었든 성향 상 함부르크 극장 감독이 걱정하지 않도록 신경을 썼을 것으로 생각해도 될 것이다. 왜냐하면 슈미트의 번역이 대체로 그 자신, 즉 슈뢰더의 각색방식과 일치했기 때문이다. 이 점을 슈뢰더 번역의 편집인은 다음과 같이 쓰고 있다.

> 일반적으로 슈뢰더는 자신이 독일어로 옮긴 프랑스 희극보다 영국 희극을 선호했다. 영국 희극은 프랑스 희극보다 우리의 민족성과 무대에서의 우리의 요구에 더 부합했다. 그리고 프랑스의 틀에 박힌 음조의 얼음을 녹이는 것보다는 영국적 방자함과 장난을 제거하는 것이 확실히

48_ Paul Hoffmann, *F.L. Schröder als Dramaturg ud Regisseur* (Berlin, 1939), pp. 26-27.

더 쉬웠다.[49]

레싱의 판결이 얼마만큼 이 논조에 영향을 주었을지 쉽게 짐작할 수 있다. 하지만 슈뢰더와 함부르크 연극계, 그리고 함부르크 관객 일반이 느끼는 문제는 과도한 플롯전개라는 미학적 문제가 아니라 사실상 완전히 다른 종류의 "방자함과 장난"이었다. 그리고 점잖지 못한 희극성을 대하는 이런 태도는 오로지 관객 사회학을 통해서 그리고 그와 결부된 웃음문화를 통해서만 설명이 가능하다.

이런 상황 외에도 런던 극장경영 및 거기서 지배적인 웃음 문화와 함부르크 극장 간에 존재하는 커다란 차이점을 평가하기 위해 함부르크 극장제도의 상황을 살펴봐야 한다. 강림절과 사육제 기간 동안 함부르크에서는 연극 상연이 금지되어 있었다. 더욱이 1798년까지 시 참사회 칙령으로 일요일과 공휴일에는 공연이 금지되어 있었다. 그 때문에 야기된 사설 극장 사업의 불안정한 재정상황은 제쳐두고라도 그런 관계는 연극에 대한 일반적인 입장을 반영하고 있다. "일반 민중들은 소극을 [즐기고], 대략 20프로 정도 차지하는 지체 높은 관객들은 평온한 희극을 [즐긴다] — 하지만 양자 모두 혐오스런 이유에서 즐기고 있는 것이다"[50]라는 레싱의 한탄은 동시에 초기 함부르크 극장 관객의 구성에 대한 지적이기도 하다. 그래서 "독일 국민극장의 창조를 목표로 해 레싱을 드라마투르그로 영입한 "함부르크 엔터프라이즈Hamburger Entreprise"는 새 사업을 공표하면서 이 극장의 계몽적, 윤리적 목표설정을 특별히 강조해야만 했다.

> 우리는 관객들에게 함부르크에서의 독일 연극이 다른 상황에서는 결코 달성되지 못할 위상을 갖게 될 거라는 어쩌면 기대하지 않았을지도 모르는 희망을 공표하고자 한다 … 이 극장이 가장 고상한 여가선용 외에

49_ F. L. Schröder, *Dramatische Werke*, 앞의 책, p.XI.

50_ Eckehard Gatholy, *Das deutsche Lustspiel von der Aufklärung bis zur Romantik* (Stuttgart, 1982), p.64.

이걸 통해 도덕교육에도 기여했다는 건 사실이며, 분명 그럴만한 가치가 있는 것이다 … 그리고 이런 중요한 이유에서 … 우리가 동료 시민들에게 인간 오성만이 가능한 가장 고상한 만족은 물론이고, 순화된 도덕이라는 가장 귀중한 보석을 제공해 줄 수단을 갖게 되어 기쁘다.[51]

슈뢰더 역시 1771년 함부르크 극장을 이끌게 되었을 때 이런 일반적인 목표설정을 의무로 받아들였다. 이 첫 번째 임기 동안 클라비고와 괴츠, 봐그너와 클링거, 렌츠의 공연이 이루어졌고, 이 시기는 독일에 셰익스피어가 수용되는 길을 준비해주었다. 슈뢰더는 일부 여론 형성을 좌우하는 미학적으로 지적인 관객들을 다시 붙잡을 수 있었다. 그럼에도 불구하는 그는 — 아래에서 살펴보려고 하는 빈에서의 성공적인 막간극 후 — 1785년 자신의 두 번째 임기 취임에 즈음해 다음과 같이 사과하지 않을 수 없었다. "나는 여러분에게 질서를 약속합니다. 가장 엄격한 도덕성 … 여러분들의 품위에 어울리고, 외국인이 짜증을 내거나 얼굴 붉히는 일이 없이 떠날 수 있는 연극을, 도덕성 때문에 당국의 조사를 받지 않는 그런 연극을 약속합니다."[52] 첫 번째 함부르크 극장장 임기 동안에 이미 그는 익명으로 제작된 비방문의 목표가 되었고,[53] 1780년대 후반에도 그는 신교도 공공대중의 잠재된 연극 회의적 태도 때문에 언급한 도덕성을 고려해야 했다. 뿐만 아니라 함부르크 극장 협의회의 공적인 평판도 고려해 엄격한 극장법을 제정할 수밖에 없었다.[54] 하지만 우리는 도덕성이 무조건 성적인 새침함과 동일시될 수는 없다는 것을 보았다. 그리고 최소한 그 때문에 다른 영역들 **또한** 도마에 올랐으며,

---

51_ Johann Friedrich Löwen, *Flugschriften über das Hamburger Nationaltheater* (1767), ed. H. Stümcke (Berlin, 1905), pp.85-86.

52_ Johann Friedrich Schütze, *Hamburgische Theatergeschichte* (Hamburg, 1794), p.567.

53_ Dietrich Diederichsen, "Die Comödie in den Tempel der Tugend oder: Reform und Gegenreform im Hamburg der Lessing-Zeit", *Maske und Kothurn* 30(1948), pp.103-114, pp.106-107.

54_ F. L. W. Meyer, *Friedrich Ludwig Schröder. Beitrag zur Kunde des Menschen und des Künstlers*, 2Bde. (Hamburg, 1819), p.33. Johann F. Schütze, *Hambugrische Theatergeschichte*, 앞의 책, p.616.

합당한 교태를 부릴 만한 일정 공간은 남아 있었다는 것을 보았다. 하지만 우리가 다루고 있는 번역 사례를 역사적으로 더 살펴보면 이 필터는 슈뢰더의 개인적인 연극천성에서 나온 것이 아니라 관객취향의 요청에 따른 것이었음을 알게 된다.

기억하고 있다시피 슈미트의 번역은 함부르크 극장에서 1767년과 1773년에, 1773년은 슈뢰더의 각색으로 공연되었다.[55] 어쨌든 앞서 특징을 살펴본 번역방식과 특히 슈뢰더의 함부르크에서의 공연은 추측컨대 슈뢰더가 비록 원본을 알지 못했고 슈미트의 번역물을 각색한 것에 지나지 않았다 해도 성공적이었다고 할 수 있다. 슈미트 특유의 "성급한 순종"은 일반적인 방식일 뿐 결코 함부르크를 겨냥하지 않았긴 했지만 영국의 희극성이 독일 무대에 이식되는 과정에서 볼 수 있는 대표적인 징후라고 볼 수 있다. 또한 슈미트의 번역은 도착문화의 규범이 번역과정에 끼치는 영향을 쉽게 이해할 수 있도록 하는 좋은 사례에 해당된다. 1781년 빈(Wien)의 황제국립극장, 1783년부터 부르크테아터의 극장 위원이 된 뒤 슈뢰더는 극장장의 의무로부터 벗어나 드라마 번역과 각색, 창작에 집중할 수 있게 되었다. 이 시기 슈뢰더는 1781년 빈 극장을 위해 〈비밀 결혼〉을 새로 각색했는데, 이건 물론 나중에 그의 전기를 써 슈뢰더가 슈미트의 번역을 누락한 것을 지적한 바 있는 마이어F. L. Meyer의 새 번역을 기초로 한 것이었다. 장면 배열을 한 번만 살펴봐도 이미 빈 번역에서 본질적인 것이 변경되었다는 걸 알 수 있다. 빈 번역서는 슈미트/슈뢰더에 의해 함부르크에서 삭제된 대부분의 장면들이 다시 번역되었고, 그와 반대로 다른 장면들은 축소되었는가 하면, 또 다른 장면들은 요약되거나 변형되었다.

우선 중요한 것은 슈뢰더가 다시 살려낸 것들이다. 어쩌면 주제와 무관한 희극성이라는 이유로 슈미트에 의해 삭제된 모든 장면들이 슈뢰더의 빈 번역에서 다시 살아났다. 동시에 외설적인 불쾌한 언행과 성적

55_ Paul Hoffmann, *F.L. Schröder als Dramturg und Regisseur* (Berlin, 1939), pp.26-27, Dieter Hadamczik, *F.L. Schröder in der Geschichte des Burgtheaters* (Berlin, 1961), p.19

인 의미가 담긴 공개적인 비난이 완전한 제 권리를 찾게 한다.

Colman/Garrick
FANNY. Have done! I shall be quite angry with you.
BETTY. Angry! — Bless the dear PUPPET! I am sure I shall love it as much as if it was my own. — I menat no harm, Heaven knows.

콜맨/개릭
패니: 그만 해! 안 그러면 진짜로 화낼지 몰라.
베티: 화를 내? — 이 귀염둥이 아가씨에게 축복이 있기를! 내 몸처럼 애지중지할 거야. — 악의가 있는 건 아니라구, 맹세코. (I.1, 274)

Schmid
FANNY. Schweig oder ich werde im Ernst böse.
BETTY. Böse? Der Himmel weiß, daß ichs nicht böse meine.

슈미트
파니: 조용해, 안 그러면 진짜로 화낸다.
베티: 화를 내? 그럴 맘이 없단 건 잘 알 텐데. (I.1, 5)

Schröder
FANNY. Betty! Du machst nich böse —
BETTY. Böse? — Ach! Das liebe PÜPPCHEN! Ich wollt‘

슈뢰더
파니: 베티! 나 지금 화났다구 —
베티: 화가 나다니? — 아이구! 요 귀염둥이 아가씨 같으니! 얼마나 바랐었는데. (I,1: 4)[56]

56_ "귀염둥이 아가씨(puppet/"Püppchen")"라는 말은 — 적절한 제스처가 동반되어 — 파니가 임신했다는 것을 알려준다.

그 밖에 슈뢰더는 캔턴이란 인물을 둘러싼 언어적 농담의 대부분을 살리고 있다. 위에 인용된 그리고 슈미트의 맥락에서 논쟁된 사례들을 보면 그 점을 충분히 알 수 있을 것이다.

이렇게 보면 희극적인, 또한 외설적인 희극적 요소들을 거르는 것이 결코 일반적으로 구속력 있는, 지배적인 번역 요구사항은 아니었다. 즉 배우 슈뢰더는 상응하는 기대 지평이 예상되는 곳에서는 자신의 권리를 찾은 그런 사람이었던 것이다.

Colman/Garrick

CANTON. A little veritable eau d'arquibusade vil set all to right again. (My lord sits down, Brush gives chocolate)

LORD OGLE. Where are the palsy-drops, Brush?

BRUSH. Here, my lord! (Pouring out.)

LORD OGLE. Quelle nouvelle avez vous, Canton?

CANTON. A great deal of paper, but no news at all.

LORD OGLE. What! Nothing at all, you stupid fellow?

CANTON. Yes, my lor', I have little advertise here vil give you more plaisir den all de lies about nothing at all. La voila! (Puts on his spectacles.)

콜맨/개릭

캔턴: 진품 아흐뀌뷔즈[57] 약간이면 모든 게 다시 잘 될 겁니다(대공이 자리에 앉자 브러쉬가 초콜릿을 권한다).

오글리 경: 술은 어딨나, 브러쉬?

브러쉬: 여기 있습니다, 각하! (잔에 따른다.)

오글리 경: 캔턴, 뭐 새로운 소식은?

캔턴: 일은 많은 데 새로운 일은 없습니다요.

오글리 경: 뭐? 전혀 없단 말인가? 머저리 같으니 -

캔턴: 그렇습니다, 각하. 사소한 소식이 있긴 한데, 하등의 도움도 되지 않는 것들보다는 전하 마음에 들어 보이는군요. 여기 그녀가 있습

57_ 역주 — 허브로 만든 리큐어.

니다. 드디어! (안경을 쓴다) (II. 1, 286)

Schmid

–

슈미트

-

Schröder

CANT. Ein Bis veritable Eau darque busade wird wieder maken rekt.

LORD. Weg mit der Chocolade. Brosch, die Tropfen für den Schlagfluß.

BROSCH. Hier, Mylord.

LORD. Quelle nouvelle avez vous, Canton?

CANT. Kroß Papier, nix neu!

LORD. Gar nichts, Ihr dummer Kerl!

CANT. Ja Mylor, ick ab ihr ein kleiner Avertissement, wird keb mehr Plaisir als all der Lük, die nix helf. La voila! (setzt die Brille auf.)

슈뢰더

캔턴: 진품 아흐꿔뷔즈 조금이면 다시 좋아지실 겁니다.

오글리 경: 초콜릿은 치우고 머리를 마비시킬 술 좀 가져와.

브러쉬: 여기 있습니다, 전하.

오글리 경: 캔턴, 뭐 새로운 소식은?

캔턴: 일은 많은데 새로운 건 없습니다요.

오글리 경: 전혀 없어? 머저리 같으니!

캔턴: 예, 전하. 여기 사소한 일이 있는데 쓸모없는 거짓말들보다는 더 많은 기쁨을 줄 것 같군요. 여기 그녀가 있습니다. 드디어! (안경을 쓴다) (II.2, 14-5쪽)

슈뢰더의 빈 번역본에 들어 있는 삭제와 축약은 상대적으로 쉽게 설명될 수 있을 것이다. 슈미트보다 극장경험이 더 많고, 더 본능적으로 안전을 추구하는 슈뢰더는 원본을 주제적 관점은 전혀 혹은 거의 고려하지 않고 오직 연극적 관점에서만 축소했다. 하이델베르크 여사가 내뱉는 우스꽝스러운 말의 오용이 겉보기에 우리의 결론과 반대로 슈뢰더에서도 볼 수 없다는 사실은 그렇게 설명될 수도 있을 것 같다. 하지만 이것은 내가 보기에 본질적으로 슈뢰더 번역에서 하이델베르크 여사란 인물의 대화 및 말 부분이 전체적으로 축소되었기 때문이다. 또 다른 '원본의 축소'와 '자리 바꿔놓기'는 마찬가지로 플롯 전개를 단순화시키고 사건 장소의 규칙성을 강화하기 위한 노력으로 설명될 수 있다. 게다가 빈 번역본에 계층비판적인 부분의 원본 축소는 귀족과 시민계층 양자와 연관된 것이 암암리에 드러나긴 하지만 확실한 증거는 없다.

또한 빈 번역본에서 가해진 유일하게 적절한 변경 역시 그런 식으로 설명될 수 있다. 거기에서 이 드라마의 마지막 말을 하는 사람은 만하임 번역본과 달리 감상적인 인물들 중 그 누구도, 즉 스털링도 하이델베르크 여사도 아니다. 대신 귀족 대변자가 도덕적인 교훈을 전한다. 아래의 빈 번역본의 결말 부분은 원본에도 없는 부분이고 빈 번역본 이전의 번역본에서도 찾아볼 수 없다.

LORD. Und nun dächte ich, gingen wir zur Ruhe. Morgen wollen wir darauf denken, Miß Lucie, einen bessern Mann auszusuchen, als der ungetreue Schäfer, der nun zur Strafe Zeit seines Lebens Junggeselle bleiben soll. — Euch Beide mögen die Liebesgötter und Grazien begleiten! — Noch eins — Sie, Madam, müssen mir versprechen, an keine Reise nach Holland zu Herrn Vanderschrocken zu denken; und Sie Herr Sterling, daß nicht ausrechnen wollen, ob Sie an dem heutigen Tage gewonnen oder verloren haben.

오글리 경: 좀 쉬었으면 좋겠군. 루시양, 죗값으로 일생 동안 독신으로 머무를 불충한 애인보다 더 나은 남자를 찾아보는 건 내일 생각해 보기로 합시다. 사랑의 신들과 축복이 그대 두 사람에 함께하기를! 하나 더, 부인, 판더슈록켄 씨를 만나러 네델란드로 여행 갈 생각이 없다고 확실히 말해주셔야겠습니다. 그리고 스털링 씨, 오늘 당

신이 이겼는지 졌는지 계산하지 말기를 바라오. (V.13, 54)

하지만 이것은 아무리 유보한다 해도 다음과 같이 해석할 수 있다. 슈뢰더는 함부르크에서 무의식적으로 삭제했을 가능성이 큰 성적인 희극성과 언어적 익살극의 영역에 놓인 그런 요소들을 빈 번역본에서 복구시켰다. 물론 이 삭제는 번역자 슈미트의 쪽에서는 번역전략을 명백히 관객에게 향한 결과였다. 또한 추측컨대 원본을 모르는 상태에서 번역물을 보고는 최소한 함부르크 잣대에 부합하는 극이라고 생각한 극장 총감독 슈뢰더 쪽에서는 어쩌면 무의식적인 삭제였다. 그리하여 빈에서는 본질적으로 연극론적인 이유로 가해진 축약 외에 사회비판적, 신분비판적 요소들이 좀 더 완화되었다. 이 모든 것은 관객을 고려해서, 그리고 각각의 기존 극장 상황에 따라 이루어졌다는 게 내 생각이다.

요컨대 빈의 상황은 함부르크와 달랐던 것이다. 빈에는 런던에서와 유사하게 황제와 궁정귀족들이 극장의 대부분을 차지했다. 이들은 18세기 후반에 황정복고 시대의 배우들에 대한 국왕의 보호와 유사하게 필요한 후원자들이었다. 여기서 극장은 미학적 관심을 훨씬 넘어서는 공적, 사회적 기능을 가졌다.[58] 연극 미학적 노력을 재차 추구한 희극적 전통 역시 비슷했다. 미하엘플라츠Michaelerplatz와 쇤브룬Schönbrunn, 그리고 락센부르크Laxenburg의 세 궁정 극장들 외에 희극적 민중극 전통이 어릿광대극과 즉흥광대극[59]을 통해 유지되고 있었다.

> 내 생각에 이 극장은(케른트너토어 극장) 아주 낮고 어둡다. 하지만 칭찬할 만하게도 희극이 그런 결점을 커버 하고 있음을 인정하지 않을 수가

58_ 예를 들어 C. Maier, *Über das Nationaltheater in Wien*, 1782, 참조. "일층에서는 장교들과 공연을 이미 보았거나 바로 다음 공연을 볼 수 있는 또 다른 귀족 출신 장교들이 방금 만난 친한 친구들과 신나게 떠들어 댔다. 때문에 관객들은 종종 부드럽기 그지없는 프랑스어 대화를 들을 수 있었을지는 몰라도 배우들의 대사는 거의 들을 수 없을 정도였다." Otto Schindler, "Das Publikum des Burgtheaters in der josephinischen Ära", in: Magarett Dietrich, *Das Burgtheater und sein Publikum*, 1권 (Wien, 1976), p.48.

59_ Otto Rommel, *Die Maschinenkomödie* (Darmstadt, 1974), p.11, pp.24-33.

없다. 평생 그렇게 많이 웃어 본 기억이 없다 … 하지만 추잡한 표현뿐 아니라 천박한 단어들까지, 우리 민중들이 협잡꾼에 입을 마음의 상처를 생각하면 작가가 자신의 연극을 풍성하게 만드는 데 이용한 자유를 쉽게 용서할 수 없다. 그 밖에도 한 쌍의 광대가 최상층 사람들이 가득 자리를 메우고 있는 박스석을 바로 앞에 두고 반바지를 제대로 벗어 내렸는데, 그들은 그런 오락이 재밌는 것으로 보였고, 그래서 나는 이것이 유명한 작품이라는 걸 확신했다.[60]

하지만 독일의 극장에서와 반대로 여기 묘사되고 있는 어릿광대극은 궁정극에 대한 민중극의 대안으로 18세기 내내 유지되었다. 이 때 각각의 동원 가능한 관객의 구분은 없었던 것으로 보인다.[61] 희극성은 빈 포어슈타트극장(Vorstadttheater)에서, 바덴협회(Badner Gesellschaft)에서 '어릿광대(Kasperl)'로서, 1781년부터는 레오폴트시 무대에서 유지되었다. 1783년에 쉰크Schink가 묘사한 대로 레오폴트슈타트 극장Leopoldstädtner Bühne의 휘장막을 보면 교활한 희극의 어릿광대가 가장 엄격한 예술 비평가도 속이면서 반대 세력을 얼마나 잘 이겨냈는지 실감할 수 있다.

어릿광대는 꽃으로 장식된 같은 곳 왼편에 앉아서 극장에서 추방된 자신의 신세를 슬퍼한다. 저 멀리 떨어진 휘장막 한가운데서 이탈리아 극에 등장하는 인물들인 스카펭과 피에로, 할리퀸과 도토레가 팔다리가 사슬에 묶인 채 원무(圓舞)를 추고 있다. 이로 미루어 그들은 더 이상 독일 극장에서 자유롭게 등장할 수 없음을 암시하고 있다. 오른편에는 빗장이 걸려 있는 든 파르나스 산을 볼 수 있는데, 그 빗장을 얼굴을 고뇌에 차 있고 꼼꼼한 예술 비평가가 막대기를 들고 지키고 서서 광대들이

60_ R. Kauf, "*Der Brief der Lady Montagu. Ein Tadel der Hanswurstkomödie?*", Maske und Kothurn 13(1967), pp.109-113, p.110.

61_ Friedrich Nicolai, *Reisen durch Deutschland und die Schweiz im Jahre 1781*, 전4권 중 2권(Berlin und Settin, 1784), p.609. "지금 빈에는 사람들과 모여 얘기할 때는 품격이 그렇다는 이유로 익살극에 대해 불쾌감을 표시하고는 저 위대한 연극을 볼 때마다 지루해져 저녁이 되면 외투로 몸을 감추고 어릿광대를 보러 숨어 들어가는 사람들이 많이 있다."

파르나스산으로 들어가는 걸 막는다. 그럼에도 불구하고 어릿광대 카스퍼는 탈리아와 함께 날개 달린 마차를 타고 고통스러워하는 예술 비평가는 아랑곳하지 않고 파르나스 산을 넘어 하늘로 날아가버린다.[62]

기존 맥락에서 계몽주의자가 검열을 옹호하는 것은 전혀 이상한 일이 아니다. 왜냐하면 존넨펠스Joseph von Sonnenfels는 빈에서도 극장을 도덕의 학교로 만드는 검증된 수단임을 알아보았기 때문이다.[63] 하지만 그의 개성과 위치 때문에 촉발된 – 존넨펠트와 호이펠트 간의 – "빈 어릿광대 논쟁(Wiener Hanswurst-Streit)"은 좀 더 계몽주의적인 입장에 조차 연극의 희극적 요소가 얼마나 끈질기게 관철되었는지 증명하고 있다. 그리고 1769년 벤더Bender와 호이펠트Heufeld가 케른트너토어 극장(Kärntnertortheater)의 운영을 맡게 된 이후 규정에 맞는 연극만 상연했고(물론 해당 관객들이 충분히 그에 대한 준비가 된 것으로 보이진 않았다[64]), 귀족들 역시 계속해서 부르크테아터 극장의 프랑스 연극을 보러 왔지만 어릿광대는 레오폴트슈타트 극장에서 끈질기게 인기를 끌었다.

70년대에는 비록 극장으로서는 현저한 재정 적자에 시달리긴 했지만 부르크테아터극장에서도 독일 연극이 점차 많이 공연되었다. 하지만 요세프 2세의 단호한 조처로 인해 두 개의 대형 극장은 모든 연극 사업을 수용했다. 게다가 "케르트너 문 바로 옆 극장은 정식 암송 및 노래, 춤, 판토마임 극단에게는 어떤 언어를 쓰던 … 완전히 무료로, 그 해 내내 개방되어 있었고, 성 옆의 극장은 독일 극단이 거기에서 연극을 올리지 않는 것처럼 그렇게 자주"[65] 개방되어 있었다. 이를 근거로 형성된 소

62_ Schink, *Dramatische und andere Skizzen*, 1783. Gustav Gugitz, Der Weiland Kasperl. *Ein Beitrag zur Theater- und Sittengeschichte Alt-Wins*(Wien, 1920), p.246에서 재인용.

63_ Joseph von Sonnenfels, *Sätze aus der Policey, Handlungs-und Finanzwissenschaft. Zum Leitfaden der akademischen Vorlesungen*(Wien, 1751), p.10; Hilde Haider-Pregler, *Des sittlichen Bürgers Abendschule*(Wien, 1980), pp.58-59에서 재인용.

64_ 위의 책, p.291 참조.

65_ *Kaiserlich Königliche allergnädigst priviligierte Realzeitung der Wissenschaften, Künste und Commercien.* Wien, 7. Jahrgang, p.221. Franz Hadamowsky, "*Die Schauspielfreiheit, die 'Erhebung des Burgtheaters zum Hoftheater' und seine 'Begründung zum Nationaltheater' im*

위 떠들썩한 연극의 자유(Spektakelfreiheit)에 힘입어 빈과 근교도시에서 누구든지 여러 종류의 연극 혹은 유사한 공연을 거행할 수 있었다. 이 자유는 빈의 연극 기관 내에서 그리고 모든 종류의 극장이 전반적으로 승인되고 각 극장에서 관객들의 취향규범이 전반적으로 뒤섞여 있는 와중에, 뿐만 아니라 문학-연극적 공공이 존재하고 특히 상이한 연극 전통들이 경합하는 가운데, 1781년 황제국립극장 회원이 된 프리드리히 슈뢰더에게 과거 함부르크에서는 생각조차 할 수 없었던 조건을 제공할 옥토(沃土)가 마련되었다는 걸 의미한다. 하지만 빈은 또 연극 특유의 희극적 요소들을 위한 장소이기도 했다. 이것은 그를 결국 배우로서 크고 유명하게 만들어주기도 했고, 그가 도덕적인 검열이라기보다는 오히려 정치적 검열로 이해되었던 검열에 복종하는 한, 별 어려움 없이 부활시킬 수 있었다. 1779년에서 1785년 사이에 극장위원회에 의해 254편의 연극이 거부되었지만, 가장 자주 인용되는 거부 사유 중에서 "윤리"와 교회에 반한 위법행위는 겨우 6번째 이유밖에 되지 않았다.[66]

하지만 사료와 빈약한 연구 텍스트 때문에 방법론적 제한이 있을 수 있다. 앞서 본 결과들은 분명 일반적으로 타당한, 함부르크와 빈에서 각각의 상이한 번역전략들을 두고 볼 때 일반화를 허용하지 않는다. 여기에 대해 그의 첫 번째 함부르크 시대 때 콜맨/개릭 텍스트에 대한 슈뢰더의 관계가 너무 불확실하며, 삭제 의도는 오로지 슈미트에만 적용될 수 있다. 하지만 이것은 충분히 중요한 사항이다. 분명히 말할 수 있는 것은 슈미트 번역물의 수정이 빈에서 더 쉽게 가능했으며, 일반적인 연극상황과 특히 희극적인 것의 전통과 형식에 대한 관계가 그러한 수정을 용이하게 내지는 그야말로 권했기 때문에 거기서 완수되었다는 점이다. 또한 한 세기의 서로 다른 시대에 세 개의 서로 다른 장소에서의 지리나 신분구조, 연극전통과 관객사회학, 그리고 희극이론 같은 그처

Jahre 1776", Maske und Kothurn 22(1976), pp.5-19, p.13.

66_ Dieter Hadamczik, *Friedrich Ludwig Schröder in der Geschichte des Burgtheaters*(Berlin, 1961), p.66, p.72.

럼 상이한 요인들을, 제 각각 완성되어 갈 발전의 전망하에 설명하고, 더 나아가 이러한 단계를 통해 한 텍스트의 상호 문화적 발전과정을 기술하려고 할 때 부족함과 일반화는 피할 수 없다. 하지만 영어로 된 희극 텍스트, 특히 번역 국면 혹은 지배적인 번역전략들로만으로는 기술될 수 없는 그것의 희극적 요소와 번역과의 관련된 여러 사항을 이해하기 위해서는 그런 것들이 필연적이다. 이제 제기해야 할 질문은 슈뢰더가 그의 두 번째 함부르크 극장장 시대에 자신의 빈 초청 연극을 어떻게 작업했느냐 하는 점이 될 것이다. 여기서 그의 파커 번안번역은 우리에게 〈비밀 결혼〉의 번안번역과 유사한 비교근거를 제공해준다. 파커의 〈변함없는 연인The Constant Couple〉은 슈뢰더에 의해 〈결혼 반지 Der Ring〉(1783)라는 제목으로 빈 극장을 위해, 그리고 이 작품의 후속작인 〈해리 윌더 경Sir Harry Wildair〉은 〈불행한 결혼Die unglückliche Ehe durch Delikatesse〉(1788)이라는 제목으로 함부르크 극장 공연을 위해 번안되었다.[67] 슈뢰더의 두 번역본에서 중요한 점은 아주 자유로운 번안이어서 번역장치의 분석을 위해 가져올 것이 거의 없으며, 그 때문에 이와 관련해서는 간단하게만 다루게 될 것이다. 그 경우 아주 일반적인 관찰에 머무르고자 한다. 하지만 흥미로운 점은 빈과 함부르크에서 번안전략의 차이인데, 이것은 지배적인 연극상황을 고려해 의도적으로 상이하게 번안되었다는 사실을 간접적으로 증명하고 있다. 두 개의 번역본에서는 **왕정복고기 희극**과 파커 같은 부류 작가 중에서 좀 더 온건한 작가의 희극들에서 특징적으로 드러나고 있는 비도덕적인, 육체적인 것을 지향하는 그로테스크하게 희극적인 것(das Grotesk-Komische)이 빠져 있다. 두 개의 번안 번역물에는 도덕적으로 변해 있으며, 드라마적 사건의 필연적인 과정으로서 도덕적 깨달음으로의 길이 강조된다. 이 때 인물들

67_ George Farquhar, *The Constant Couple or A Trip to the Jubilee*, in: *The Works of George Farquhar*, Shirley Strum Kelly 편(Oxford, 1988), 1권 pp.150-231. *Sir Harry Wildair Being a Sequel to the Jubilee. The Works* 1권, pp.256-313. 슈뢰더의 Der Ring, in: *Dramatische Werke*, 2권, pp.211-284, *Die unglückliche Ehe durch Delikatesse*, in: *Dramatische Werke*, 4권, pp.169-238.

의 특성은 원본에 비교해서 근본적으로 수정되어 있다. 예를 들어 클린처 시니어Clincher senior와 톰 에런드(〈변함없는 연인〉) 및 클린처Clincher와 파이어볼Fireball(〈해리 윌더 경〉)과 같은 혐오스런 인물들은 삭제되고, 클링스버그 백작Graf Klingsberg(두 개의 원본에서 해리 경)같은 다른 인물들은 원본과는 반대로 도덕적인 삶의 필연성과 승리를 위한 "시민적" 이상에 대한 통찰의 도움을 받아 개심 혹은 근본적인 변화를 겪는다. 그 밖에 번안과 원본 사이의 차이는 개별적인 성적인 주제와 모티프 및 이런 걸 담고 있는 연극 대사에도 해당된다. 빈 본 〈결혼반지〉는 성적인 개념들이 물론 때로 완곡어법(Euphemismus)을 통해 대체되거나 다른 방식으로 약화되고 있다. 그래서 슈뢰더는 1막 1장에 나오는 "매춘(prostitute)이란 말을 "다른 계급 출신(의 소녀)"[68]로, 다른 곳에서는 "기쁨을 주는 소녀",[69] "시간 가는 줄 모르게 만드는 사람"[70] 혹은 다른 말로 대체하고 있다. 하지만 전체적으로 매춘과 매음, 간통에 대한 노골적인 인용 내지 묘사는 그대로 유지하고 있다. 그와 같은 장면들에서 빈의 검열당국은 감정을 상하지 않았던 것이 분명하다. 〈해리 윌더〉의 함부르크 번안본에서는 반대로 그와 같은 개념들은 곧바로 삭제되지 않으면 아주 대단히 모호하게 에둘러 표현되고 있다. 예를 들어 "창녀(whore)"와 "포주(pimp)", "뚜쟁이(bawd)"와 "몸 파는 여자(cocket)" 대신 그냥 "접대부(Kokette)", "세속적인 아이(Weltkind)", "세속적인 여자(Weltfrau)"로 에둘러 쓰고 있다. 함부르크 파커 번안본에서는 매춘과 간통과 연관된 모티프는 모조리 완전히 삭제되거나 모호하게 암시하는 것에 그치고 있다. 그래서 2막 2장(독일어본은 2막 3장)에 들어 있는 경제적인 이해관계로 엮인 혼외 연애에 대한 광범위한 외설적 묘사는 축약을 통해 순화되어 있다. "매춘"은 생에의 욕망이자 애욕 현상이라기보다는 오히려 **정략 결혼**(mariage de convenance)의 문제가 된다.[71] 원본의 주요 주제이자 극

68_ Schröder, Der Ring, 앞의 책 p.216.
69_ 위의 책, p.222.
70_ 위의 책, p.277.
71_ 다음을 참조할 것. Farquhar, Sir Harry Wildair, 앞의 책, p.277. Schröder, *Die*

사건의 추동력이 되는 간통(예를 들어 3막 2장)은 〈불행한 결혼〉에서 기껏해야 하지만 잘못된 것으로 밝혀지는 의심의 대상이다. 수많은 사례를 통해 보충될 빈과 함부르크본 간의 차이 중에서 가장 두드러진 것은 두 번안 본에서 원본과 비교해 변경된 클링스버그 백작(해리 경)에 대한 개작이다. 두 개의 파커 텍스트에서 그는 편협한 시민적 도덕관 저편에서 쾌락적인 삶의 노예이다. 빈에서 이러한 생활태도는 대체로 원본과 확실히 본질적으로 차이가 나게 그가 결혼의 중요성을 깨닫게 변하는 것으로 그려져 있다. 그와 반대로 함부르크에서 그는 처음부터 어떤 자리에서도 **왕정복고기 희극**에서 익숙한 성적인 방탕자임을 드러내지 않는 친절한 선행자임이 확실히 드러난다. 간단히 말해 여기에 간략하게 다룬 빈과 함부르크 극장을 위한 두 개의 번안 사례에서도 비교를 통해 두 연극은 서로 다른 개작목표를 가지고 작업이 이루어졌다는 결론이 가능하다. 최소한 우리의 맥락에서 관련된 영역에서는 그렇다.[72] 그 밖에 어디에서, 어떤 시점에 그리고 어떤 조건하에서 희극성이 계속해서 변함없는 형식 속에서 번역되고 있는지 질문해봐야 할 것이다. [73]이 문제에 대해서는 개인적으로 다른 논문에서 렌츠와 렌츠의 셰익스피어 번역 사례 연구를 통해 대답을 해보려고 했다. 이 논문은 레싱의 플라우투스와 렌첸 번역을 살펴보면서 보충되어야 할 것으로 본다. 이 때 중요한 것은 번역의 문제 외에도 항상 상호 문화적 연관성이라는 또 다른 문제가 고려되어야 할 것이다. 즉 상이한 웃음문화들은 어떻게 성립되고 어떻게 설명될 수 있는지, 그리고 이 웃음문화들 속에서 어떤 종류의 희극과 희극적인 것이 발전될 수 있는지, 문화들 사이에서 이런 텍스트들의

---

unglückliche Ehebruch durch Delikatesse, 앞의 책 p.191.

72_ 빈의 《결혼 반지》가 함부르크에서도 마찬가지로 대단한 성공을 거두었다는 사실 역시 이러한 결론과 배치되는 것이 아니라고 생각한다. 하지만 이 작품은 서로의 상황을 공유한 현실 모사가 아니라 "빈식 도덕에 대한 예리한 조롱"으로 이해되었다. Johann F. Schütze, *Hamburgische Theatergeschichte*, 앞의 책, p.609를 보시오.

73_ Norbert Greiner, "The Comic Matrix of Early German Shakespeare Translation", in: Lieven d'Hulst et. al., *Shakespeare Translations in the Romantic Age* (Amsterdam, 1992), pp.203-217.

수용과정은 어떤 형상을 갖게 되는지 같은 문제들이 고려되어야 한다. 그리고 각각의 연극전통, 관객사회학, 그리고 웃음 및 언어문화의 이러한 일반적인 현상들을 각각의 번역방식과 연관시킬 수 있다. 하지만 여기서 다루어진 사례는 번역전략과 궁극적인 번역 텍스트 형성에 도착문화의 규범이 작용한 영향을 보여주는 대표적인 사례로 간주될 수 있을 것이다.

3. 번역의 문화 창조 행위

지금까지 살펴본 주요 문제는 목표문화의 규범과 전통이 결정의 기준으로서 번역물의 텍스트형성에 어느 정도나 영향을 미칠 수 있느냐 하는 점이었다. 특히 원본과 "차이"를 보이는 번역은 기본적으로 번역상의 부족함으로 간주되거나 처음부터 자신을 "자유로운" 번역물이라고 생각하는 것이 아니라, — 의식적이든 무의식적이든 — 상이한 문화적 체계들 간의 체계적인 대립의 결과라는 점을 보여주려 했다. 이런 맥락에서 번역의 문화의존성(Kulturgeschaffenheit)이란 말을 사용한다. 하지만 이 때 목표문화가 번역자를 옥죄는 '구속조끼'라고 오해해서는 안 된다. 시대마다 이미 번역가는 문화들 사이의 중재자, 지적 소통의 수행자였음이 증명되었다. 목표문화는 이종적인 체계의 낯선 텍스트와 낯선 요소들을 자신의 것으로 만들어 언어·문화적으로 형성하는 정도에 따라 그 만큼 이 "이물질"의 영향에 노출된다.

예를 들어 프랑스와 독일에서 번역을 통해 셰익스피어를 자신의 것으로 만드는 초기 대륙 형식들은 오늘날의 관점에서 낯설게 느껴질 수도 있지만, 수용된 문화에 끼친 결과는 근본적이었다. 우리는 여러 맥락을 통해 프랑스 의고전주의와 그 대표격인 볼테르의 미학적 원칙들은 셰익스피어가 구체화 했던 근본적으로 새로운 미학적 원칙, 즉 볼테르가 근원적으로 발견해 맨 처음 열렬히 지지했던 바로 그 원칙[74]에 의해 추월당했고, 결국 배척되었다는 사실을 보여줄 수 있었다. 바로 이 사례가 그러한 상호 문화적 교류에서 얻을 수 있는 무시무시한 역동성과 한 문화적 부분체계 내에서 — 이것이 새로운 패러다임을 소개했다는 점에서 — 번역을 통해서 시작된 운동을 보여준다. 그 밖에 그래버[75]와 슈타켈베르크[76]는 개별연구를 통해 이 18세기를 특징짓는 발전이 최소한 시민 소설의 수용에도 똑같이 적용되며, 특히 궁정적 취향규범(Geschmacksnorm) 문화로부터 시민적 문화로의 점진적인 중심이동에 결정적이었다는 사실을 보여주었다.

그 밖에 우리의 문제제기를 통해 많은 성과를 거둔 문제영역은 그리스비극(Tragödie)과 시민비극(Trauerspiel) 개념을 둘러싼 논쟁이다. 우리가 이 사례를 선택한 것은 번역물의 문화 의존적 텍스트 형성에 대한 더 많은 증거를 제시하기 위해서가 아니라 또 다른 시각에서 상호 문화적 교환의 역동성을 고찰할 수 있도록 하기 위함이었다. 시민적 비극의 수용은 — 번역에 의한 원본과의 관계 형성 역시 너무나 흥미롭지만 — 번역물이 새로운 패러다임으로써 목표문화에 영향을 끼치고, 계속해서 변화시킬 수 있다는 사실을 잘 보여주는 사례를 제공한다. 다음 4장에서는 번역의 문화창조(kulturschaffend) 행위를 다룰 것이다.

4. 사례연구 C – 독일 연극 무대의 새로운 패러다임으로서의 영국 시민비극

우선 출발상황을 생각해보도록 하자. 라이프치히의 문학교수 요한 크리스토프 고트셰트Johann Christoph Gottsched는 18세기 초에 독일 연극의

74_ Nobert Greiner, "Der domestizierte Narr. Übersetzungsforschung als vergleichende Kulturgeschichte", 앞의 책, pp.19-26.

75_ Wilhelm Graeber, Der englische Roman in Frankreich: 1741-1763. Übersetzungsgeschichte als Beitrag zur französischen Literaturgeschichte (Heidelberg, 1995).

76_ J. von Stackelberg, Übersetzungen aus zweiter Hand. Rezeptionsvorgänge in der europäischen Literatur vom XIV-XVIII Jahrhundert (Berlin und New York, 1984).

개혁을 과제로 삼았다. 그에 따르면 "과장된 정치 혹은 역사 희곡", "부자연스러운 사랑 이야기", "천박한 짓이나 음담" 등이 당시 독일 연극을 특징지었다.[77] 이런 연극에 맞서서 고트셰트는 〈비판적 시학에 관한 시도Versuch einer Critischen Dichtkunst〉에서 "보편적으로 도덕적이며 철학적이며 아울러 사회적인 교육 프로그램의 틀"을 지닌 연극을 요구했다.[78] 그 척도로 독일 드라마 생산에서 중요한 역할을 한 프랑스 고전주의가 적용되었다. 몇 십 년 뒤에 레싱이 디드로Diderot와 함께 프랑스 고전주의 드라마 이론의 부자연스러움을 논박했을 때, 비극을 둘러싼 시학적 토론은 세분화되었고 특히 어떤 대상이 비극적인 표현을 위해 시민 관객 앞에서 적절한가에 대한 물음에 집중되었다. 이런 맥락에서 새로운 영국 희곡이 다시금 디드로의 작품 외에 독일 연극의 관심을 불러일으켰다. 영국 희곡은 새로운 독일 희곡론이 추구한 것을 어느 정도 성공적으로 구현했기 때문이었다. 페터 스촌디Peter Szondi가 조지 릴로George Lillo의 《런던 상인The London Merchant》의 탁월하고 모범적인 의미를 상세히 다루었다.[79]

이런 연극에서 시민적이며 청교도적인 도덕은 새로운 시민 정신을 담은 시민비극을 위한 이데올로기적인 토대로서 처음으로 관철되었다. 말하자면 비극의 목적이 역사적, 정치적 내용을 다루는 것에서 시민의 가정적이고 사적(私的)인 환경으로 옮겨졌다. 수용미학적으로 볼 때 경탄이 동정(同情)과 감동으로 대체되어서 연극은 도덕적인 기관으로서 그 주장과 요구를 더욱 직접적으로 관철할 수 있게 되었다. 이런 가정비극(domestic tragedy)[80]은 영국과 유럽 대륙에서 대단한 성과를 거둘 수 있었고 18세기 내내 진보적인 무대를 지배했다.[81] 특히 바제비츠

77_ Johann Christopf Gottsched, "Vorrede zum Sterbenden Cato(1732)", ed. Horst Steinmetz (Stuttgart, 1964), pp.5-18, p.7.

78_ Horst Steinmetz, *Die Komödie der Aufklärung*(Stuttgart, 1978), p.19.

79_ Peter Szondi, *Die Theorie des bürgerlichen Trauerspiels im 18. Jahrhundert* (Frankfurt/M., 1973).

80_ 역주 — 시민 혹은 그 이하의 계급의 사람이 주인공으로 등장하는 비극.

81_ A. von Weilen, "Der Kaufmann von London auf deutschen und französichen Bühnen",

Bassewitz(1751년 혹은 1752)의 첫 번째 독일어 번역본은 대단한 성공을 누렸다. 이 작품은 짧은 간격으로 거듭 출판되어서 1781년에는 14판까지 나왔다. 또한 1754에서 1780년 사이에 독일 무대에서 가장 많이 상연되었다.[82] 이 작품은 시민비극을 둘러싼 토론에서 관련 내용으로 항상 언급되었다. 이런 점에서 이 작품의 번역사(飜譯史)는 어떻게 외국어 텍스트가 목표어문화에서 새로운 규범을 마련함으로써 문학체계에 지속적이고 성공적으로 영향을 미칠 수 있는지를 보여주는 대표적인 예가 된다. 《런던 상인》의 수용사는 문서로 증명되기 때문에, 아래 이어지는 연구에서 우리는 덜 알려졌지만 성과가 적지 않은 번역의 경우를 예로 해서 번역물의 문화창조적 업적을 좀 더 가까이 조명하고자 한다. 무엇보다도 이런 시도는 분명한 것처럼 보이는 수용의 테두리에서 텍스트가 걷게 된 길들이 얼마나 서로 얽혀있는지를 보여줄 것이다.

독일 18세기 희곡이론에 관해 설명하자면 에드워드 무어Edward Moore의 비극 《노름꾼The Gamester》[83]은 《런던 상인》만큼 중요한 의미를 지닌다. 그렇지만 이 점은 앞으로 보겠지만 오늘날의 연극사 기술(記述)에서 거의 제대로 평가받지 못하고 있다. 《노름꾼》은 독일어권 무대에서 성공한 희곡으로 또한 이론적인 논의에서 대표적으로 언급되는 작품으로서 영국에서의 성공을 능가하는 인기를 얻었다. 19세기 중엽까지 많이 출판되었다는 점에서 볼 수 있듯이, 이 작품이 많이 상연되고 읽혀졌지만 이 작품에 대한 동시대의 평가는 거의 없었고 냉담한 편에 가까웠다. 실제 대단한 반향은 유럽 대륙에서 누렸다. 그 이유는 아

Beiträge zur neueren Philologie (1902), pp.220-234; L. M. Price, "George Barnwell Abroad", *Comparative Literatur* II (1950), pp.126-156; N. Würzbach, George Lillo: "The London Merchant" in D. Mehl, ed., *Das englische Drama vom Mittelalter bis zur Gegenwart* (Düsseldorf, 1970), Bd. 2, pp.71-93 참조.

82_ K.-D. Müller, *Der Kaufmann von London oder Begebenheiten George Barnwells.* Ein bürgerliches Trauerspiel. Übersetzt von H. A. von Bassewitz(1752). *Kritische Ausgabe mit Materialien und einer Einfügung*(Tübingen, 1981), p.118. 참조.

83_ Edward Moore, *The Gramester. A Tragedy. As it is Acted at the Theatre-Royal in Drury Lane* [1753], in: M. R. Booth. ed., *Eighteenth Century Tragedy* (London, New York, Toronto, 1965), pp.155-225.

마도 릴로의 《런던 상인》이 1731년에 영국의 상황에서 볼 때도 새롭고 모범적이었으며 또한 영국 무대에서 새로운 방향을 이끌었던 반면에, 《노름꾼》은 1950년대 중엽 영국에서 이미 정착된 전통을 단지 강화시켰고 미적으로 높은 수준이었을지라도 혁신적이지 못했으며 또한 여러 가지 관점에서 관객의 취향에 더 이상 맞지 않았다는 점에서 찾을 수 있을 것이다.

반면에 유럽 대륙의 상황은 달랐다. 《런던 상인》과 《노름꾼》의 첫 번째 독일어 번역본은 1년의 시간 차이를 두고 출판되었다. 이런 이유로 두 작품은 새 장르의 모범으로 동일하게 간주되었고, 새로운 장르에 대한 문학적 근거 제시는 이 작품들과의 관계에서 비로소 시작되었다. 이런 관계에서 좀 더 완숙한 단계의 작품, 즉 《노름꾼》이 역사적인 원형과 함께 당연히 관심을 받게 되었다. 특히 논의가 진행되는 동안에 이 작품이 디드로의 글에서 시민비극의 모범적인 예로 반복적으로 언급되었기 때문에 더욱 그러했다.

무어는 《노름꾼》으로 레싱과 디드로가 후에 갈등의 장소이자 매개체로서 요구했던 그런 종류의 가정 이미지 정확히 그렸다. 갈등의 핵심은 가장이 도박벽에 빠져서 생긴 가정의 내적 위협이다. 《런던 상인》과는 반대로 계층에 대한 정확한 규정은 빠져 있다. 즉 주인공의 직업이나 주인공이 도박으로 잃은 재산은 언급되지 않고 있다. 이 작품에서 시민적인 것은 분명하게 형성된 계층적 질서 내에서의 개인의 정체성이 아니고, 그보다는 특정한 시민적 덕목으로 특징지을 수 있는 일반적인 인간의 사고 및 생활 방식이다. 《런던 상인》에서 분명하게 표현된 상인 윤리와 비교해 볼 때 좀 더 보편적인 형식의 시민성이 유럽 대륙의 정치적 상황과 장르의 기대에 더 부응했다. 《노름꾼》이 정치적 경향을 드러낸다면, 그것은 계몽된 절대주의 사상에 더 가깝다고 할 수 있다. 이 작품은 절대주의 대신에 사적인 영역에 속하는 시민적인 덕목과 규범을 강조하고 있다. 앙시엥 레짐의 프랑스와 디드로를 고려해서 스촌디는 '덕목은 시민이 세상의 음모와 사악함을 피해 네 벽으로 둘러싸인 자신의 공간으로 도망치면서 위안을 얻는 사적인 것'[84]이라고 적고 있다. 이것은 덕목에 대한 생각이 '비판적이고 기대하는 힘'으로 변화되지 않은 독일에 더욱 해당되었다. 릴로의 《런던 상인》이 번역으로 전달되는 과정에서 프랑스혁명 전의 프랑스와 독일의 상황에 어느 정도 맞춰진 데 반해, 무어의 《노름꾼》은 처음부터 대륙의 상황에 적합한 모델로 제시되었는데, 게다가 독일에서는 《미스 사라 삼프손》과 동시에 무대에 올려 졌으며 문학적 아방가르드라는 평판을 얻었다.

비극적 갈등은 귀족의 악습으로 가정의 존재를 위협하고 시민사회의 질서에 대해 간접적으로 의문을 제기하는 가장의 도박벽에 놓여 있다. 갈등의 출발은 금욕적 프로테스탄티즘에 근간을 둔 번영을 향한 노력이 아니라 가족을 위해 분수에 맞고 책임 있게 행동해야 하는 정신에 거스르는 것이다. 시민적 덕목에 반하는 것은 번영과 부유함 자체가 아니라 재산을 책임감도 없이 다루는 자세인 것이다. 이로써 시민적 프로테스탄티즘의 윤리의 문제가 중요하게 대두된다.

> 이러한 프로테스탄티즘의 금욕은 소유물의 무절제한 향유를 격렬하게 반대했고, 소비 특히 사치를 강력하게 제한했다. 반면에 프로테스탄티즘의 금욕은 심리적 효과로 재화의 추구를 전통주의에 따른 윤리의 짐으로부터 덜어주었는데, 말하자면 금욕 덕분에 이윤 추구가 합법화되었을 뿐 아니라 … 신이 원하는 것으로 간주되면서 이윤 추구에 있던 속박의 사슬이 끊어졌던 것이다. 육욕과 외적 재물에 대한 집착에 반대하는 투쟁은 … 부의 합리적 취득이 아니라 부의 비합리적인 낭비에 반대하는 투쟁이었다. 이런 부의 비합리적 낭비는 개인과 전체 사회의 목적을 위해 신의 뜻에 따르는 합리적이고 공리적인 자세로 부를 사용하는 것을 인정하는 대신에 봉건주의적 정서에서 알 수 있듯이 무엇보다도 피조물의 우상화로 저주받아야 할 공공연한 사치의 관례를 인정하는 데에서 찾을 수 있다. … 금욕은 개인적 부의 생산 면에서 부정직함

84_ Peter Szondi, 앞의 책, p.146.

뿐 아니라 충동적인 물욕에도 반대했다. 왜냐하면 충동적인 물욕은 금욕을 통해 탐욕, 배금주의 등으로 비난받았는데, 즉 부의 추구를 최종적인 목적으로 삼았기 때문이었다. 부의 소유 그 자체가 유혹이었기 때문이었다.[85]

도박꾼은 이런 유혹에 넘어가서 가족의 생존을 위험하게 한다. 이렇게 해서 도박꾼은 시민적 아웃사이더로서 실패하는 대표적인 경우가 된다. 시민의 비시민적인 행위가 시민비극의 모델케이스가 되는 것이다. 그 사이에 다른 인물들에게는 용서 혹은 신의 사후 은총에 대한 기대 때문에 원칙적으로 선한 이 세상의 관행이 강조되는 것이 적용된다. 이것은 무어(이후에는 디드로와 레싱)가 '자연성' 혹은 '개연성'의 전제조건으로 정당화한 해결책이다.

이 작품은 본보기로서 무한한 갈채를 받았다. 독일어 번역본 출판과 이어진 성공적인 무대 상연 이전에도 영어 원본은 〈함부르크 기고문Hamburgische Beyträge〉에서 논의되었고 새로운 장르의 모범으로 인정받았다. 이때 이미 비극적인 효과의 기준으로서 존경이 아니라 동정이 언급되었다.[86] 파일Pfeil도 1755년에 자신의 글 〈시민비극에 관하여Vom bürgerlichen Trauerspiel〉에서 텍스트를 근거로 해서 시민비극의 인물, 영향의 의도 그리고 동정과 이와 연결된 도덕적 유용성을 상세하게 언급하면서 《노름꾼》을 장르의 본보기로 분명하게 끌어 대고 있다.[87] 여기에서 기초가 다져진 주장은 시민비극에 관한 동시대의 다른 논문들과 이 작품에 대한 특별한 평가에 대한 기준으로 어느 정도 적용된다. 이 작품이 독일어 번역본으로 상연된 정확한 횟수는 알 수 없지만, 《노름꾼》이 18세

85_ Max Weber, *Die protestantische Ethik und der Geist des Kapitalismus*, in: ders., *Die protestantische Ethik. Eine Aufsatzsammlung*, ed. J. Winkelmann(München, Hamburg, 1965), p.180.

86_ J. F. Löwen, ed., *Hamburgische Beyträge zu den Werken des Witzes und der Sittenlehre*, 1, 2. Stück(Hamburg, 1753), pp.475-490.

87_ J. G. B. Pfeil, *"Vom bürgerlichen Trauerspiel"*, in: *Neue Erweiterungen der Erkenntnis und des Vergnügens*(Leipzig, 1755), 31. Stück, pp.1-25. Nachgedr. in Karl Eibl, *Gotthold Ephraim Lessing: Miss Sara Sampson. Ein bürgerliches Trauerspiel*(Frankfurt/M., 1971), pp.174ff.

기에 독일의 유명한 극장에서 정기적으로 상연되었고 빈과 카셀에서 프랑스어로 상연된 궁중무대에서도 성공을 거두었다는 사실은 분명하다.

다음은 우리에게 알려진《노름꾼》에 대한 18세기의 번역과 개작이다.

a) 1754년 요한 요하임 크리스토프 보데Johann Joachim Christopf Bode 번역:《노름꾼》
b) 1755년 무명:《비버릴 혹은 노름꾼Beverley oder der Spieler》
c) 1755년 요한 하인리히 슈테펜스Johann Heinrich Steffens의 개작:《비버릴 혹은 노름꾼》
d) 1765년 요한 하인리히 슈테펜스: 빈 무대를 위한 슈테파니C. G. Stephanie의 개작
e) 1773년 무어와 〔?〕 소랭Saurin에 따른 요한 하인리히 베르고프초머Johann Heinrich Bergobzoomer의 개작
f) 1774년 무어와 소랭에 따른 슈테파니 개작
g) 1776년 소랭에 따른 O.L.V.H.의 개작
h) 1782년 안톤 휘크Anton Hück의 개작
i) 1791년 프리드리히 루드비히 쉬뢰더Friedrich Ludwig Schröder의 개작[88]

88_ a: *Neueste Proben der englischen Schaubühne, oder D. Benjamin Hodadleys Lustspiel, derargwöhnische Ehemann und Edward Moores Trauerspiel der Spieler*. Im Deutschen dargestellt(Hamburg: Christian Herold, 1754), pp.130-246; b: Hinweis in R. Meyer, *Das deutsche Trauerspiel des 18. Jahrhunderts. Eine Bibliographie*(München, 1977), pp.83; c: J. H. Steffens, *Beverley oder der Spieler. Ein bürgerliches Trauerspiel in fünf Handlungen* nach der englischen Grundlage des Herrn Moore eingerichtet(Zelle〔!〕: Nicolaus Dietrich Runge, 1755); d: *Beverley oder der Spieler, ein bürgerliches Trauerspiel in Versen. Nach dem Englischen des Herrn Moore von Johann Heinrich Steffen. Nun aber für die deutsche Schaubühne zu Wien eingerichtet*(Wien, 1766); e: *Beverley oder der unglückliche Spieler. Ein Trauerspiel nach dem Englischen und dem Französichen in 5 Aufzügen*. Ungedruckt. So in Meyer, 앞의 책, p.116; f: *Beverley oder der englische Spieler*. Ein Trauerspiel in fünf Aufzügen. Nach dem Englischen des Herrn Edward Moore und dem Französichen des Herrn Saurin(Wien, 1774), 1776 neu erschienen in: *Neue Schauspiele. Aufgeführt auf dem Churfürstlichen Theater zu München*(Augsburg, München, 1776); g: *Beverley. Ein bürgerliches Trauerspiel in fünf Aufzügen nach dem Französischen des Herrn Saurin*(Frankfurt/M.: Andräische Buchhandlung, 1776), Identität von "O.L.V.H." unbekannt; h: *Beverley, ein bürgerliches Trauerspiel in fünf Aufzügen. Nach Edward Moore und Saurin frei bearbeitet*(München 1782), so angegeben in G. Fritz, Der Spieler im deutschen Drama des 18.

이 목록에서 눈에 띄는 상황을 알 수 있다. 보데와 슈테펜스의 초기 번역본은 영어 원본을 토대로 삼은 반면에, 후기의 독일어 개작은 전체적으로 혹은 부분적으로 중역의 역할을 맡은 소랭의 프랑스어 번역본을 따랐다. 18세기에는 오히려 그 반대의 경우가 일반적이었다. 즉 초기의 독일어 번역본은 영어 원본을 사용하기 전에 대부분 프랑스어 중역본을 기초로 삼았다. 이것은 당시의 도서시장에서 영어 텍스트를 구하기 어렵다는 단순한 이유에서 자주 그렇게 되었다.

이 작품은 첫 번째 번역자로서 능력 있고 많은 점에서 이상적인 번역자를 만났다. 보데가 《노름꾼》을 번역했을 때 24살이었다. 그는 문학과 영어를 혼자 공부하던 사람으로서 이 작품을 선택함으로써 깜짝 놀랄 만한 작업을 한 것이었다. 그런데 레싱과 우정을 나누고 프리드리히 루디비히 쉬뢰더와 알고 지내는 것으로 볼 때, 그의 선택이 무엇이든지 무조건 번역하려는 전문가의 우연한 히트가 아니라는 점을 추측할 수 있다. 오히려 그가 초기에 보인 당시로는 이례적인 영어에 대한 관심은 그의 문학적 취향이 어떤 방향으로 향해 있는지를 보여준다.

번역 자체는 기본적으로 매우 정확하다. 물론 실수가 없는 것은 아니지만 영어 원본에 충실하게 번역하려는 노력은 분명하게 알 수 있다. 번역자의 양심(혹은 불안감)으로 인해 영어 텍스트의 구조가 독일어 텍스트 구성에 영향을 미쳤고, 이 때문에 텍스트 가독성이 때때로 떨어졌다. 이러한 처리 방법은 레싱이 다른 맥락에서 추천했듯이 신조어와 다른 방식의 독일어 확대 효과를 가져왔을 뿐 아니라, 영어 특유의 어법과 문체적 변형도 가져왔다.

> Stuk: I love his Wife. — before she knew this Beverley I lov'd her, but like a cringing Fool, bow'd at a Distance, while he stept in und won her. (173)

Jahrhunderts, p.13; i; *Beverley oder Der Spieler. Ein bürgerliches Trauerspiel in fünf Aufzügen. Nach Moore und Saurin*, in: F. L. Schröder, ed., *Sammlung von Schauspielen für's Hamburgsche Theater*, Theil 2(Schwerin, Wismar: Bödnersche Buchhandlung, 1791), auch in E. v. Bülow, Hrsg., *Friedrich Ludwig Schröders dramatische Werke*, 3(Berlin, 1831), pp.257-298.

스턱: 나는 그의 아내를 사랑해 — 그녀가 이 비벌리를 알기 전에 난 그녀를 사랑했어, 알랑거리는 바보처럼 멀리서 인사를 했지, 그런데 그 녀석이 끼어들어서 그녀를 가졌어.

Stu: Ich liebe seine Frau — Ehe sie diesen Beverley kannte, liebte ich sie schon: aber ich bücke mich nur, wie ein sich neigender Geck, von ferne, unterdessen daß er hinein gieng und sie gewann.

스턱: 나는 그의 아내를 사랑해 — 그녀가 이 비벌리를 알기 전에 난 이미 그녀를 사랑했어. 난 인사를 했지, 굽신거리는 바보처럼, 멀리서. 그 사이에 그 녀석이 끼어들어서 그녀를 가졌어

여기에 또한 다음과 같은 이례적인 단어의 배치도 속한다.

Stu: Good. We'll talk of this presently — The women were with him, I think?

Daw: And good old Jarvis. I woul'd have told you of 'em, last Night, but your Thoughts were too busy. (212)

스턱: 좋아. 이제 이것에 관해 이야기 해야지. 그 여자들은 너와 있었지, 나는 생각해.

더슨: 그리고 나이 든 자비스. 난 너에게 그들에 관해 이야기하려고 했는데, 어제 저녁에, 그런데 네 생각은 너무 바빴어.

Stu: Gut. Itzt wollen wir davon reden. — Die Frauenzimmer waren bey ihm, denke ich.

Daw: Und der alte Jarvis. Ich wollte ihnen vergangene Nacht davon erzählen: aber ihre Gedanken hatten zu viel zu thun. (223)

스턱: 좋아. 이제 이것에 관해 이야기 해야지. 그 여자들은 너와 있었지, 나는 생각해.

더슨: 그리고 나이 든 자비스. 난 그들에게 어제 밤에 그것에 이야기하

려고 했어. 그런데 네 생각은 할 일이 너무 많았어.

비슷한 경우가 문장론적 영역에도 해당된다.

> Bev: O, this infernal Vice! How it has sunk me! A Vice, whose highest Joy was poor to my domestic Happiness. (184)

> 비벌리: 오, 이 지긋지긋한 악! 이것이 나를 어떻게 가라앉혔는지! 그 가장 큰 기쁨은 내 가정의 행복에는 가난한 악!

> Bev: Oh, dieses höllische Laster! Wie tief hat es mich doch gestürzet. Ein Laster, dessen höchste Freuden zu meiner häuslichen Glückseligkeit arm war. (171)

> 비벌리: 오, 이 지옥 같은 악! 이것이 나를 얼마나 깊은 곳에 빠뜨렸는지. 그 가장 기쁨은 내 가정의 행복에는 가난한 악!

반면에 그 반대의 번역 전략은 거의 보이지 않는다. 간혹 꾸며주는 형용사와 같은 개별적인 단어가 번역되지 않은 것을 제외하고는 영어 텍스트에서 독단적으로 이탈하는 경우는 거의 없다시피 하다. 다른 번역본에서 빈번한 부주의로 인한 실수는 매우 드물었다. 단지 몇 개의 거짓유사어가 눈에 띄었는데, 이것은 보데의 훌륭한 프랑스어 능력으로 생긴 간섭현상으로 설명된다. 거친 욕도 번역되었는데, 이것은 결코 당연한 일은 아니었으며 때때로 놀랄 정도로 표현상으로 일치되었다. 거론할 만한 유일한 변화는 호칭 형태다. Sir와 Mister은 전적으로 Herr 혹은 Herr N.으로 그리고 Madam은 Madame 혹은 Fräulein으로 번역되었다.

그럼에도 불구하고 아니면 바로 그런 이유로 이 번역은 아주 흥미롭다. 즉 이 번역은 원본 형태에서 본보기를 얻으려는 문헌학적 노력을 기울였다. 두 가지 관점에서 보데Bode는 고트셰트의 원칙과 뚜렷하게 대조를 이룬다. 첫째, 보데는 고트셰트의 비극 개념과 반대되는 시민비극을 소개했는데, 시민비극은 영웅적이고 의고전적인 비극과 시민적 비극 사이의 문학적 대결에서 패러다임이 되었다. 둘째, 그는 텍스트와 언어를 독일적 취향에 맞게 조정한 고트셰트 파의 번역을 오늘날의 기준으로 볼 때 원본에 충실한 번역 방식으로 대체했다.

전반적으로 볼 때 무어의 《노름꾼》은 보데의 번역으로 동시대의 아주 긍정적인 평가를 받았다. 보데가 1754년에 번역하고 크리스티안 헤롤트가 출판한 작품 《불신에 찬 남편Der argwöhnische Ehemann》(Hoadly)과 무어의 《노름꾼》은 1755년에 발간된 《신간에 대한 자유토론Freymüthige Nachrichten von Neuen Büchern》에서 주목을 받았다. 평론가는 우선 작품 내용을 간략하게 소개하고, 작품의 무규칙성을 특히 장소의 일치와 관련해서 언급하고 있다:

> 법칙적인 것은 여느 영국 연극에서 일반적인 것처럼 여기에서도 중요한 문제가 아니다. 무대가 비벌리의 집, 스턱켈리의 집, 도박장, 거리, 감옥 등으로 번갈아 가면서 장소를 옮기면서 14번 이상은 변하지 않는다.[89]

평론가는 그럼에도 불구하고 이 연극을 긍정적으로 평가했다. 물론 그 결말에 대해서는 불만을 나타냈다. 옳은 길에서 벗어난 비벌리가 처벌받고 특히 건달의 나쁜 점들이 표현되었는데, 평론가는 그보다는 해피엔딩을 선호했다. 가령 교화된 비벌리에게서 나타나는 덕목이 승리를 거두고 스턱켈리라는 인물 속의 나쁜 성향이 처벌받기를 원했던 것이다:

> 게다가 소개된 인물들의 특징은 매우 주의 깊게 표현되었다. 강렬하고 감동적인 장면들이 이 연극에 가득 차 있듯이, 우리는 5막이 그렇게 무

89_ Freymüthige Nachrichten von Neuen Büchern, *unad anderen zur Gelehrtheit gehörigen Sachen*(Zürich, 1755), p.251.

섭게 진행되지 않았으면 하고 바랐다. 죽었다고 믿었던 루슨Lewson이 다시 무대에 있는 것을 본다면 모든 관객들은 기뻐할 것이다. 그리고 비벌리가 다시금 선행의 길로 들어섰고 그의 중독 이야기가 시드니Sidney에서처럼 해피엔딩이 되었다면, 관객들은 더 기뻐했을 것이다. 반면에 스턱켈리가 악랄한 인물로서 그에 마땅한 마지막을 맞이하는 비극의 인물이었다면 관객들은 기뻐했을 것이다.[90]

보데의 《노름꾼》 번역본이 1766년에 새로 출판되었을 때, 니콜라이Nicolai는 이 사실을 〈일반 독일 도서관Allgemeine Deutsche Bibliothek〉이라는 정기 간행물에 알렸고 칭찬을 아끼지 않았다. "우리가 보통 개별적인 연극 특히 번역을 소개하거나 비평하지 않지만, 아주 탁월한 시민비극 가운데 하나로 간주되는 이 연극에 대해서서만큼 예외를 두고 있다."[91] 보데의 번역본이 정말 빈번하게 즉 1766년 1770년 그리고 1786년에 거듭해서 인쇄되었다는 사실은 이 번역이 주목할 만한 성공을 거두었다는 또 하나의 간접 증거이다.

슈테펜스Steffens가 개작한 《노름꾼》이 1755년에서 첼레Celle에서 발행되었다. 슈테펜스는 보데의 친구 뮌터Münter가 부교감으로 일하던 첼레의 라틴어 학교에서 교감으로 근무했다. 뮌터의 머리말에서 볼 수 있듯이, 이 개작은 감동적인 요소를 바탕으로 아주 높은 도덕적인 교훈을 지녔다고 여겨졌기 때문에 학교용으로 정해졌다. 《안톤 라이저Anton Reiser》로부터 그 당시 그리고 그 이후에 북독일 학교에서 의례적이었던 레퍼토리를 안다면, 이런 기관에서 이렇게 이른 시점에 이루어진 시민비극의 상연은 분명히 일반적인 것은 아니다. 다른 한편 학교 공연이라는 상황으로 개작의 몇 가지 전략, 특히 규칙에 따르는 비극의 원칙을 고려한 변화가 설명된다. 개작을 원했던 것은 분명하다. 왜냐하면 슈테펜스는 확실히 영어로 된 원본이 아니라 보데의 번역본을 토대로 작업

90_ 위의 책, pp.251 f.

91_ F. Nicolai, ed., *Allgemeine Deutsche Biblithek*, 4(Berlin, Stettin, 1767), Stück 2, p.286.

했기 때문이다. 물론 슈테펜스는 시기가 적절했더라면 보데의 번역본을 손대지 않고 그대로 무대로 옮길 수 있었겠지만 말이다.

연극미학에 관한 학교 내부의 토론이 이런 형식의 번역 전이에 반영되었는지 여부는 단지 추측할 수 있을 뿐이다. 뮌터는 제도적인 학교 운영에서 타협을 찾는 한편 친구인 보데에게는 학교 구속에서 벗어나서 가능한 한 정확하게 번역하도록 격려했다는 점은 생각해볼 수 있다. 진보적인 연극미학과 공식적인 학교 운영 사이의 긴장은《안톤 라이저》에서도 알 수 있다. 규범 미학의 의미에서 이루어진 번역본의 개작이 지배적인 취향에의 적응을 의미한다는 것은 뮌터가 서문에서 드러내듯이 분명하다. "연극을 위해 애쓰는 슈테펜스 교감 선생님은 훌륭한 대본, 연기자 등을 규범에 맞게 표현했고 독일 연극 무대에서 적합하지 않은 곤란한 점들을 제거했다."[92]

산문을 알렉산드리아 형식을 바꾼 것은 이러한 계획에 완전히 일치한다. 이러한 조치는 또한 관객에 대한 영향으로 근거를 찾을 수 있다. 이때 물론 선생님들은 고정된 화법에 대한 요구가 고트세트의 경우에 인물의 신분에서 비롯되었다는 점을 간과했다.

> "Bev: Why, there's an End then. I have judgd deliberately, and the Result is Death. How the self-Murderer's Account may stand, I know not. But this I know — The Load of hateful Life oppresses me to much. The Horrors of my Soul are more than I can bear — (Offers to Kneel) Father of Mercy! — I cannot pray —Despair has laid his iron Hand upon me, and seal'd me for Perdition — Conscience! Conscience! thy Clamours are too loud — Here's that shall silence thee. (Takes a Vial out of his Pocket, and looks at it) Thou art most friendly to the Miserable. Come then, thou Cordial for sick Minds — Come to my Heart. (Drinks) O, that the Grave wou'd bury Memory as well as Body! For if the Soul sees and feels the Sufferings of those it leaves behind, the Everlasting has no Vengeance to torment it deeper — I'll

92_ Vorrede zu Steffens, *Beverley oder der Spieler*, 앞의 책, o. S.

think no more on't — Reflection comes too late — Once there was a Time for't — but now 'his past. (217)

비벌리: 왜, 이제는 끝이 있어. 난 의도적으로 판단했어, 그리고 그 결과는 죽음이야. 자살하는 사람의 설명이 어떻게 버텨낼지, 난 모르겠어. 그러나 난 알고 있어. 혐오스러운 삶의 짐이 너무도 많이 나를 누르고 있다는 것을. 내 영혼의 공포가 내가 참을 수 있는 것보다 더 크다는 것을. (무릎을 꿇고) 자비의 아버지! — 난 기도할 수 없어. 절망이 그 가혹한 손을 내게 대고는 지옥의 벌로 나를 각인했다. 양심, 양심! 너의 요구는 너무도 크다 — 여기에서 당신은 침묵입니다. (주머니에서 유리병을 꺼내서 쳐다본다). 너는 비참한 사람에게는 정말 친절하구나. 이리 오너라, 아픈 사람에게 다정한 것아, 내 마음으로 오거라. (마신다) 오, 무덤은 내 몸뿐 아니라 기억도 묻을 것이다. 왜냐하면 영혼이 무덤이 남긴 사람들의 고통을 보고 느낀다면, 영원한 것은 인간을 더 깊게 괴롭히려는 복수거리가 없기 때문이다. — 나는 더 이상 생각하지 않겠다 — 성찰은 너무 늦게 오는 법 — 한번 가버린 시간이 있다면 — 이제는 그 과거일 뿐이니까.

"Bev: Ließ mein Gedächtnis sich
doch nur so bald, als dieser Leib, begraben!
Denn sieht und fühlt mein Geist,
der doch unsterblich heißt,
getrennet nochdas Leiden
der theuersten Personen,
die er verläßt:
so kann die Ewigkeit kaum eine Rache haben,
die stärker martern kann.
Was hab ich doch gethan?
Ach der Gedanke! wie erschreckt er mich!
Ich will ihn noch vermeiden —
Zu spät ist dieß Verschonen."

비벌리: 나의 기억을
단지 빨리 내 육신처럼 묻어주오!
왜냐하면 내 영혼은 보고 느끼기 때문이다,
영원히 죽지 않는 내 영혼이,
분리된 체 그 고통을
가장 고귀한 사람들의,
그가 떠나는:
그렇게 영원한 것은 복수할 것이 없네,
더 강하게 고통을 줄 수 있는.
내가 무슨 짓을 했던가?
아, 생각! 나를 얼마나 놀래키는가!
나는 생각을 피할 것이다 —
소중한 것은 너무 늦는 법.

이러한 변화는 슈테펜스가 규칙성과 상연 시간의 이유로 삭제한 내용과 함께 전체적으로 감정적인 내용과 감동적인 요소들을 약화시키는 효과를 가져왔다. 즉 등장인물의 내적 갈등, 감탄하는 대사, 선과 악의 변증법, 이런 변증법과 연결된 죄와 화해를 위한 투쟁 등과 같은 시민비극의 새로운 소재에서 비롯되는 요소들이 어쩔 수 없이 좀 더 신중하고 보편적으로 표현되었다. 이런 점에서 첼레에서의 개작은 의고전주의 영향미학과 시민적 영향미학 사이에 이루어진 타협의 산물이다. 새로운 소재와 형식은 이를 찬성하는 그룹에 의해 기존의 취향 및 교양 기준과 조화를 이루었다. 순수한 미적 가치기준에서 기묘한 현상으로 보일지도 모르는 것이 수용 및 번역 역사의 관점에서 볼 때에는 아직 받아들일 준비가 되지 않은 문화 체계로 새로운 모델을 받아들이는 매우 흥미로운 예이다.

10년 후에 이 개작은 뒤에 오는 개작의 토대가 되었다. 이번에는 슈테파니가 빈 무대 추측컨대 케르트너 성문의 연극 무대를 위해 한 작업이었다. 슈테파니는 역할 소개 목록에서 볼 수 있듯이 비벌리 역할을 맡았다. 빈 개작을 위해 보데의 번역을 반대하고 슈테펜스의 개작을 선택한 이유는 당시의 궁중 연극에서 지배적이었던 프랑스 취향에서 찾을 수 있을 것이다. 1752년 이래로 빈 궁전은 프랑스 연극을 사용했고, 영국 희곡론의 영향은 70년대 이전에는 거의 찾아볼 수 없었다. 독일에서 고트세트의 영향에 대한 의문이 제기되는 데 반해, 빈에서 고트세트 파는 지지 기반을 얻었고 그 영향은 그 당시에 상당했다.

슈테파니는 본질적으로 개작의 표현과 운문은 고수하고 있다. 그럼에도 불구하고 그는 희곡 실제적인 면에서의 이유로 무대 장치에서 수많은 변화, 특히 축소 혹은 생략을 시도했다. 이런 축소나 생략은 특히 오늘날의 시각에서 볼 때 원본에서 너무 상세하거나 장황한 것으로 보이는 부분에 해당된다. 보통 대화를 간결하게 하는 경향이 지배적인데, 이때 유지된 부분은 슈테펜스의 원문을 취하고 있다. 줄거리의 진행에 직접적으로 기여하지 않는 장면이나 구절은 누락된다.

원본에서 등장인물은 자기 자신의 행동을 빈번히 도외시하고 보편적 의미에서의 인간 본성을 나타내고 있다. 이런 종류의 문구는 또한 1765년 개작에서 누락된다. 문체적으로 눈에 띄는 점은 슈테파니가 빈번하게 부분적으로 소모적이거나 이례적인 이미지와 비교의 재현을 근본적으로 포기했다는 것이다. 슈테펜스는 1755년 개작에서 이것을 아직 계속해서 채택했었다. 슈테파니는 그런 부분에서 대부분 의역해서 다른 표현을 사용했고, 다음 예에서 볼 수 있듯이 때로는 이례적이거나 공감하기 어려운 이미지와 비교를 좀 더 친숙한 것으로 대체했다. 샬롯은 스턱켈리에게 비벌리가 도박하도록 부추겼다고 비난했다.

> Char: Useless I'm sure it is, if thr'o mistaken Freindship, or other Motives, you feed your Passion with his Purse, and sooth it by Example. Physicians to cure Fevers keep from the Patient's thirsty Lip the Cup

that wou'd enflame ihm; you give it to his Hands — (170)

샬롯: 이것이라 확신하지 않는다면, 오해한 우정이라면 아니면 다른 이유에서라면, 네 열정은 그의 지갑으로 먹고 살고 있고 달래지고 있지. 열을 치료하려는 의사는 환자의 갈증에 찬 입술로부터 환자를 불타오르게 하는 컵을 치운다: 너는 이것을 그의 손에 넘겨주었다.

Char: Sie haben Recht. Ihr Dienst ist wenig Dankes werth,
so lang sich seine Sucht aus ihren Mitteln nährt.
Die Freundschaft nennen sie: wer weis, aus welchen Gründen,
Sie seine Leidenschaft nicht allzu schädlich finden?
Kein Arzt, durch dessen Kunst ein Fieber weichen soll,
schenkt für des Kranken Durst dergleichen Becher voll,
dadurch die Heftigkeit der Hitze sich vermehret;
was ihm nicht diensam ist, das bleib ihm auch verwehret
sie aber reichen ihm selbst solchen Becher hin. (Steffens, 21)

샬롯: 당신들이 옳아요. 당신들의 수고는 감사할 가치가 별로 없어요.
수고가 그들의 재산으로 유지되는 한.
그들은 우정이라고 부른다: 누가 알겠는가 어떤 이유에서인지
당신이 그이 열정을 유해한 것으로 여기지 않는?
열을 치료하려는 어떤 의사도,
아픈 사람의 갈증 때문에 이런 컵을 가득 채우는,
열을 더 높이는;
그에게 쓸모없는 것은 그에게 또한 허용되지 않는다
그런데 그들은 그에게 그 컵을 건네준다.

Char: Sie haben Recht, ihr Dienst ist wenig Dankes werth,
solang sich seine Sucht aus ihren Mitteln nährt,
Sie gießen Oel ins Feur: soll ich dies Freundschaft nennen?
Vielleicht, daß sie daran nichts Schädliches erkennen;
Drum führen sie ihn selbst zu allen Spielen hin. (Stephanie, 15)

샬롯: 당신들이 옳아요. 당신들의 수고는 감사할 가치가 별로 없어요.
수고가 그들의 재산으로 유지되는 한.
그들은 기름을 불에 붓는다: 내가 이것을 우정이라고 해야 하는가?

슈테파니는 의심할 것 없이 슈테펜스의 1765년 개작에서 내용 전개의 역동성을 높일 수 있다. 그렇지만 그의 축소 혹은 생략은 인물의 특징을 약화시켰다. 무어는 인물을 너무 도식화했다는 비판을 이미 받았다. 그럼에도 그의 강점은 인물의 행위를 심리적으로 일으킨다는 점에서 찾을 수 있다. 이것은 거의 독백과 광범위한 대화에서 일어나고 있다. 예를 들어 3막 시작 부분의 스턱켈리와 베이츠의 대화에 중요한 의미가 부여되는데, 여기에서 그들은 강자의 자연법을 내세우고 악당을 선함의 계몽적 낙관주의를 조롱하는 인생철학으로 끌어올리고 있다. 이 구절은 스턱켈리의 교활한 태도를 정당화하는 내용을 핵심적으로 담고 있기 때문에 중요하다.

> She(Nature) knows but two(laws) and those are Force and Cunning. The nobler Law is Force; but then there's Danger in't; while Cunning, like a sikllful Miner, works safely and unseen.

> 그러나 그녀(자연)는 두 법칙을 알고 있고, 그것은 힘과 교활함이다. 더 고상한 법칙은 힘이지만, 여기에도 위험이 있다, 다른 한편 교활함은 숙련된 광부처럼 안전하고 눈에 띠지 않게 일을 한다.

슈테파니가 이 구절을 생략한다면 등장인물의 특별한 또한 철학적인 동기가 다루어지 않고 동시에 악당 인물에 대한 영국의 전통도 드러나지 못하는 것이다. 이어지는 생략은 변형의 경향을 뒷받침하고 있다. 원본에서 스턱켈리는 비벌리 부인에 대한 자신의 사랑에서 끝없이 우유부단한 인물로 소개된다, “Like a cringing Fool, bow'd at a Distance, while he(Beverley) stept in and won her(알랑거리는 바보처럼 멀리서 인사를 했지, 그런데 그 녀석이 끼어들어서 그녀를 가졌어)". 스턱켈리는 비겁함 때문에 행동하지 못하는 운명에 처한 사회적으로 실패한 존재로 묘사되고 있다. 이런 정보는 1765년 개작에서 계속해서 삭제되었다. 스턱켈리가 좇는 즉 비벌리 부인을 정복하려는 목표가 분명하나, 그를 현재의 모습으로 만든 내적 성격의 성향은 잘 드러나지 않고 있다. 이뿐만 아니라 스턱켈리가 원본에서는 한편으로 비벌리 부인에 대한 사랑 혹은 열정의 희생자로 다른 한편으로 시민적 세계의 질서를 직접적이고 의식적으로 반대하는, 즉 행위뿐 아니라 도발적이고 적나라한 태도로 시민적 가치에 의문을 제기하는 인물로 묘사되고 있는데 반해서, 슈테펜스와 슈테파니의 개작에서는 이런 이중적인 성격을 잃고 있다. 즉 이런 측면이 슈테펜스와 슈테파니의 번안에서는 언급되지 않고 있는 것이다. 예를 들어 아래와 같은 문구를 참고할 수 있을 것이다.

Stu: Ruin the Husband, and the Wife's Virtue may be bid for. 'Tis of uncertain Value, and sinks, and rises in the Purchase, as Want, or Wealth, or Passion governs. The Poor part cheaply with it; rich Dames, tho' pleas'd with selling, will have high Prices for't. Your love-sick Girls give it for Oaths and Lying. But tender Wives, who boast of Honour and Affections, keep it against a Famime/Why, let the Famine come then; I am in Haste to purchase. (180)

스턱: 남편을 망가뜨리면, 아내의 덕은 거래될 수 있는 것이 될 것이다. 불확실한 가치가 말이다. 욕망, 부, 열정이 지배하는 대로 물건을 구입하면서 내려앉고 일어나라. 가난한 여자는 값싸게, 파는 데 즐거움을 찾는 부유한 여인들은 높은 가격을 받을 것이다. 네 상사병난 여자들은 이것을 맹세와 거짓 때문에 줘버린다. 하지만 명예와 애정을 자랑하는 부드러운 아내는 이것을 빈곤을 대비해서 가지고 있는다/왜, 그렇다면 빈곤을 오게 해라, 나는 서둘러서 구입할 것이다.

이 구절은 이미 첼레의 번안에서 아래와 같이 축소되었다.

> Stuckel: Den Mann erst ruiniert und der Frauen Tugend steht zu handeln. (Steffens, 46)

> 스턱켈: 그 남자를 우선 망가뜨리면 여자의 덕은 거래될 수 있다.

이런 생각이 슈테파니의 1765년 개작에서는 완전히 빠져있다. 여기에서 연극 효과로 치르는 대가가 나타나고 있다. 즉 소문이 나서 빈에 이른 새로운 모델은 더 이상 내용적으로 그리고 형식적으로 문화창조적 힘이 아니라 단지 피상적이고 수공업적 의미에서 이해된다. 언급된 축소와 삭제가 내용적으로도 그 이유가 있는지에 대한 여부는 열려 있는 문제이다. 어느 경우든 영국 연극에서 악당이라는 인물은 초기 영국 연극의 악의 알레고리로부터 비극적이고 희극적 그렇지만 복잡한 셰익스피어의 악당(가령 리차드 3세, 이마고 그리고 폴스타프)을 거쳐 왕정복고 시대의 희극에서의 난봉꾼에 이르기까지 길고 매우 다양하고 대단히 영향력 있는 전통을 가지고 있다. 18세기 영국인들에게 최소한 부분적으로라도 익숙한 이러한 전통은 18세기 독일어권 무대에서는 이와 상응하는 것을 찾을 수 없다. 그래서 상이한 연극체계의 일치하지 않는 주제적-수식적 관례가 이 개작에서 조정하는 영향을 미칠 가능성이 완전히 옆 길로 빠진 것은 아니다. 슈테파니라는 인물에 대한 우리의 평가에 의하면 연극적인 근거가 더 큰 비중을 차지했을 것이다.

또 다른 《노름꾼》 번안이 《비벌리》라는 제목으로 1776년 마인강변의 프랑크푸르트에서 출판되었다. 5막으로 된 시민비극은 O. L. V. H.의 소랭의 불어판에 따른 것이다. 이 번안 역시 이후에 나온 거의 모든 독일 번역가들에게 최소한 부분적으로라도 토대로 사용된 소랭의 번안을 따랐기 때문에, 소랭의 번안은 대략적으로라도 설명할 필요가 있다.

우리는 디드로의 편지에서 소랭이 당시 연극 무대에서 성공하지 못한 디드로의 《노름꾼》 번역본을 읽었다는 것을 알고 있다. 그럼에도 불구하고 두 버전은 여기에서 자세하게 다룰 수 없는 두드러진 차이를 보이고 있다. 디드로가 무어의 원본을 원칙적으로 원래대로 소개하려고 노력한 반면에, 원본의 산문을 프랑스적 자유로운 운문으로 바꾸기로 한 소랭의 결정 하나로 볼 때에 소랭이 다른 목적을 가지고 있었음을 알 수 있다. 소랭은 자신의 결정에서 의고전주의 비극의 알렉산드리아와 디드로가 시민비극의 언어로 옹호한 산문 사이의 타협의 가능성을 보았다. 소랭은 텍스트 도입부에 극의 배경이 되는 장소가 런던이라고 추가적으로 알리면서 영국적인 장소를 의식적으로 유지한다. 영국적 이름은 철자나 발음에서 프랑스 언어 사용에 맞춰졌다. 소랭은 장소의 일치 법칙에 관해서는 다른 적응이 필요하다고 생각했다. 그는 슈테펜스와 마찬가지로 단 하나의 장소를 허용하면서 장소 일치의 법칙 문제를 극단적인 경우로 몰고 가지 않았지만, 장소를 세 곳으로 줄여 장소를 빈번하게 변경하는 것을 피했다. 소랭은 장면 순서의 변경을 시도했을 뿐 아니라 극을 상당히 축소했다는 점에서 볼 때 원텍스트를 매우 자유롭게 다루었다. 그렇게 해서 무엇보다 루슨Lewson에 대한 살인 계획이 빠졌다. 여기에서 소랭은 자신이 무대 뒤의 인물이라고 부른 베이츠Bates와 더슨Dawson의 무대 등장을 포기했다. 이것뿐 아니라 일련의 다른 변화들도 추가되었다. 소랭은 원본에서 아들이 단지 언급되는 것과 반대로 아들을 토미Tomi로 등장시키면서 보편적인 감동 효과를 높였다. 아래의 변화들 역시 관객들에게 비극적인 감동 효과를 더욱 높이려는 목적으로 이루어졌다. 무어의 경우에 비벌리의 체포가 단지 이야기로 처리되는 반면에 소랭은 이 사건을 무대의 장면으로 보여주었다. 즉 비벌리 부인은 손전등을 들고 밤에 거리로 나가서 절망에 빠진 채 길바닥에 쓰러져 있는 남편을 찾는다. 그리고 남편을 설득해서 집으로 데려오는데 성공한다. 집에 도착해서 비벌리는 체포되고 감옥으로 끌려간다. 5막에서도 변화가 있었는데, 자비스Jarvis가 아니라 비벌리 부인이 감옥에 있는 비벌리와 밤을 보내고, 다음날 아침에 아들을 비벌리에게 두고 감옥을 떠난다. 그리고 너무 직접적이라는 이유로 당시의 관객들에게 격렬한 비난을 일으켰던 장면이 나온다. 즉 비벌리는 아들이 비참하고 모욕적인 삶을 살지 않도록 독약으로 아들도 죽일 결심을 한다. 하지만 아들은 깨어나고, 비벌리는 독약을 내던진다. 아들은 되돌아오는 엄마 품에 안기면서 목숨을 건지게 된다. 이 작품은 비교적 빈약하게 끝을 맺는다. 루슨이 무대에 등장해서 스턱켈과 공범자인 제임Jame 사이에 노획물을 놓고 벌어진 다툼에서 제임이 스턱켈리를 살해했고 그래서 제임이 체포되고 비벌리의 재산은 압류되었다고 말해준다. 이렇게 해서 이 희곡은 레씽과 디드로가 강력하게 비판했던 사건의 반전으로 끝을 맺는다. 끝으로 소랭이 무어와는 반대로 무역중심지인 카디스Cadiz를 밝힘으로써 비벌리 가족이 무역업에 종사한 시민계급에 속한다는 것을 분명하게 한 점은 언급할 가치가 있다.

이제까지 소랭에 관해 이야기했다. O.L.V.H.의 번안은 전적으로 소랭의 것을 따랐다. 소랭의 시구가 독일 번안가에 의해 — 물론 독일어 산문 번역본을 의존하지 않았다면 — 산문으로 변경되지 않았다면, 이것은 사실 《노름꾼》의 개작이 아니라 소랭의 개작을 그대로 번역한 것이라고 해야 할 것이다.

이 개작을 평가하는 일은 쉽지 않다. 이 개작은 특정한 계기로 생성된 작품으로 추측된다. 소랭의 시구로 된 작품을 다시금 산문 형식으로 만들려는 결심이 편의에 따른 것인지 당시의 번역 방법에 적응한 것인지 아니면 심오한 희곡적인 고찰에서 나온 것인지 알 수 없다. 어떤 경우이든 이 개작은 레씽의 함부르크 희곡론과 디드로 의도의 확산 후에 나왔다. 즉 시점으로 볼 때 이 개작은 시구와 산문 사이의 타협은 아니어서, 작가는 새롭고 하지만 이미 정착된 산문을 비극을 위해 사용할 수 있었다. 이것을 개별적인 인용으로 설득력 있게 증명할 필요 없이, 내적 가족관계를 구상할 때 문체적으로 들이는 노력을 텍스트에서 분명히 느낄 수 있다는 점이 매우 흥미롭다. 이런 모습을 나타내는 장면에서 사랑에 찬 친밀한 때로는 감상적인 어조가 아주 분명하게 나타난다. 이런 어조는 감상적인 상태를 강조하는 내면성으로 독일 연극에서 새롭게 유행하는 취향의 표시로 평가할 수 있을 것이다.

무어의 《노름꾼》에 대한 새로운 번안이 5막으로 된 비극으로 《비벌리, 혹은 영국 노름꾼Beverley, oder der Englische Spieler》이라는 제목을 달고 1774년 빈에서 출판되었다. 이 번안은 무어의 영어본과 소랭의 프랑스어본을 따라 번안되었는데, 다시 산문 형식을 띠었다. 오늘날까지도 번안한 사람이 분명하지 않다. 이 번안은 슈테파니 시니어Christian Gottlob Stephanie와 슈테파니 주니어Gottlieb Stephanie의 것이라고 여겨진다. 슈테파니의 번안은 보데의 번역 그리고 슈뢰더Schröder의 번안과 놀라울 정도로 비슷한 점과 공통된 면을 보여주고 있다. 슈뢰더의 번안은 1791년에 슈베린과 비스마르에서 《비벌리 혹은 영국 노름꾼Beverley oder Der Spieler》이라는 제목으로 출판되었고, 무어와 소랭에 따라 만들어진 5막으로 된 희곡이다. 각각 다른 번안을 토대로 삼았던 무어와 소랭 가운데 누구의 것인가 라는 물음이 출판일자보다 더 긴급하게 생겼다. 왜냐하면 수많은 관련 언급들이 슈뢰더가 인쇄 전에 《노름꾼》과 씨름했고 이것이 1779년까지 거슬러 올라간다는 점을 증명하고 있기 때문이다. 슈테파니의 번안과 슈뢰더의 번안 사이의 의존 관계가 어떻게 평가되든지 간에, 1774년의 슈테파니 번안이 본질적으로 보데의 첫 번째 번역을 기반으로 해서 생겨났다는 점은 앞으로의 관계에서 결정적이다. 좀 더 자세히 살펴보면 소랭의 영향이 드러나지만, 변하지 않은 부분에서는 보데의 표현이 단어 그대로 혹은 아주 조금 변화된 채 채택됐다. 슈테파니가 보데의 텍스트를 약간 변화시켰다는 점에서 볼 때 간단한 생략, 단순화 혹은 단축된 문구 등이 중요하다. 슈테파니는 보데가 그렇게 했던 곳에서 항상 원본에서 벗어나서 작업했기 때문에, 슈테파니가 영어 원본을 갖지 않았고 보데의 번역본과 소랭의 번안을 섞어서 작업했다고 추측할 수 있다.

전체적으로 경험이 풍부한 연극 현장 전문가의 노련한 손길을 이 작품에서 느낄 수 있다. 이 개작은 상당히 축소되었는데, 보데의 번역본에서 지루하고 불필요하다고 여겨지는 문구는 누락되었다. 또한 전체적으로 이 개작에서 독백과 대화가 간결하게 처리되었고, 무대 등장도 삭제되었다.

외적 희곡론적 구성에 있어서는 독일 무대의 관례를 따랐다. 슈테파니는 극중 인물이 등장하거나 퇴장할 때 새로운 장을 시작하게끔 했다. 영어 원본에서 막의 마지막에 있는 후렴은 삭제했다. 슈테파니는 원본으로부터 장소 네 곳을, 즉 비벌리의 집, 도박장, 스턱켈리의 집 그리고 감옥을 받아들였다. 그렇지만 동시에 장면 순서를 몇 개 바꾸면서 원본에 비해 장면 전환 수를 줄였다. 이 모든 작업에서 슈테파니는 노련한 무대 전문가로서의 면모를 보여준다. 이제까지 설명한 변화의 기저에는 자기검열이나 원본과 장르 이론상으로 거리두기가 아니라 단지 효과적인 장면연출에 맞추어진 고찰이 자리하고 있다.

추측컨대 좀 더 눈에 띄는 다른 변화도 이런 효과를 나타낸다. 원본에서 단순한 보고로 제한되었던 많은 것들이 슈테파니의 경우에는 장면으로 연출되었다. 이때 슈테파니는 대부분의 경우 소랭의 개작에 기대었지만 몇몇 개의 장면에서는 스스로 변화를 꾀했다. 슈테파니는 소랭처럼 무어의 경우에 언급만 되었던 비벌리의 아들, 즉 토미Tomi(이 이름 역시 소랭에서 비롯되었다)를 무대에 등장시킨다. 이런 희곡상의 변화로부터 감성에 호소하는 대사가 많이 나오는데, 이런 대사는 다른 경우에서 볼 수 있는 사건진행의 간결화라는 전략에 결코 유리하지 않다. 여기에서 취향에 대한 새로운 척도의 영향도 나타나는데, 이런 영향은 시민비극 발전의 관계에서 볼 수 있지만 의고전주의 시학과 시민희곡 이론 사이의 장르 이론상 논쟁에만 연결된 것은 아니다. 여기에서 연극적 본능으로 실현된 감상극이 그 예이다. 토미가 극중에서 부모님을 어머님이나 아버님이 아니라 엄마와 아빠라고 부른다는 사실도 새로운 시민적 친밀감과 내면성에 대한 징조로 평가될 수 있다. 마찬가지로 슈테파니는 소랭에게서 비벌리가 체포되는 장면을 차용했는데, 원본에서 비벌리의 체포는 4막 무대에서 직접적으로 연출되지 않고 단지 보고를 통해 전달된다.

정리하면 나름의 원칙을 가진 이 개작은, 독일과 프랑스에서 성공을 거둔 새로운 희곡의 모델이 빈의 무대에서도 소개되어야 한다는 것으로 자극되었음을 확인할 수 있다. 이때 이런 작업을 하도록 슈테파니를 자극한 것은 새로운 것이라기보다는 당시 유행하고 성공을 거둔 것이었다. 최소한 이런 작업의 원칙들은 전문가의 관심을 분명하게 보여준다.

무어의 《노름꾼》에 대한 독일의 번역 역사로 우리는 18세기 문화적·연극적 관계 그리고 독일 번역문화에서 전형적인 경우를 보았다. 그렇지만 이것이 이 작품 번역의 다양한 형태로 볼 때 일상적인 경우가 아니라는 것을 알 수 있다. 우선 이 경우는 18세기의 문화창조적 번역의 특징을 보여주는 대표적인 예이다. 몇 개 안되는 다른 텍스트처럼 무어의 작품은 연극미학적 기준점이 되었고 또한 새로운 장르와 연극적 생산을 위한 모델이 되었다. 이 연극은 모델로서 그리고 고유한 텍스트의 대체물로서 독일 무대에서 성공을 거두었고 모방과 지속적인 개작을 위한 계기가 되었다. 이런 복잡한 관계구조에서 새로운 장르를 위한 노력이 반영되고 있다.

또한 우리는 번역전략과 개작 및 번안 경향에서 최종 텍스트형태에 영향을 미친 온갖 관례 그리고 다수의 번역가들이 문화 간에 상충하는 규범들 사이뿐 아니라 발전중인 독일 연극 내부에서 벌어진 옛 것과 새로운 것 사이에서 찾았던 타협도 읽을 수 있다. 아울러 도착문화에서 관철된 텍스트가 어떻게 새로운 경향에 의해 쇠퇴하고 다른 새로운 취향 관례에 따르게 되는지를 볼 수 있다.

이렇게 볼 때 《노름꾼》의 여정은 상호문화적 매개의 긴장뿐 아니라 타문화 수입으로 얻게 된 한 국가의 독특한 문화의 역동성을 살펴볼 수 있는 길을 열어준다. 문화들 간의 긴장의 장(場)에서 생겨난 결과도 동일한 장르 이론의 선결조건이 국가들마다 상이하게 형성된다는 점을 분명하게 보여준다. 즉 우리에게 매개된 형식으로 주어진 것(즉 번역물)이 어떤 문화적 규범과 문학적 관례를 근거로 해서 생겨났는지에 관한 물음을 통해, 우리는 동일하게 보이는 장르 혹은 문학적 형식과 주제가 국가들 간에 어떻게 다르게 나타나는지에 대해서 지속적으로 묻게 된다.

우리가 살펴본 텍스트와 이 텍스트가 독일에서 미친 영향의 역사는 논의된 시기의 독일 연극문화 내에서 벌어진 사실적이고 어느 정도 일상적인 경향을 훌륭하게 증명해주고 있으며, 이를 넘어 다양하고 결코 단편적으로 파악할 수 없는 국민문학들 간의 관계 구조를 살펴볼 수 있게 해준다.

여기에서 살펴본 경우가 역사적 설명 외에도 방법론적 본보기가 될 수 있는데, 가령 통상적 문학사 서술에서 도외시된 국민문학의 문화적 일상 가운데 번역사적 물음의 도움으로 찾아낸 것을 살펴보는 방법론적 측면에서 그럴 수 있다.

5. 특정 국가의 번역문화에 관한 연구

문학작품과 관련해서 번역연구의 이론적 그리고 방법론적 단초의 스펙트럼은 앞 장에서 살펴보았다. 이런 상이한 단초들로부터 유럽의 번역연구에 대한 중요한 자극들이 비롯되었고, 또한 이런 자극들은 번역에 대한 확대되고 심화된 토론을 세계적으로 불러일으켰다. 이와 같은 상이한 경향들 덕분에 논의가 국제적으로 전개되었다. 1980년대까지 계속되었던 유럽중심적 그리고 미국지향적 문예학은 — 특히 신역사주의와 문화연구의 영향하에서 — 소수 민족의 문학 그리고 영국, 미국, 프랑스 밖의 영어 및 프랑스어 문학에 문을 열었다. 포스트 식민주의 문학의 상호문화성에 관한 물음들이 전면에 나서게 되었고, 또한 의지할 수 있는 방법론적 준비작업을 번역연구에서 찾았다. 이런 전개과정에서 비교문예학은 모든 형태의 문화전이를 담기 위해 번역개념을 광범위하게 포착한 번역연구의 한 부분으로 이해되었다. 이와는 별도로 다양한 학문분과는 상호문화적 커뮤니케이션의 의미를 발견했다. 이런 경향은 정치학, 철학, 문화인류학 등에서 찾을 수 있고, 또한 세계화의 흐름에서 타문화와 관련된 문화적 소통능력의 부족으로 그 한계를 깨닫고 상호문화적 경영훈련을 연수과정에 포함시킨 경영학과 경제학도 이에 해당되었다. 결국 전 지구적으로 적용되는 생활영역의 세계화로 번역 교육 및 훈련의 제도화가 세계적으로 장려되었다. 그리고 이런 제도화는 다시금 — 한국이나 홍콩이든, 브라질 혹은 아르헨티나이든, 아니면 구소련에서 독립한 동유럽 국가들이든 간에 — 교육 및 훈련 구성 측면에서 유럽의 모델을 모범으로 삼았고 연구 활동을 추진했다. 그리고 이런 현상은 이제 유럽중심적 번역연구가 미치지 않았거나 불충분하게 미친 문화영역과 문화관계에서도 볼 수 있다.[93]

번역연구에 대한 관심이 전체적으로 고조된 분위기에서 1980년대 중반 괴팅엔 대학교에 문학번역 연구에 집중한 특별연구 분과가 설치되었다. 주제의 범위와 모범이 될 만한 이론적 그리고 방법론적 성찰은 앞으로 전개될 맥락에서 짧게라도 고찰할 예정이다. 물론 이런 짧은 고찰로 괴팅엔 프로젝트의 연구결과의 가치를 개별적으로 충분히 평가할 수는 없을 것이다. 게다가 괴팅엔 연구는 전 장에서 간략하게 살펴본 단초들과도 거의 차이가 없다. 오히려 많은 부분을 흥미롭게 다루었고, 수정하고 차별화했으며 또한 이따금 쟁점이 되는 모순적인 단초들을 다시 연결했다(가령 원본과 번역본 간의 관계가 문제가 될 경우). 괴팅엔 연구팀의 원래 목적은 무엇보다도 상당히 많은 실증적 자료를 가지고 긴 기간에 걸쳐 체계적으로 작업해서, 역사적(수평적 혹은 공시적) 기간과 전체 시대에 걸친(수직적 혹은 통시적) 다양한 번역 행위를 연관 지어 서술하는 데 있었다. 우선 이렇게 해서 이전에 서술된 단초들이 이상적인 인식 목표로 정한 것이 달성될 수 있었다. 번역문화, 특히 본질적으로 상

93_ Armin Paul Frank u.a., ed., *Übersetzen, Verstehen, Brücken bauen*, 2 bde. (Berlin, 1993)

호문화적 교환으로 각인되었고 지금 그러한 성격을 띤 독일의 번역문화를 기술할 수 있었다. 이런 점에서 다른 곳에서 준비된 많은 것을 다시금 거슬러 올라가서 살펴볼 수 있었다.

괴팅엔 연구과제의 전반적인 목적은 독일어권 국가에서 전개된 문학번역의 문화사적 윤곽을 제시하는 것이었다. 문학텍스트뿐 아니라 문학텍스트의 번역 역시 문학 전통에 편입되어야 하며 문학텍스트 및 그 번역이 문학 전통과 영향을 주고받는다는 기본적인 인식으로 괴팅엔 연구팀은 위에 간략하게 서술한 조작학파(manipulation school)[94]의 원칙과 분명히 일치한다. 개별적인 사항과 관련해서(가령 "체계", "규범" 등과 같은 중요한 개념과 관련해서) 조작학파의 대표자들과 격렬한 토론이 있었지만,[95] 방법론적 원칙에서는 분명히 일치하고 있다. 또한 여기에서 관건이 되는 문제는 옳은 번역에 관한 규정이나 번역에 대한 평가가 아니라 주로 번역물과 번역물이 생성되는 문화 사이의 관계를 기술하는 것이다. 번역과정을 거쳐 완성된 생산물은 문학의 역사적 사실로 즉 문학사의 부분으로서 흥미롭다.[96]

> 대상은 … 아주 분명하게도 생산될 문학 번역물이 아니라 완성된 문학 번역물이다. 번역이론은 … 번역의 생산이론을 의미할 수 없고, 대신에 역사적·문헌학적 연구와 같은 다른 종류의 이론의 필요성에 직면해서 문학이론과 비슷하게 그리고 문학이론에 대한 문예학적인 기여가 이루어진 곳에서 시작되어야 한다. 문예학적 기여를 통해 텍스트는 역사적 여건에서 작품 내지는 생산물로서 전제된다.[97]

94_ 역주 — 문학 번역을 복잡하고 동적인 시스템과 상호문화적 생산과 수용의 작용으로 간주하고, 이론적 모델과 실제 사례 연구 간의 연동시켜서 연구하는 학파.

95_ 이런 논의는 하랄트 키텔Harald Kittel에 반영되어 있다. *Geschichte, System, Literarische Übersetzung, Göttinger Beträge zur Internationalen Übersetzungsforschung* 5(Berlin, 1992).

96_ Armin Paul Frank, "Einleitung", in: Harald Kittel, ed., *Die literarische Übersetzung. Stand und Perspektiven ihrer Erforschung. Göttinger Beträge zur internationalen Übersetzungsforschung* 2(Berlin, 1988), p.x.

97_ 위의 책 p.xi.

이런 연구단초는 출발텍스트 지향 번역연구와 도착텍스트 지향 번역연구 사이의 연결점을 어느 정도 보여준다. 즉 이 단초는 두 연구방향에 정향되어 있고, 번역을 원본의 발전으로 간주하면서 원본과 번역 사이의 긴장관계를 정의하고 있으며, 번역물을 통해 시작되고 구성되는 매개 및 수용 과정을 추적한다. 그 결과로 **문학번역의 문화사**가 고유한 목표가 된다. 이때 문화사 개념은 제한적으로 파악되지 않고, 오히려 관건은 번역의 문학적 역사뿐 아니라 제도적이고 문화적 때에 따라서는 정치적 관계를 포착하는 번역의 문화사를 고려하는 것이 된다. 다른 말로 하면, "번역자가 다리로 연결해야 할 두 강은 서로 구별된다. 두 개의 언어, 두 개의 문학 그리고 대부분의 경우에 두 개의 문화가 정신적 측면과 물질적 측면에서 서로 다른 것이다"[98] 여기에서 다음과 같은 중요한 물음이 생긴다. 무엇이 언제 얼마나 자주 누구에 의해서 어떻게 번역되었는가? 이 물음은 다시금 추가적인 물음을 가져온다. 어떤 상황에서 어떤 의도로 어떤 방식으로 어떤 이유로 어떤 결과로 번역되었는가?

이런 물음에 대한 답을 합리적으로 추적하는 데에는 많은 노력이 요구된다. 개별연구는 좀 더 큰 맥락에서 파악될 수 있는 사례연구 이상의 도움이 되지 않는다. 최소한 개별적인 사례연구를 번역전통에 연결해야 혹은 더 좋게는 특정 기간 내의 상이한 텍스트에 대한 다수의 사례연구를 결합해야 비로소 특정한 시점에서의 번역문화에 대한 전체적인 조망을 얻을 수 있다. 이 모든 것은 우리가 그 결과를 요약하는 데 취한 3가지, 즉 번역과 번역 차이, 번역과 해석 그리고 번역과 타자경험이라는 상위의 관점에서 이루어진다.

번역과 차이

원본과 번역본 간의 차이에 대한 진부한 사실 확인 뒤에는 다음과 같은

98_ Armin Paul Frank und Brigitte Schultze, "*Normen in historisch-deskriptiven Übersetzungsstudien*", in: Harald Kittel, ed., *Die literarische Übersetzung*, 앞의 책, pp.96-121, p.96.

매우 중요한 판단이 숨겨져 있다. "번역자가 동등한 것이라도 만들어보려는 좋은 의도를 갖지만, 차이는 어쩔 수없이 생기게 마련이고 이런 차이가 번역에서 문화적으로 흥미롭다"[99] 이런 차이는 원본, 출발문화 그리고 도착문화에 이중적으로 연결되는 번역의 혼종적 특성에서 비롯된다. 앞에서 든 예에서 볼 수 있듯이, 원본과 그 번역본에서 드러나는 두 문화들 사이의 긴장 관계의 모든 순간들은 바로 도착문화에 의해 요구되는 차이에서 표현되고 있다. 이렇게 차이가 있는 부분이 드물지 않은데, 바로 이 부분이 새로운 자극으로 도착문화를 풍성하게 한다. 우리는 이런 상황을 번역의 문화창조적 업적, 혹은 문화창조적 차이라고 불렀다.

그러한 차이가 부분적으로 전혀 생각지 못한 곳에서 나타나서, 많은 양의 텍스트 자료를 성실하게 자세하게 분석하는 일이 적절한 결론을 얻기 위한 근본적인 조건이 된다는 점을 괴팅엔 연구팀의 수많은 예에서 입증되었다. "사실과 자료는 문학 번역이 다양성에서의 모험이고 또한 각각의 번역본을 공들여 분석해야 출발텍스트와 차이 나게 하고 번역본에 고유한 특성을 부여하는 놀라운 일들을 밝힐 수 있다는 점을 보여준다."[100] 분명하게 다시 말하지만 원본과 번역본 사이의 차이에서 나타나는 모습은 잘못된 것이 아니다. 이런 모습은 물론 배제할 수 없지만 연구에서 방법론적으로 더 이상의 역할은 하지 않고, 그보다는 언어적, 문학적 혹은 문화적 관점에서 해석될 수 있는 차이들의 평가 결과이다. 번역자는 기능상으로 해석을 맡은 접점으로 이해된다.

두 개의 상이한 언어체계가 마주칠 때 생기는 차이는 어쩔 수 없다는 사실에 대해서는 특별히 따로 언급할 필요가 없고, 이 사실이 문학번역에서 레비Levý에 의해 처음으로 논의된 것도 아니다. 그렇지만 이러한 차이를 확인하는 것으로 결코 충분하지 않고, 오히려 의미변화에 대한

99_ Harald Kittel, "Kontinuität und Diskrepanz", in ders., ed., *Die Literarische Übersetzung*. 앞의 책, pp.158-179; p.170.

100_ Armin Paul Frank und Team, "Towards a Cultural History of Translation: An Exploration of Issues and Problems in Researching the Translational Exchange between the USA and Germany", REAL *The Zearbook of Research in English and American Literature 4*, ed. H. Grabes, H.-J. Diller, H. Bungert(1986), pp.317-89, p.319.

결과를 제시해야 한다. 그렇다면 상이한 문학적 체계와 관련해서 생긴 차이는 훨씬 더 흥미롭다. 상이한 전통, 관례 그리고 모델이 번역자라는 접점에서 서로 만난다. 그래서 특정한 시대의 문학적 특징이 모든 문화에서 동일하게 적용되는 것은 결코 자명한 일이 아니다. 또한 특정한 구조, 장르의 관례 혹은 다른 문학적 특징이 두 문화 모두에 존재한다는 것은 당연한 일이 될 수 없다. 출발텍스트의 문학적 특징을 도착텍스트에 받아들이려는(항상 의식하지는 않는) 번역자의 결정으로 인해 원본은 도착어문학에서 볼 때 시대적으로 새롭게 분류될 수 있다. 즉 시대적 축으로 볼 때 앞이나 뒤로 옮겨질 수 있는 것이다. 시대적으로 새롭게 분류하는 일이 문화창조적으로 영향을 미치는 한에서, 점진적인 방향이 지배적이다.

문화적으로 조건 지어진 차이는 예를 들면 소위 말해 실제의 영역에서 생기지만 또한 상이한 종교적, 철학적 혹은 사회학적 문화 관계에서도 생긴다. 이점은 상이한 웃음 문화의 예에서 볼 수 있었다. 조작학파와의 관계에서 볼 때, 관건은 실수나 오류를 들추어 비난하는 것이 아니라 차이를 확인하고 기술하는 것이며 또한 차이를 해석하거나 설명하고 이러한 차이가 번역본의 의미 구성에서 갖는 결과를 확정하는 것이다. 이때 차이의 미시적 맥락을 넘어서 이런 차이의 특징을 확인하고 텍스트의 색채, 즉 텍스트 구조의 변동내지는 변화를 언급하는 것이 결정적이다. 이런 관계에서 중요한 것은 단어의 반복이나 특정 분야의 단어 사용의 형식으로 작품의 종축에서(때로는 한 작가의 전 작품에서) 핵심처럼 따라다니는 차이이다. 이렇게 전체적으로 볼 때야 비로소 미시적 맥락에서 언뜻 보기에 전혀 문제시 되지 않는 개별적인 사항들이 종축에서 인식될 수 있는 번역특징으로서 아주 중요한 현상이 된다. 결국 여기에서 레비의 생각이 다시 드러난다. 즉 한 작품은 상이한 방식으로 의미를 구성하면서 작동하는 여러 층위들로 이루어져 있다. 차이가 어떤 층위에서 발생하는지에 따라, 이 층위들은 번역의 의미 구성에 미치는 영향 아니면 번역의 전반적인 특성에 대해 대체로 관여하게 된다.

번역과 해석

보편적으로 알려진 철학적 해석학의 기본 원칙은 다음과 같다. 텍스트 이해는 항상 해석자와 텍스트 의미 사이의 대화로만 실행된다. 말하자면 텍스트 이해는 텍스트 자체에 놓여있는 것에서 뿐 아니라 해석자의 기대와 의미지평에서도 동일한 정도로 생겨난다는 것이다. 이런 점에서 모든 번역은 단순한 언어의 번역 이상이며, (무조건 미리 숙고하고 관련을 맺는 것은 아니지만)문학작품의 해석과 크게 다르지 않다. 바로 여기에 원본과 번역본 사이에 불가피하게 생기는 차이에 대한 또 하나의 이유가 있다. 즉 번역본과 원본 사이에는 항상 원본에 대한 이해 과정이, 말하자면 텍스트 의미의 특정한 요소들을 실현시키는 과정이 작동한다는 것이다. 어떤 텍스트의 의미가 영원히 고정되어서 어느 때나 객관적으로 포착될 수 없듯이, 번역 또한 원본을 객관적으로 모든 것을 포함하는 모습으로 보여줄 수는 없다. 그보다 오히려 번역자는 해석자로서 이해와 관련된 해석학적 조건에 따른다. 말하자면 번역자는 독서를 통해 작품의 의미를 만들어내고 이 결과를 새로운 언어와 단어로 옮기는 것이다. 이런 점에서 모든 번역은 좋게 보아서 임시적인 것이고, 끝없는 수용 및 해석 과정의 한 부분이다. 보르게스Borges는 이러한 번역이론적 고찰과는 별도로 수많은 **천일야화** 번역본들이 근본적으로 나름의 작은 도서관을 이룰 것이라고 말했다.[101]

번역과 해석의 관계는 매우 다층적이고 복잡하다. 이런 복잡한 과정의 해석학적 관계는 여기에서 하나하나 다룰 수는 없다. 이런 맥락에서 번역자의 해석능력이 주관적인 것이 아니라 문학에 대한 시대 조건적 기대와 관계를 맺고 있다는 점은 언급하고 싶다. 가령 주도적인 장르개념, 규정된 양식관례 혹은 적절함에 대한 일반적인 생각 등이 번역될 텍스트에 대한 해석에 영향을 미치고, 번역될 텍스트가 오래된 경우에는

101_ Norbert Greiner, "Translation and Cultural Alterity: Some Remarks about All Too obvious Relationship", in Ahrens, Rüdiger und Heinz Antor, eds., *Text-Culture-Reception. Cross-Cultural English Studies*(Heidelberg, 1992), pp.47-56. 참조.

기존의 해석도 이에 가세하게 된다. 이런 상황으로부터 오래전부터 문학에서 알려진 창조의 가능성이 생겨난다. 번역을 통해 원본을 의식적으로 새롭게 해석하는 것은 전혀 새로운 현상이 아니다. 이런 경우의 예로 횔덜린의 소포클레스 번역을 들 수 있는데, 이 번역은 단순히 "잘 알려진 오래된 텍스트를 새롭게 번역한 것"이 아니라 "텍스트에 관한 의견"이다. 즉 횔덜린의 번역은 해당 비극을 "소포클레스 판보다도 더 적절한"[102] 형태로 표현하려고 시도한 것이다. 더 많은, 특히 20세기의 널리 알려진 고전의 예들을 더 들 수도 있을 것이다.

그럼에도 문예학적 해석과 번역 사이의 경계선은 중요한 의미를 가진다. 모든 해석은 분석적이고, 포괄적이고, 의식적인 성격을 띤다. 반면에 번역의 최종 목표는 대부분 새롭고 자기만족적이며 자율적인 예술작품을 창조하는 것이다. 이를 투르크Turk는 다음과 같이 정리하고 있다.

> 번역은 해석이다, 그렇지만 다른 언어로 출발텍스트를 대신하는 가운데 이루어지는 해석인 것이다. 번역은 해석보다 더한 것이고 또한 덜 한 것이다. 번역은 번역 영역 외에서는 어떤 관찰의 대상도 되지 못하는 두 언어, 문학 그리고 문화 사이의 접점을 분명하게 보여준다.[103]

이런 특별한 형식의 문학수용은 문예학과 문학사의 충분한 관심을 받지 못하고 있다. 번역은 출발문화 혹은 다른 문화의 전공담론에서는 결코 제공되지 못할 해석의 단초를 제공한다. 특히 이 분야를 개척하는 것이 괴팅엔 연구팀에게 결정적인 동기가 된다.

102_ Fred Lönker, "Übersetzung und Deutung", in: Brigitte Schultze, Hrs., *Die Literarische Übersetzung*. Göttinger Beiträge zur internationalen Übersetzungsforschung I(Berlin, 1987), pp.92-95, p.93.

103_ Horst Turk, "Zur Methode der Übersetzungsanalyse", *Proceedings of the XIIth Ccongress of the International Comparative Literature Association*, vol. 5: *Space and Boundaries in Literary Theory and Criticism*, ed. Roger Bauer and Douwe Fokkema(München, 1990), pp.334-344, p.340.

시사하는 바가 많고 문학사적 의미에서 흥미로운 예는 18세기 프랑스에서의 영국소설의 수용에 관한 빌헬름 그래버Wilhelm Graeber의 연구[104]이다. 그래버는 통상적인 문학사기술을 정말 순진하게도 "발전도약"이라고 표현하는 문제를 지적하고 있다. 이러한 국민문학의 "발전도약"과 이런 도약과 관련해서 생긴 "빈틈"은 국민문학의 발전을 해당 문학의 문화적 경계 내에서만 기술하는 역사적 관찰에서 빈번히 생긴다. 그러나 좀 더 면밀히 즉 상호문화적 시각으로 관찰하게 되면 이것은 문학적 과도기 국면으로 증명된다. 이 과도기에 타문화 텍스트는 새로운 패러다임으로서 목표문화에서 이에 상응하는 텍스트가 나오도록 관심을 일으킬 때까지 국내 텍스트의 자리를 차지하고 독서 수요를 채워준다. 이런 관점을 통해 문학사기술에서 국민문화적 단초는 — 적어도 유럽과 서구 세계에서는 — 순진하고 협소한 생각으로 규정지어질 뿐 아니라,[105] 여기에서 특히 문학사와 번역사 간의 밀접한 관계도 분명하게 나타난다. 그래버는 국민문학이 이러한 문학적 과도기의 국면에서 특히 다른 문학의 자극에 민감하게 반응한다고 보여주고 있으며, 이런 반응은 "번역 생산물의 뚜렷한 증가에"[106] 반영되어 있다고 말한다. 로즈비타 크라머Roswita Kramer가 그래버가 보여주듯이 1750년경 프랑스 소설 번역과 영국 소설 번역을 통해 로코코-소설과 빌란트Wieland 간의 단절을 "없는 고리fehlendes Glied"로 설명하려고 시도했다면,[107] 그래버 자신은 프랑스의 "위기 시대"에 집중했다. 여기에서 이런 저런 자료와 개별적인 분석과 결과를 다시금 설명할 수는 아니다. 그 결과를 세 가지 점

104_ Wilhelm Graeber, *Der englische Roman in Frankreich: 1741-1763. Übersetzungsgeschichte als Beitrag zur französichen Literaturgeschichte*(Heidelberg, 1995).

105_ hierzu auch Dietrich Harth, "Comprehending literature in terms of intercultural Communication", in: Norbert H. Platz, ed., *Mediating Cultures, Probleme des Kulturtransfers: Perspektiven für Forschung und Lehre*, Yearbook of the Association for the study of New Literatures in English 1(Essen, 1991), pp.40-50 참조.

106_ W. Graeber, 앞의 책, p. 12.

107_ Roswitha Kramer, *Marivaux' Romane in Deutschland. Ein Beitrag zur Rezeption des französischen Romans in Deutschland im 18. Jahrhundert*. Studia Romanica 29(Heidelberg, 1972).

에서 다음과 같이 정리할 수 있다. 1. 프랑스와 유럽 문학의 발전에서 결정적인 시기는 번역을 통해 급격하게 재형성되었다. 2. 이 변화에서 매우 복잡하고도 역동적인 모습으로 정치적, 문화정치적, 미적 그리고 취향사회학적 과정이 전개되었다. 3. 특정한 지배적 문화 안에서 특색 있는 번역문화를 통해 주도적인 문화와 사회는 변화되었고, 새로운 취향규범을 발견하게 되었다. 그래버가 다룬 시대의 프랑스 소설은 프랑스 궁정의 봉건적인 취향을 지향하는 영웅적이고 예의를 차리는 스타일로부터 벗어났고, 새로운 시민 독자에 향해 있었다. 이때 영국소설의 번역이 거둔 성공이 아주 커서 이런 소설의 프랑스식 모방물조차도 가짜 번역물(물론 영어 번역이라는 추가 설명을 달고) 시장에서 팔렸다.

이렇게 18세기 유럽대륙의 지배적인 문화도 번역문화를 전개했다는 사실이 증명되었다. 이 번역문화가 없었더라면 아마도 18세기의 미적 역동성은 없었을 것이다. 다른 예를 차치하고 독일의 셰익스피어 수용이 새로운 미적 기준의 마련과 번역문화의 정착을 위해 최소한 커다란 성과를 거두었다는 것을 여기에서 다시 자세히 다룰 필요는 없을 것이다. 괴테는 이런 관계를 아주 분명하게 언급했다. 물론 여기에서도 선지자는 자신의 고향에서 때때로 약간 중요하게 여겨지지만 오랫동안 경청의 대상이 되지 않는다는 글귀가 적용되기는 하지만 말이다. 괴테는 1824년 12월 3일에 에커만에게 다음과 같이 적고 있다. "영국인들처럼 그렇게 유능한 국민의 문학에서 발판을 찾으십시오. 게다가 우리 문학 대부분은 그 나라에서 왔습니다. 우리 소설, 비극 등은 골드스미스Goldsmith, 필딩Fielding 그리고 셰익스피어 외에 누구에게서 가져온 것이겠습니까?"[108]

그래버의 저서는 번역문화를 여러 관계에서 진지하게 서술하려는 목적을 가진 수많은 시도 가운데 하나이다. 이 저서는 또한 수많은 단초들 가운데 하나, 즉 특정한 시기의 번역가의 활동을 밝히려고 했을 뿐

108_ Johann Peter Eckermann, *Gespräche mit Goethe*, ed. Gustav Moldenhauer(Leipzig, 1884), p.130.

이다. 다른 물음들도 생각할 수 있는데, 가령 시대를 넘어 정전으로 여겨지는 텍스트 혹은 다른 이유로 문화 간 관계로 볼 때 유익한 텍스트에 대한 번역사를 그 하나로 들 수 있다. 수많은 예들 가운데 단지 두 개만 들자면, 다니엘 괴스케Daniel Göske는 멜빌Melvilles의 단편에 대한 번역역사를,[109] 클라우스 마르텐스Klaus Martens는 헨리 워드워스 롱펠로우Henry Wadsworth Longfellow의 보통 중요하게 여겨지지 않는 운문서사시(Evangeline)의 번역역사에 관해 서술했다.[110] 둘 모두 아주 상이한 단초를 가지고 있으며 탁월한 성과를 거두었다. 이런 암시는 그 밖의 저서와 비슷한 연구에 대한 힌트가 될 수 있을 것이다.

이로써 당대의 역사적 번역연구의 스펙트럼이 서술되었고, 특히 몇몇의 흥미롭고 또한 독일 문화의 정체성 형성을 위해 본질적인 주제가 번역사와 번역시학으로부터 윤곽이나마 설명되었기를 바란다. 그리고 연구대상에 대한 호기심을 일으켰다면, 이 입문서의 목표는 달성되었다.

번역과 타자경험

이 장을 마치면서 또 다른 형태의 호기심에 관해 이야기하도록 하자. 번역은 낯선 것과의 만남과 충돌이 이루어지는 가장 직접적이고 복잡한 형식이다. 이런 점에서 번역은 항상 해석학적 성찰의 대상이었다. 그래서 번역이론은 사람들의 인정과 상관없이 항상 해석학이다. 슐라이어마허에서 베냐민에 이르는 학자들의 입장은 잘 알려져 있어서 여기에서 다시 정리할 필요는 없을 것이다. 이 내용을 좀 더 자세하게 알기 원한다면 프리트마르 아펠Friedmar Apel[111]과 앤드류 벤저민Andrew Benjamin[112]의 탁월한 저서를 추천하고 싶다. 그렇지만 이 모든 단초들은 이론적이거나 역사적인 면에 머물고 있다. 낯섦이라는 개념에 대한 괴

109_ Daniel Göske, *Herman Melville in deutscher Sprache* (Frankfurt/M., 1990).

110_ Klaus Martens, *Die ausgewamderte 'Evangeline'. Longfellows epische idylle im übersetzerischen Transfer* (Paderborn, 1989).

111_ Friedmar Apel, *Sprachbewegung*, 앞의 책.

112_ Andrew Benjamin, *Translation and the Nature of Philosophy* (London, 1989).

팅엔의 노력은 이런 입장들을 경험적으로 증명하는 장점을 가지고 있다. 하지만 더욱 결정적인 것은 "낯섦의 해석학(Hermeneutik des Fremden)" (하랄드 바인리히Harald Weinrich[113]를 의지해서)이 낯섦이라는 개념 자체를 문제로 삼아 논의하고 문화이해와 연결했다는 점이다. 낯섦과 다름이 구분되었다. 이때 다름은 현재의 경험지평 안에서 해석되고 상대적으로 쉽게 통합되거나 다른 것을 받아들여질 수 있는 차이의 질을 의미한다.[114] 이에 따라 "다른" 것으로 느껴지는 텍스트의 번역은 긴장관계로 이끌려서는 안 되고, 전체적으로 보면 모든 미적 경험의 특성이 되는 경험 차이를 의미한다. 이것은 낯선 것의 경험과는 구분된다. 낯섦은 다름과는 반대로 전체적이지만, 동화되는 한에서 지양될 수 있다. 바로 낯섦이 역동적인 상호문화적 관계의 추진력이 된다. 왜냐하면 번역에서 낯선 것을 지양함으로써 낯선 것의 잠재력이 수용(도착)문화에 영향을 미치기 때문이다.

이로써 고유한 것 역시 (해석학적) 놀이에 들어가게 된다. 다른 것과 낯선 것은 고유한 것과 관계를 맺을 때에 비로소 그 자체로서 인식된다. 이런 점에서 다른 것과 낯선 것이 인식될 뿐 아니라, 자기의식도 깨어나게 된다. 이런 식의 개방은 자신의 것이 수정된 자기경험에 이를 수 있을 경우에 비로소 자신의 것을 확고하게 만든다. 낯섦의 경험이 자신의 것이나 친숙한 것의 배경도 된다는 사실이 옳다면, 이것은 자신의 것이나 친숙한 것이 특정한 형식으로 그리고 그 자체로 의식된다는 것을 의미하는 것은 아니다. 이보다는 오히려 자신의 이해가 의심될 때, 즉 자신의 것이 낯섦으로 자극을 받게 될 때 자신의 것이 비로소 의식된다는 것이다.[115]

이로써 문화적 자기경험과 발전의 근원이 언급되었다. 외국어 텍스트로 된 낯선 것은 고유한 것의 자기정당화와 보완을 이끌고, 동화되며

113_ Harald Weinrich, *Wege der Sprachkultur* (Stuttgart, 1985), bes. pp.195 ff.

114_ Fred Lönker, "Aspekte des Fremdverstehens in der literarischen Übersetzung", in: ders., ed., *Die literarische Übersetzung als Medium der Fremderfahrung* (Berlin, 1992), pp.46 ff.

115_ 위의 책 p.49.

새로운 미적인 척도로서 ― 고유한 미적 입장을 근본적으로 수정할 정도로 ― 영향을 미친다. 아니면 알라이다 아스만Aleida Assmann의 표현을 빌어서 말하자면, "번역의 잠재력은 의미의 생성이다. … 번역은 어떤 특정한 분과로 제한될 수 없는 근본적이고 인류학적 활동으로 점점 더 인정받고 있다"[116] 번역은 어떤 문학에서도 차이의 질을 표현하기 위한 특혜받은 장소이고 또한 이런 차이를 관찰하고 기술하기 위한 장소이기도 하다. 아르민 파울 프랑크Armin Paul Frank가 상기시켜주듯이,[117] 이런 의미에서 괴테는 세계문학을 다른 언어로 된 작품으로뿐만 아니라 다른 사람의 시각에서 볼 수 있는 문화적 자기성찰로 이해했다.

116_ Aleida Assmann, "Translation as Transformation", in: Carola Hilfrich-Kunjappu und Stephane Mosès, eds., *Zwischen den Kulturen. Theorien und Praxis des interkulturellen Dialogs*(Tübingen, 1997), pp.21-33, 여기에서는 pp.21-22.

117_ Armin Paul Frank, "Theories and Theory of Literary Translation." in: J. P. Strelk, 엮음, Literary Theory and Criticism. *Festschrift Presented to René Wellek in Honour of His 80th Birthday* (Bern u.a., 1984), pp.203-221, 특히 p.218.

IV. 상호텍스트성의 형식으로서의 번역
—번역가로서의 작가

1. 문제 현황

지금까지 우리는 두 문화 사이를 중개하는 현상으로서 번역에 대해 논했으며, 이로 부터 번역연구의 인식 목표를 추론해내었다. 즉, 텍스트에서 표현되는 문화를 번역문 그리고 원문과 번역문의 비교를 통해 독특한 방식으로 통찰할 수 있고, 따라서 번역연구는 종종 비교문화학과 비교문예학의 적절한 토대를 제공한다는 것이다.

문화에 대한 논의는 이 과정에서 어쩔 수 없이 추상적일 수밖에 없다. 특히 문화를 하나의 체계로 여기게 되면, 언제든 손 내밀어 붙잡을 수 있고 묘사할 수 있는 현상이 문제된다는 오해를 불러일으킬 소지가 있기 때문이다. 물론 모든 진술은 사실 일반화이고 또 축약인 경우도 많다. 즉, '문화'라는 개념에 많은 개별적인 현상들과 다수의 개개인이 포함되어 있고, 새로운 것과 낯선 것에 열광하며 옹호하는 주체는 일반적으로 '문화'가 아니라 개개인이라는 사실을 잊어서는 안 된다.

따라서 크리스토프 마르틴 빌란트가 셰익스피어에 주목해 그의 작품을 번역한다면, 물론 일차적으로 스스로를 문화의 대리인이 아니라 다른 시인의 사례에 자극받았다고 느끼는 시인으로 이해한다. 빌란트는 다른 시인과의 동질감을 느끼고, 이러한 동질감에서 번역을 통해 그 시인에게 접근하려 시도한다. 이때 자신의 번역행위에서 비롯된 모든 결과를 해명하거나 또는 분명하게 의식할 필요는 없다.

우리는 앞으로 이러한 관점에 대해 보다 깊게 살펴볼 것이다. 아울러 예술적인 동질감은 수 세기에 걸쳐 많은 뛰어난 번역을 낳은 동인이었지만, 여기에서는 20세기의 두 사례에 대해 집중적으로 고찰하려 한다. 그런데도 20세기는 이런 상황을 새롭게 조명하는 몇 가지 새로운 정신적 경향을 드러낸다. 한편으로는 시학적이고 해석학적인 성찰의 증가에 힘입어 낯선 것이 문화학의 선호 받는 현상으로 자리 잡는다. 그것은 자발적으로 파리를 새로운 고향으로 선택해 일부러 낯선 프랑스어로 글을 쓰고는 그 글을 직접 모국어로 번역한 사무엘 베케트의 유명한 경우처럼 극단적일 수도 있다. 낯선 것과의 만남은 이런 유사한 사례들을 통해 우리에게 새로운 고양된 의미를 갖는다. 또한 서로 다른 두 작가의 만남에서 비슷한 생각들이 번역의 충동을 유발했을 수도 있으며, 게다가 — 앞으로 알게 되겠지만 — 번역을 작가활동의 특별한 일부로 여기게 할 수도 있다. 다음 두 사례 중 첫 번째 것이 이런 사실을 증명한다.

또 한편으로 20세기는 낯설고 다른 것이 몹시 두렵고 잔인한 방식으로 국가 차원에서 조직적이고 체계적으로 파괴된 세기였다. 다름 아닌 독일, 번역문화를 주도한다고 자부했던 독일에게 배외주의(排外主義)의 극단적이고 파괴적인 영향의 책임이 있다는 사실도 번역연구의 문화사적 맥락에 속한다. 낯선 것과 함께 나 자신의 것이 말소된다는 사실은 뒤늦게야 비로소 분명하게 드러났으며, 어쩌면 아직 충분히 드러나지 않았을 수도 있다. 어쨌든 문화들과 언어들 사이를 떠돌 수밖에 없으며 시적으로 표현되는 경우 두 문화의 작가로서 존재하는 망명자들의 운명은 독일 번역사의 관점에서 20세기 번역사의 핵심 문제에 속한다. 두 번째 사례는 이 문제에 대해 다룰 것이다.

여기에서 우리는 언뜻 역설적으로 보이는 독특한 문제에 부딪친다.

한편으로 작가는 자신의 작품을 통해 — 번역에 대한 통념에 비추어 — 그야말로 텍스트의 '온전성'을 요구한다. 다른 한편으로는 그가 다른 사람의 작품을 번역하는 과정에서 자신의 창의성을 뒷전으로 밀어놓고 번역하는 텍스트의 문체와 어조에 완전히 따를 거라고는 상상하기 어렵다. 즉, 예술가의 표현의지와 번역가의 의무가 한 사람에게서 마주친다 — 이것은 특히 긴장감 넘치는 상황으로서 번역에 대한 우리의 학문적인 생각을 시험대에 올려놓는다.

왜 작가가 번역을 하느냐는 질문이 맨 먼저 뇌리를 파고든다. 누구나 살기 위해 돈을 벌어야 한다는 보편적인 문제를 제외하면, 두 가지 대답이 있을 수 있다. 작가는 번역하는 작품에서 자신의 뜻에 일치하는 것을 발견하고, 그에 대해 번역가로서 경의를 표한다. 또는/그리고 작가는 번역과정이 창조적인 집필행위와 비슷하며 이를 보완하는 행위라고 생각한다.

페터 한트케Peter Handke의 경우, 이 두 가지 면이 모두 나타난다. 페터 한트케는 기회 있을 때마다 틈틈이 번역을 했을 뿐만 아니라 때로는 헌신적으로 오로지 번역에만 매달리기도 했다. 그는 아이스킬로스의 《프로메테우스》와 셰익스피어의 《겨울이야기》에서부터 마르그리트 뒤라스Marguerite Dura와 파트릭 모디아노Patrick Modiano를 거쳐 워커 퍼시Walker Percy에 이르기까지 그리스어, 슬로베니아어, 프랑스어, 미국 영어 원전의 아주 많은 번역 작품을 남겼다. 여기에서는 페터 한트케의 워커 퍼시 번역문을 사례로 들려 한다.

2. 사례연구 D – 워커 퍼시의 번역가로서 페터 한트케

앙드레 뮐러와의 인터뷰에서 페터 한트케는 번역이 자신 특유의 작가활동이라고 고백했다. "저는 오로지 번역가가 되려고 했습니다. 그것은 실제로 제 이상적인 직업이었을 겁니다. 저는 번역에 소질이 있다고 믿습니다."[1] 페터 한트케가 순간적으로 대화 분위기에 휩쓸려 이런 말을 했다고는 보기 어렵다. 하지만 그의 소설 《어느 작가의 오후》에서 위협적인 '언어 상실'[2]과 작가의 집필 위기, 번역으로의 다행스런 도피는 너무 명백하게 서로 관련 있어서, 우리는 이 상태가 적어도 1970년대 후반 및 1980년대의 한트케에게 시론적이고 존재론적인 핵심 테마였다고 인정해야 한다. 이 책에 번역가에 대한 이런 구절이 있다.

> 나는 처음 글을 쓰기 시작했을 무렵, 내 안의 세계를 신뢰할 수 있는 일련의 형상들로 여겼다. 나는 오로지 그 형상들을 관조하고 하나씩 차례로 묘사하기만 하면 되었다. 그러나 또렷했던 윤곽이 시간이 흐르면서 희미해졌다 … 나는 자리를 잡고 앉아 기다리는 것이 갈수록 두려워졌다. 작가라는 직업을 통해 알게 된 모든 사람들 중, 내가 알기로는 글 쓰는 것을 두려워한 사람은 오로지 나뿐이었다. 그것도 날이면 날마다 … 침묵의 과도기가 지난 후, 나는 네가 알고 있는 사람이 되었다. 나 자신의 것은 절대로 더 이상 쓰지 말자! 문턱을 넘지 말자! 앞마당에 머물자! 예전처럼 혼자 노는 대신 이제 마침내 함께 놀 수 있게 되었다. 그리고 함께 노는 사람으로서 이제 마침내 나 자신을 과시할 수도 있다! 나는 — 확실한 텍스트를 — 번역할 때만 침착함을 즐기고 또 나 자신이 현명하다는 느낌이 든다. 예전과는 달리 모든 문제를 해결할 수 있다는 걸 알기 때문이다. 여전히 힘이 들 때도 종종 있지만, 이제 더 이상 고통스럽지 않으며 또 글을 쓸 권리를 느끼기 위해 고통이 나타나길 더 이상 기다리지도 않는다. 번역가는 스스로 쓸모 있다는 확신을 가진다. … 그리고 아침에 눈을 뜰 때면 예전처럼 유배당하지 않을까 놀라 움찔하는 대신 번역을 그리워한다. 나는 번역가이다. 다른 속셈 없이 오로지 번역가이다. 나는 오롯이 나 자신이다. 전에는 나 자신이 자주 배반자인 듯 생각되었던 반면에, 지금은 날마다 나 자신이 성실한 사람이라는 걸 체험한다. … 내가 체험하는 기적들은 한결같았다 — 다만 이제는 유일한

1_ André Müller, "Interview mit Peter Handke", *Die Zeit*, 3.3.1989, pp.78-9.

2_ Peter Handke, *Nachmittag eines Schriftstellers* (Salzburg/Wien, 1987), p.15.

사람인 척하지 않을 뿐이다. 여전히 올바른 말 한마디면 충분하다. 그러면 이렇게 나이 먹었는데도, 뒤뚱뒤뚱 걷다가 나는 듯이 달린다! 그리고 그 절실함도 한결같았다. 다만 이제는 골똘히 생각에 잠기라고 나를 몰아세우는 것이 아니라 피상적으로 마음 편하게 지내도록 날 내버려둔다. 그래서 나는 너의 상처를 가능한 한 아름답게 보여주면서 나의 상처를 숨긴다. 책상에서 죽는 것, 나는 번역가가 된 첫 순간부터 그걸 원했다.[3]

참 별난 설명이다. 하지만 이것은 작가와 언어예술가, 고독하게 자신의 내면을 들여다보는 것과 다른 사람의 '상처'에 공감하며 언어적으로 참여하는 것 사이의 경계에서 번역가의 위치와 목적에 대한 규정이고 강령이기도 하다. 물론 여기에서 말하는 사람은 한트케가 아니라 그가 인위적으로 만들어낸 인물, 직업 명칭 말고는 다른 이름이 없는 번역가, 어쩌면 한트케가 생각하는 이상적인 번역가이다. 그러나 앙드레 뮐러에게 설명하듯 깊이 검토한 결과이긴 하지만, 작가활동에서 번역으로 나아간 여정에 대한 보고는 **또한** 한트케의 길이기도 하다.

저는 제게 맞는 고전적인 언어 말고 다른 언어는 말할 수 없습니다. 저는 언어로 실험하지 않습니다. 이 점에서는 언제까지나 변함없을 겁니다. 그렇지 않다면 글 쓰는 걸 그만두고 그걸 감내할 겁니다…. 저는 오랫동안 오로지 번역만을 했지요… 하지만 번역을 하는 동안 종종 글을 쓰고 싶은 강렬한 갈망을 느꼈습니다.[4]

한트케의 번역활동에 대한 논제와 관련해 우리는 위의 번역가가 주장하는 몇몇 개념들, 예를 들어 '함께 놀기', '성실성', '올바른 말을 찾아내는 기쁨', 또 '과시하기'와 '피상적으로 마음 편하게 지내기' 같은 개념들에 대해 자세히 살펴볼 것이다. 아마 한트케가 생각하는 것과는 다른 의미에서.

3_ Peter Handke, 앞의 책, pp.79-82.
4_ 앙드레 뮐러André Müller와의 인터뷰, 상기 인용문에서.

우리는 신문의 문예라는 식으로 번역가 페터 한트케에게 접근해 번역가로서의 실수나 오류, 그릇된 해석을 유쾌하게 늘어놓을 수도 있을 것이다. 이 점에서 《슈피겔》의 여류 비평가는 워커 퍼시의 소설 《마지막 신사》의 번역과 관련해 우리의 기대를 충족시켰으며,[5] 실제로 워커 퍼시의 독일어 번역본을 읽을 때 극히 의심스러운 몇몇 문장들은 심각한 장애물로 등장한다. 그러나 우리의 경험에 의하면, 그런 오류나 곤혹스러운 상황으로부터 자유로운 번역은 없다. 아무리 좋은 번역이라 할지라도. 그리고 물론 전적으로 사전적인 정확성의 분야만이 — 이미 앞에서 밝히려 한 바와 같이 — 문학 번역의 품질을 결정하는 것은 아니다. 아니, 주로 결정하지도 않는다.

그런데도 이 경우에 한트케의 '어긋난 사례들'을 자세히 살펴볼 만한 가치가 있을 것이다. 이 사례들을 통해 한편으로는 그런 식의 어긋남이 어떤 양상으로 나타나고, 또 한편으로는 그 양상으로부터 원문의 핵심 주제 영역을 변화시키는 새로운 텍스트 형태가 어떻게 형성되는지 보여줄 수 있을 것이기 때문이다. 현재의 맥락에서는 이 문제에 대해 상세히 설명할 수 없다.[6] 그러나 번역가로 활동하는 유명 작가가 별로 알려지지 않은 번역가보다 문학 독자들에게 더 많은 자유를 인정받는 점은 보여줄 수 있을 것이다. 그리고 아마 이것도 나름 좋은 점이 있을 것이다. 원문과 번역문의 관계는 많이 '왜곡되어' 있을지라도, 어쨌든 번역문은 번역하는 작가의 기준에 부합하고 번역되는 작가의 기대에 부응하는 문학작품을 제공한다.

그러나 여기에서 우리는 한트케의 번역을 다른 관점에서 고찰하려

5_ 앙겔라 프레젠트Angela Praesent, 《망명 중인 남쪽나라의 왕자Südstaatenprinz im Exil》, 《슈피겔Der Spiegel》, 1985. 05. 06, pp.189-201. 워커 퍼시Walker Percy의 《마지막 신사 The Last Gentlemen》, [1967], 런던, 1985; 《남쪽의 바보Der Idiot des südens》라는 표제로 페터 한트케 옮김(프랑크푸르트 암 마인, 1988)에 대한 평론. 그 밖의 번역 사례들은 워커 퍼시Walker Percy의 《영화광The moviegoer》영국판 문고본(런던, 1987); 페터 한트케의 독일어본, 《영화관 가는 사람Der Kinogeher》(프랑크푸르트 암 마인, 1980)에서 인용.

6_ 여기에 대한 상세한 내용은 Norbert Greiner, "Peter Handke als Übersetzer Walker Percy",*German Lifr and Letters* 43 (1990), pp.372-386 참조.

고 한다.

신문의 문예란에서 잘못된 번역으로 비난받은 여러 텍스트 구절들은 또한 번역가에 대한 호기심을 일깨운다. 정확히 말하면, 독일 텍스트의 많은 구절들이 특이하고 의아하다는 느낌을 일깨우며, 처음부터 원문보다는 번역가의 문체 의도를 시사하기 때문이다. 즉, 뭐라고 비난하든 독일 텍스트에는 확실히 한 가지 장점이 있다. 번역문들은 텍스트의 모든 도전을 천편일률적으로 매끄럽게 평준화시키는 경우가 지나치게 많은데, 페터 한트케의 독일 텍스트는 이런 획일적인 문체로부터 자유롭다. 문체상으로 한트케의 텍스트는 알아보기 쉬운 특성, 물론 이미 알려진 특성을 보인다. "Er war einer von denen, die aus dem Blick geraten.(그는 시야로부터 사라진 사람들 중 하나였다.)"[He was the sort who goes away.(**그는 떠난 사람이었다**)(19쪽/12쪽)] 또는 "Hier bleibt man ohne Spur.(이곳에서 흔적 없이 남아 있다.)"[Here there ist no one to keep track.(**이곳에는 추적해야 할 사람이 아무도 없다**)](위의 책) 같은 표현들은 앞에서 인용한 한트케 소설의 번역가가 기꺼이 참여하는 '함께 놀기'의 '기적'이 어디에 있는지 일러주지 않는가? 성공한 번역의 예를 들며 그 근거를 밝히는 것보다 실수에 대해 토론하는 편이 더 쉽다. 물론 번역의 품질은 번역 오류와는 반대로 잘 번역된 개개의 문장에서는 드러나지 않기 때문이다.

의도적으로 이렇게, 즉 눈에 띄게, 심지어는 이따금 까다롭게 번역되었다는 느낌이 드는 곳에서 호기심이 인다. 그런 경우 영어 텍스트와 비교해보면, 주의를 끄는 까다로운 번역 배후에 낯설게 하는 어법이나 관용어를 통해 더 정확히 주의를 기울이게 하고 묘사되는 일상적 사태를 새로운 관점에서 드러내려는 문체 의도가 숨어 있는 것을 확인할 수 있다. 이것은 분명 작가 한트케의 시학으로부터 생겨나는 번역 시학일 것이다.

까다롭게 보여 주의를 끄는 가장 간단한 수단들 중 하나인 동시에 번역가 안의 작가로서 효과적인 신조어와 낯설게 하는 언어구조를 획득할 수 있는 가능성은 텍스트를 따라 낱말 대 낱말로 번역하는 것이다. 주어진 언어구조를 의도적으로 따라가며 처음부터 단순하게 사전적인 **가짜 동족어**(false friends)를 좇아가다 보면, 항상 문체의 **전경화**(前景化, foregrounding)[7]가 보장된다. 이것은 어휘 단위, 연어, 은유, 관용어 및 구문 단위와 문장 연결에도 해당된다. 한트케의 또 다른 퍼시 번역본에 나오는 'Siniorstudent(시니어 대학생)'(senior 시니어, 《영화광 The Moviegoher》, 157쪽/194쪽)을 아마 이런 식으로 이해할 수 있을 것이다. 또한 The moviegoer(영화광)을 흔히 쓰이는 'Der Kinogänger(영화광)' 대신 'Der Kinogeher(영화관 가는 사람)'으로 옮기기로 결정한 배후에도 비슷한 생각이 숨어 있는 것이 분명하다. 번역 오류의 위험을 감수하며 이처럼 거의 희극적일 정도로 낱말 대 낱말로 번역하는 경우, 이런 선택은 특히 중요하게 부각된다. She waits for me to say more. When I do not, she seems to forget about her idea. Far from holding my refusal against me, she links her arm in mine and resumes the promenade.(그녀는 내가 더 말하길 기다린다. 내가 말하지 않자, 자신의 생각을 잊어버린 듯 보인다. 그녀는 내 거절에 전혀 기분 나빠하지 않고 내 팔짱을 끼더니 다시 산책을 시작한다.)(《영화광》, 43쪽) "Sie wartet, daß ich weiterspreche. Als ich das nicht tue, scheint sie ihre Idee zu vergessen. Ohne Rankūne hängt sie sich bei mir ein und resümiert die Promende.(그녀는 내가 말을 계속하길 기다린다. 내가 말을 계속하지 않자, 자신의 이념을 잊어버린 듯 보인다. 그녀는 꽁하지 않고 내 팔짱을 끼더니 **산책을 결산한다.**)"(58쪽, 필자 강조). 나는 낱말 대 낱말의 이런 번역을 경솔한 처사라고 여기지 않는다. 이것은 고의적이고 용감한 처사이다. 다시 한 번 말하지만, 이 번역이 어떻게 성공했는지 혹은 실패했는지에 대해서는 여기에서 결정할 문제가 아니다. 다만 번역의 모든 관례에 등을 돌리고 전체적으로 무척 흥미로운 성과를 제시하는 번역방식을 보여주려 할 뿐이다. 우리는 적어도 그 성과를 한트케 특유의 시적 방식과 연관지어 볼 수 있다. 여기에서 idea는 'Gedanke(생각)'을 뜻하는데도 '이념(Idee)'으로 남아 있고, 'Spaziergang(산책)'(promenade)은 그대로 '산책(Promenade)'으로 남아

7_ 역주 — 언어를 비일상적으로 사용하여 두드러지게 하는 것.

'fortgesetzt(계속되는)' 것이 아니라 'resümiert(결산된다)'. 이런 식으로 낱말 대 낱말로의 번역이 이어지면서 독일 텍스트는 뛰어난 기교적 특성, 이를 테면 널리 통용되는 의미에서 언어의 아름다움이 아니라 표현의 놀라운 독창성과 낯섦을 얻는다.

여러 가지 이유에서 한트케의 전형적인 번역 원칙을 보여주는 다음의 — 적절하고 별 문제없어 보이는 낱말 대 낱말 — 번역은 이와 아주 유사하지는 않지만 같은 범주에 속한다고 볼 수 있다.

> Down flew the Ttrav-L-Aire into the setting sun, down and out of the last of the ancient and impoverished South of red hills and Cardui signs and God-is-Love crosses. Down through humpy sugarloaves and loess cliffs sliced through like poundcake. Dead trees shrouded in kudzu vines reared up like old women. Down and out at last and onto the vast prodigal plain of the Delta, stretching away misty and fecund into the October haze. (262쪽)

> 트레브 엘 에어는 아래로 석양을 향해 날아 들어갔다. 붉은 언덕과 카르두이 표시와 하느님은 사랑의 십자가의 오래되고 메마른 남쪽의 마지막을 벗어나 아래로. 불룩불룩 솟은 설탕덩어리와 파운드케이크처럼 얇게 잘린 황토 절벽을 지나 아래로. 칡덩굴에 덮인 죽은 나무들이 늙은 여인들처럼 서 있었다. 아래로 내려가고 마침내 벗어나, 광활하고 풍요로운 삼각주 평원으로 날아갔다. 10월의 안개 속에 뿌옇고 비옥하게 널리 펼쳐진 평원으로.

> Der Trav-L-Aire flog in den Sonnenuntergang hinein, weg von den letzten Ausläufern des alten und ausgelaugten Südens der roten Hügel und Cardui-Zeichen und Gott-ist-die-Liebe-Kreuzen. Hinunter zwischen höckrigen Bergkegeln und Lößklippen, die durchschnitten waren wie Kuchen. Abgestorbene Bäume, gehüllt in Waldreben, standen altweiberhaft. Hinunter, und endlich hinaus, hinein in die weite verschwenderische Delta-Ebene, die sich rauchig und fruchtbar in den Oktoberdunst erstreckte. (346쪽)

트레브 엘 에어는 붉은 언덕과 카르두이 표시와 하느님은 사랑의 십자가의 낡고 추레한 남쪽의 마지막 줄기로부터 멀어져 일몰을 향해 날아 들어갔다. 불룩불룩 솟은 산봉우리와 케이크처럼 잘라진 황토 절벽 사이로 아래를 향해. 말라 죽은 나무들이 클레머티스[8]에 뒤덮여 노파들 모양 서 있었다. 아래로 내려가고 마침내 벗어나, 광활하고 풍요로운 삼각주 평원으로 날아 들어갔다. 10월의 안개 속에 뿌옇고 비옥하게 펼쳐진 평원으로.

가장 쉽게 떠오르는 해결책, 즉 엄격한 낱말 대 낱말로 번역은 첫 문장의 은유적 표현에서 극히 당혹스러운 결과를 낳는 동시에 번역의 근본적 문제점을 지적한다. 널리 알려진 은유[flew … into the setting sun(… 석양을 향해 날아 들어갔다)]가 영어 독자에게는 극히 평범한 분위기를 묘사하는 반면, 독일어에서 명백하게 이례적인 은유[… flog in den Sonnenuntergang hinein(… 일몰을 향해 날아 들어갔다)]는 개별적으로 눈에 띄지 않는 그 밖의 방책들과 어우러져 이 문장을 시적으로 강조하는 문체 효과를 낳는다. 또한 하이픈을 이용한 **복합어** 형성이[God-is-Love crosses(하느님은 사랑의 십자가)] 영어에서는 널리 사용되는데, 이것을 낱말 대 낱말로 직역하면 [Gott-ist-die-Liebe-Kreuzen(하느님은 사랑의 십자가)] 마찬가지로 문체적으로 강조하는 효과를 얻는다. 그래서 평범한 비교[reared up like old women(늙은 여인들처럼 서 있었다)]를 고풍적인 문체형식[standen altweiberhaft(노파들 모양 서 있었다)]으로 최종 해결하는 부분은 결국 공동의 목적을 추구하는 일련의 번역결정에 일관성 있게 합치하는 것으로 느껴진다. 이 공동의 목적이 때로는 완전히 주도권을 쥐게 되면, 한트케는 사실 원문에 전혀 존재하지 않는데도 출발텍스트에서 요구되는 언어구조를 뒤쫓는다. 여기에서 《영화광》의 다음 사례에 대한 더 이상의 자세한 설명은 필요 없을 것이다.

8_ 역주 — 미나리아재비과의 덩굴식물.

> I'd like to make a phone call,' she says in the brusque-kindly manner of country folk who grant favors with an angry willingness. (78쪽)
>
> 난 전화를 걸고 싶어, 그녀는 화를 내면서도 기꺼이 부탁을 들어주는 시골 사람들의 무뚝뚝하면서도 친절한 말투로 말한다.

> Ich möchte einen Anruf machen', sagt sie, brüsk-freundlicher Landmensch, wütend-willig zu Diensten. (104쪽)
>
> 난 전화를 걸고 싶어, 화를 내면서도 부탁을 들어주고 무뚝뚝하면서도 친절한 시골사람인 그녀는 말한다.

이런 특성은 어휘와 은유적 표현, 조어뿐만 아니라 관용어에도 해당된다. 《마지막 신사》의 다음과 같은 사례에서 알 수 있듯이, 여기에서 원칙적으로 — 한트케가 기획한 번역 시학의 논리적 범위 안에서 — 쌍방 간에 언어를 풍성하게 하는 많은 가능성이 제공될 수 있다. 인생의 목표를 성취하려는 도정에서 온갖 진부한 일들을 겪은 주인공은 독자들에게 익숙한 상황에 처해 있다.

> At these times he set himself a goal and often achieved it of 'cultivating rewarding interpersonal relationships with a variety of people' … (14쪽)
>
> 그 시기에 그는 대인관계를 다양한 사람들로 장려하며 보답하는 것을 목표로 삼았고 종종 그 목표를 달성했다.

> In solchen Perioden setzte er es sich zum Ziel (welches er auch oft erreichte), 'lohnende interpersonale Partnerschaften mit wechselnden Individuen zu kultivieren' … (23쪽)
>
> 그 시기에 그는 '보람 있는 상호 파트너 관계를 다양한 개인들로 장려하는 것'을 목표로 삼았다(그리고 종종 그 목표를 달성했다) …

여기 이 구절도 우스꽝스럽기 때문이 아니라 한트케가 번역자로서 얼마나 급진적인 길을 걸을 준비가 되어 있는지 보여주기 위해 선택한 것이다. 즉, 기이하게도 이 구절을 따로 떼어놓고 보면 우스꽝스럽게 여겨지지만, 같은 관점에서 번역된 다른 많은 문장들과 관련지어 보면 전혀 우스꽝스럽지 않기 때문이다.

그러므로 한트케가 텍스트를 따라 지극히 정확하게 낱말 대 낱말로 번역하는 전술을 위해 두 언어의 문체상의 명백한 차이점을 이용하는 것은 별로 놀랍지 않다. 다음 사례는 영어 분사구문을 충실하게 수용한다. "a neighborhood gang or two making their way arm in arm, wheeling and whip-popping, back to their trucks(팔짱을 낀 채 빙그르르 돌고 밀치며 트럭으로 돌아가는 이웃마을 주민 한두 무리)."(《영화광》, 159쪽). "… ein, zwei Gruppen aus der weiteren Umgebung, die untergehackt, sich herumdrehend und weitervertreibend, zu ihren Wagen zurücktändeln(… 팔짱을 낀 채 빙그르르 돌고 밀치고 장난을 치며 차로 돌아가는, 좀 더 먼 인근에서 찾아온 한두 무리)"(196쪽). 명사 문체에서 영어의 전형적인 소유격 형성의 사례도 있다. "Ah, Billy, there's been a loss of integrity in the world…(이런 빌리, 세상에 진실성의 상실이었어…)" (《마지막 신사》, 73쪽). "Oh, Billy, was für ein Schwund von Anständigkeit ist in der Welt.(이런 빌리, 세상에 이런 예절의 상실이 있을까)"(99쪽). 문법적으로 완전히 왜곡될 정도로 극단적인 직역의 사례도 있다. "Ein deutscher Arzt hat einmal festgestellt, im Leben der Gemütskranken seien auffällig die 'Lücken'(언젠가 한 독일 의사가 우울증 환자들의 삶에서 '균열들'이 눈에 띈다고 확정지었다)"(《바보》, 23쪽/14쪽). 이런 모든 것들은 앞에서 말한 번역방식과 일치한다.

《영화광》의 번역본 후기에서 한트케는 자신과 워커 퍼시의 관계에 대한 힌트를 준다. "이 독일어 번역본은 뉴올리언스/젠틸리 출신의 영화광 존 비커슨 볼링에게 오랜 세월 친화력을 느낀 독자가 고마워하며 번역한 것이다."[9]

9_ 앞의 책, p.212.

이 친화력을 자세히 추적해봐야 할 것이다. 퍼시와 한트케의 글을 대략 훑어만 보아도, 두 사람의 소설 시학에서 주제 선택, 모티프와 비유, 등장인물들의 성향이 많이 관계 있는 사실을 확신할 수 있을 것이다. 지금은 그것들에 대해 설명할 계제도 아니고 또 그럴 만한 지면도 없다. 앞에서 말한 친화력을 감안하면, 한트케가 퍼시의 텍스트를 다루는 과정에서 왜 친근감과 우려를 동시에 느끼는지 알 수 있다. 일단 한트케가 언어적, 문화적으로 분명 정통하지 않은 점을 제외하면, 무엇보다도 다음과 같은 점들을 보여줄 수 있을 것이다. 그가 퍼시와 가깝다고 생각해 자신의 작가적인 관심사의 표현으로서 퍼시의 텍스트에 어떻게 개입하는지. 또 퍼시의 텍스트 문체를 변화시켜 말하자면 추상화시키는 것은 한트케 자신의 집필방식과 어떻게 그리고 왜 일치하는 관계에 있는지. 언어적인 기교를 좇는 경향은 한트케가 퍼시의 글을 번역할 무렵 개발한 '새로운 시각'과 얼마나 관련 있는지. 일상생활, 즉 이미 획일적으로 만들어진 인지체계와 표현체계의 낯설게 하기, 그리고 새로운 것을 추구하는 시도와 연계된 의도적인 세계 상실은 두 사람에게 얼마만큼 주제의 출발점을 이루는지. 그에 비해 새로운 것을 추구하는 이들의 내용적인 방향은 서로 얼마나 다른지. 종교적인 색채가 뚜렷한 구절들의 번역에서 한트케가 (의도적으로?) 자제하는 이유는 아마 여기에 있을 것이다.

한트케가 퍼시의 작품에서 자신을 재발견하거나 혹은 발견할 것이라는 점에는 의문의 여지가 없다. 그래서 퍼시의 작품이 한트케에게 발산하는 매력은 번역자로서의 열광 이상의 것이다. 즉, 그것은 작가적인 활동의 계기이다. 번역과정에서 텍스트가 내 것으로 변화하는데, 이러한 변화는 현재의 번역 원칙들과는 거의 관련이 없지만 번역의 문화사에서는 보기 드문 일이 아니다. 다양한 《오디세이아》 번역본들로 이루어진 '국제 도서관'이라는 보르헤스의 생각을 상기해보라. "요소들의 모든 새로운 조합과 배열이 원문에 열등하다는 선입견은 스케치 9가 스케치 H보다 어쩔 수 없이 열등하다는 생각과 같다 — 그것들이 단지 스케치일 뿐인데도 말이다. 개념(최종 텍스트)은 오로지 종교나 권태 앞에서만 입증될 수 있다."[10] 이처럼 내 것으로 변화한다는 의미에서 한트케의 텍스트들은 일관되고 응집력이 있다 — 물론 영어 텍스트와 관련해서는 일관성과 응집력이 없다. 한트케는 스스로 거부했을 방식으로 퍼시를 대한다. 어떻게 '책임 있게'[11] 생략할 수 있는지는 아마 한트케의 비밀로 남아 있을 것이다. 하지만 그 모든 것에도 불구하고 내 것으로 만들기의 매우 흥미로운 성과는 변함없으며, 결코 두 번 되풀이될 수 없는 — 그러므로 모방할 가치도 없는 — 상호문화적이고 상호텍스트적인 관계가 뚜렷이 드러난다. 번역문은 일차적으로 독자에게 영어 텍스트**에 대해** 전달해주는 것이 아니라 독자적인 권리를 지닌 텍스트이다.

위에서 소개한 번역문들에서 한트케는 자신의 이상적인 번역자에게 수행하게 한 번역행위뿐만 아니라 텍스트에 새로운 모습을 부여하는 시적 행위 역시 수행했다.

우리는 한트케가 앙드레 뮐러에게 고백한 말을 아마 이런 관점에서 읽어야 할 것이다. "그야말로 몇 년 동안 저는 오로지 번역에만 매달렸습니다. … 하지만 번역하는 동안 글을 쓰고 싶은 강한 갈망을 종종 느꼈습니다. 너무 글을 쓰고 싶어 눈물이 나올 정도였지요."

여기에서 마침내 문학과 번역의 친화성, 주제와 기술 면에서의 유사성이 드러난다. 이런 점에서 한트케가 번역가로서 텍스트를 다루는 방식과 번역에 대해 성찰하는 내용은 비록 세세한 부분에서 많은 오류가 있었을지라도 극히 주목할 만하며, 번역과 번역문을 전혀 새로운 관점에서 문화사적으로 올바르게 해석하도록 도와준다.

예술적인 만남의 두 번째 사례는 특히 역사적으로 중요하다. 이것은 자신과의 만남, 작가가 자신의 작품을 스스로 번역한 경우이다. 그는 정치적인 상황 탓에 어쩔 수 없이 독일 고향을 미국의 영어권 문화와 맞바꾸고 영어권 문화에서 새로운 고향을 찾을 수밖에 없었다. 어떻게 그가

10_ Jorge Luis Borges, "Die Homerübersetzungen", in: *Ausgewählte Essays* (Frankfrut/M., 1982), pp.39-40.

11_ 이런 모호한 암시로 한트케는 《영화광Moviegoer》 번역본에서 많은 부분을 생략하고 누락한 것에 대해 변명한다. 앞의 책, p.213.

이처럼 두 나라 사이를 넘나들 수 있었고, 어떻게 두 문화에 속한 존재로부터 특이한 서정적 작품이 자라났으며, 어떻게 고향을 찾으려는 평생의 시도가 존재론적 시련과 두 문화 사이의 존재를 낳았는지, 다음 사례에서 고찰해보고자 한다.

3. 사례연구 E – 자기번역: 두 개의 언어문화 사이에 던져진 시인이자 번역가, 펠릭스 폴락[12]

2개 국어를 구사해왔던 시인 펠릭스 폴락의 작품이 지금까지 대중에게 그렇게 널리 알려지지 않았다는 사실은 제2차 세계대전 이후 독일의 문화가 과거를 청산함에 있어서 전쟁의 희생자들에 대해 책임을 졌던 방식을 성찰하게 만든다. 그것은 독일 번역사(飜譯史)에서 다루어질 화제이기도 하다.

1989년 초여름 펠릭스 폴락의 시집 《의심의 유익에 관하여Vom Nutzen des Zweifels》가 출간되었다.[13] 이 시집은 폴락이 직접 자신의 시작품들을 모아 엮은 것이지만 그가 타계한 후에야 비로소 라인홀드 그림Reinhold Grimm의 편찬으로 출간되었다. 이 시집은 두 가지 언어[14]로 이루어진 시선집(詩選集)인데, 87세를 일기로 타계한 시인 펠릭스 폴락의 최초의 독일어 책이었다는 점이 흥미롭다. 1963년부터 1988년까지 발표된 폴락의 영문 시집 6권이 부분적으로 시인 자신에 의해 독일어로 번역되기도 했지만 유고시집 《의심의 유익에 관하여》가 출간되기 전에는 그의 시 세계가 독일어권 지역에 전혀 알려지지 않았다. 그의 산문도 알려진 적이 없었고, 그나마 알려진 글이라고는 몇 편의 문예학적 비평밖에는 없

12_ 역주 – 펠릭스 폴락(Felix Pollak, 1909-1987): 오스트리아의 빈에서 태어나 나치의 침략 전쟁이 시작되던 1938년에 미국으로 망명하였다. 그 후 미국에 거주하면서 작가(시인)이자 번역가로 활동하였다. 1987년 위스콘신 주 매디슨에서 타계하였다.
13_ 역주 – 이 시집은 1989년 프랑크푸르트의 피셔(Fischer) 출판사에서 출간되었다.
14_ 역주 – 독일어와 영어를 의미한다.

었다. 《의심의 유익에 관하여》를 편찬한 라인홀드 그림의 발문(跋文)에 밝혀진 것처럼 이 시집의 출간으로 인하여 "가장 중요한 망명 시인들 중 한 사람이 눈을 감는 순간까지도 잊을 수 없었던 본향의 땅으로 반세기만에 마침내"[15] 돌아오게 되었다. 실제로 귀향한 것은 아니지만 망명객인 팰릭스 폴락의 입장에서는 '귀향'이라고 부를 만한 삶의 정황이 이 시집에서 드러난다.

폴락은 그의 작품을 대수롭지 않게 여기는 독일 비평가들의 무관심을 매우 고통스런 심정으로 술회하면서 비평가들의 그러한 태도를 아직도 끝나지 않은 망명의 표식으로 받아들였다. 폴락은 그의 운명적 동지인 알프레드 폴가Alfred Polgar[16]의 발언에 근거하여 자신의 문학적 운명을 시 〈난민Refugee〉에서 정확하게 묘사한다.

그는 빈에서 태어났다
그는 아우슈비츠에서 죽었다
그는 뉴욕에서 살고 있다

그의 생각은 변함이 없다
살갗이 덮인 상태에서는
모든 사람이 형제일 수 있다는 것을

그러나 그는 또 알고 있다
그들은 언제나
혼신의 힘을 다하여

서로의 살갗을 벗겨내리라는 것을
그러면서도

15_ Felix Pollak, *Vom Nutzen des Zweifels*, ed. u. mit einem Nachwort v. R. Grimm(Frankfurt/M., 1989), p.55. 이하의 모든 인용문은 이 책에서 인용된 것임을 밝혀둔다.

16_ 역주 — 알프레드 폴가(Alfred Polgar, 1873-1955): 오스트리아의 빈에서 태어난 언론인이다. 지식 '비엔나 커피하우스'의 멤버로서 저명한 지식인이었다.

그들은 형제일 수 있다는 것을

독일 각 신문의 문예란에 올라온 평을 읽어보면 폴락의 시집이 여러 측면에서 범상치 않은 작품으로 대중의 주목을 받을 만하다는 데에 의견이 일치하였다. 망명을 떠난 후 수십 년 동안 모국어로 계속 글을 쓰면서도 성인 세대에 접어들어서는 새롭게 터득한 외국어로 시를 쓰기 시작한 망명 시인을 폴락 외에는 달리 찾아볼 수 없었기 때문이다. 더욱이 그의 독일어 문학작품 속에는 잃어버린 고향의 문화적 전통이 오롯이 담겨 있고 그의 영어 시집 속에는 미국 시문학의 전통과 효과적으로 연결되어 그의 새로운 본향인 미국의 작가들까지도 그의 시세계를 크게 인정할 수밖에 없는 문학적 요소가 담겨 있었기 때문이다. 망명과 더불어 형성될 수밖에 없었던 이중(二重) 문화성(文化性)이 양쪽 문화권에 중요한 의미를 주는 폴락의 문학적 재능을 낳았다. 그의 문학적 재능은 독일시와 미국시 간의 뚜렷한 차이를 보여주는 상이한 전통들을 그의 작품 안에서 통일시켰다. 그러한 합일의 과정을 통하여 폴락은 요세프 브로드스키Joseph Brodsky[17]가 자신의 '월계수 시인(poeta laureatus)' 취임 공개강의에서 '양립할 수 없는 문화전통들'이라고 규정할 만큼 확연히 달랐던 문학적 문화 사이의 가교 역할을 톡톡히 해낸 것이다. 폴락의 시집을 편찬한 라인홀드 그림이 말한 것처럼 그의 시세계를 카를 크라우스Karl Kraus와 윌리엄 카를로스 윌리엄스William Carlos Williams의 종합이라고 명명할 수 있을 것이다. 그가 윌리엄스로부터 배운 것은 객관주의와 이미지즘의 언어기법이었다. 인간의 현실은 눈에 보이는 현상들 이면에 존재하면서 그 무엇이라고 분명하게 규정할 수 없는 다의성(多意性)을 띠고 있으나, 폴락은 그 '현실'을 명료하게 규정할 수 있는 객관적

17_ 역주 ― 요세프 브로드스키(Joseph Brodsky, 1940-1996): 러시아계 미국 시인이다. 본명은 이오시프 알렉산드로비치 브로드스키다. 그는 소련(蘇聯)의 반체제 작가로 알려져 있다. 1972년 소련 정부에 의해 추방되어 미국으로 망명하였고 1977년 미국 시민권을 취득했다. 미국 시인협회의 회원으로 활동하며 미시간 대학교의 교수로서 문학을 강의하였다. 1987년 노벨문학상을 수상하였다.

'대상'으로 응축시키는 기법을 윌리엄스로부터 터득하였다. 그는 윌리엄스에게서 일상의 어법이 배어 있는 간결하면서도 절제된 문체를 수용하였다. 그 문체로써 현실을 응축하여 객관적인 사물이나 대상으로 전환하는 기법을 받아들인 것이다.

카를 크라우스로부터 영향을 받아 형성된 것은 잠언(箴言)적 문체였다. 그것은 니체F. Nietsche로부터 받은 영향도 적지 않았다. 폴락이 남긴 유물 중에서 책으로 출간해도 손색없는 잠언집이 발견되었다. 잠언의 문장들은 폴락의 자필(自筆) 원고였다. 아메리카 풍모를 지닌 그의 대단한 영어 시집들이 연이어 출간되어 대중에서 선을 보이던 저 망명의 세월 내내 수십 년에 걸쳐 공을 들인 역작이었다.

폴락이 잠언의 완성도를 높이기 위해 사용했던 문체는 그의 시를 구성하는 문체이기도 하다. 시 속에 담겨 있는 간결하면서도 정곡을 찌르는 어법은 스냅 사진을 찍듯이 눈 깜짝할 사이에 독자의 의식에 충격을 가하는 교훈의 힘을 발휘한다. 문체의 영향과 더불어 폴락의 마음속에서 점점 더 뜨거워지는 문학의 열정으로 인하여 그와 카를 크라우스 간의 연대의식이 형성되었다. 폴락에게 있어서 그 열정은 번역의 열정이기도 하다.

그러나 폴락에게 있어서 '번역'은 크라우스의 경우와는 사뭇 다르게 매우 중요한 의미를 함의(含意)하는 문학행위가 된다. 그에게 있어서 번역은 곧 언어운동의 행위이자 문화소통의 행위이며 고향의 문화와 타향의 문화, 즉 두 가지 서로 다른 문화를 이어주는 아주 특별한 가교다. 그러나 어느 곳이 고향이며 타향은 또 어느 곳인지, 문화적 고향은 진정 어느 곳인지에 대한 의문이 가혹하다 싶을 만큼 망명객을 압박한다.

망명작가에게 있어서 '번역'은 타향에서도 살아남을 수 있는 생존의 유일한 가능성을 뜻한다. 그에게 있어서 '번역'은 먼저 떠나온 망명작가들의 번역활동을 뒤따르는 충분한 정신적 토대를 의미할 뿐만 아니라 그들 자신이 추방되어 나왔던 본향의 지역 문화를 타향인 망명지에 중개하여 적극적으로 전하고자 했던 매우 아이러니한 역사의 족적(足跡)을 추적하는 토대이기도 하다. 폴락은 20세기 독일문학을 영어로 옮겼다. 릴케, 베데킨트, 무질, 카를 크롤로우, 카슈니츠의 후기 작품, 쿠네르트, 엔첸스베르거의 작품을 번역하였다. 하지만 폴락은 망명으로 인해 겪는 고난의 동지라 할 수 있는 하인리히 하이네의 작품을 우선적으로 번역하였다.

망명작가의 인생에 있어서 번역이 매우 중요한 의미를 갖는 또 하나의 이유는 다름 아닌 작가 자신이 문화 전달과정의 산물이라는 점이다. 망명작가, 그는 번역가로서 문화를 옮기고 있는 인간이지만 문화를 옮겨놓은 인간이기도 하며 이곳의 문화에서 저곳의 문화로 옮겨진 인간이기도 하다. '옮겨진 존재'라는 이러한 존재의 유형에 대하여 폴락이 인생 후반기에 얼마나 골몰했는가를 그의 에세이집《뉴욕, 배(船), 망명객》이 여실히 보여준다. 이 책은 망명 초기인 1939년 여름에 집필을 시작했지만 1979년에 비로소 출간되었다. 이 책에서 그는 유럽행 여객선의 출항을 바라보며 떠오르던 당시의 미묘한 감정들을 다음과 같이 묘사하고 있다.

> 그래, 배가 출항한다. 그러나 저 배는 마음속으로도 항로를 연다. 불현듯 너는 착잡해진다. 와락 터져 나오는 감정의 봇물. 이곳에 발을 디딘 이래 줄곧 너를 울먹이게 했던 바로 그 감정이다. 이 배가 향하는 곳은 집이다. 유럽이다. 쉘부르, 파리, 젬머링, 빈! 너의 터전인 그곳으로! 너는 이곳 타향의 바닷가에 서서 배가 멀어져 가는 모습을 지켜볼 뿐이다. 너는 그 배에 몸을 실을 수 없구나! 그 어떤 낱말이 너의 목구멍을 꽉 채우고 있다. 하지만 그것을 "향수(鄕愁)"라고 말할 수는 없겠다. 차라리 '실향의 아픔'이라 부르는 것이 너에겐 맞는 말이겠지 ….[18]

실향의 아픔, 이것은 여러 측면에서 자신의 세계를 잃어버렸다는 다중적(多重的) 상실의 경험을 뜻한다. 처음엔 강요된 망명으로 인해, 나중엔 실명(失明)으로 인해 실향의 아픔은 그의 서정시에 있어서 주제를 형성

18_ Felix Pollak, "Newyork, ein Schiff, ein Emigrant", *Akzente 26* (1979), pp.314-320; p.315.

하는 가장 중심적인 모티프가 되었다. 망명객이자 옮겨진 존재로서 겪는 인생의 고통도, 두 문화를 중개하는 가교자로서의 번역 활동도, 두 종류의 언어와 두 가지 장르적 전통을 언제나 새롭게 하나의 의미심장한 형식 속으로 압축시키는 시인의 예술가적 열정도 모두 '실향의 아픔'이라는 이 개념 속에 어우러져 녹아 있다. 폴락에게 있어서 번역과 번역의 주제를 정하는 일은 두 문화 사이에서 그에게 새로운 본향이 되어줄만한 정신적 공간을 끈질기게 찾아나서는 '본향 찾기'의 두 가지 모습으로 나타난다.

두 문화 사이에 위치하는 작가가 자신의 본향을 새롭게 모색하는 이러한 문화적 맥락에서 특히 귀감으로 삼을만한 점은 자신의 작품을 다른 언어로 직접 옮긴 '자기번역'의 산물들이다. 그의 번역물 속에 함축된 양쪽 문화의 성격뿐만 아니라 문화행위의 경쾌함에서도 폴락의 비범한 능력이 드러난다. 두 가지 언어의 한가운데 존재하면서 한쪽 언어로 창작한 자신의 작품을 다른 쪽 언어로 번역하는 문화적 왕래의 경쾌함이야말로 가히 경탄할 만한 능력이다.

자신의 작품을 직접 번역한 '자기번역'의 작가들이 20세기 문단에서 그들의 이름을 널리 알리곤 했다. 나보코프Vladimir Nabokov와 베케트Samuel Beckett는 '자기번역' 그룹의 좋은 선례다. 그러나 폴락은 좀처럼 들어본 이름이 아니었다. 망명객의 트라우마를 심도 있게 다루는 작품들을 작가 자신이 직접 번역해낸 것도 보기 드문 일이었다. 자신의 시작품마다 주제에 관한 주석을 다는 번역방식도 새로운 것이었다. 영어와 독일어, 두 종류의 언어로 쓰여진 시집《의심의 유익에 관하여》에 수록된 작품들은 폴락이 직접 자신의 작품을 모아놓은 것이다. 그런데 전체 작품 중 약 30%는 라인홀드 그림Reinhold Grimm, 클라우스 라이하르트Klaus Reichert, 한스 마그누스 엔첸스베르거Hans Magnus Enzensberger에 의해 번역되었고, 약 70%의 작품은 폴락에 의해 자기 번역이 이루어졌다. 이러한 자기번역의 사례에서 아주 흥미로운 점이 눈에 띈다. 폴락의 인생에서 마지막 몇 년 동안 영어로 시작품들을 쓰고 그 영시들을 직접 독일어로 번역하는 것은 매우 예사로운 일이었다는 점이다. 이와 다르게 독일어로 창작한 작품들을 영어로 번역하는 것은 자주 있는 일이 아니었지만 그렇다고 해서 이례적인 일도 아니었다. 분명한 것은 그가 자신의 모든 독일시를 영어로 번역한 것은 아니라는 점이다.

그가 영어로 번역하지 않은 모든 독일시는 주제의식에 있어서 밀접한 연관성을 띠고 있다. 자신의 독일시를 영어로 번역하는 일을 자제한 것이 애초부터 의도된 것은 아니라고 말할 수 있는지, 또한 영어로 전달하는 것이 불가능하거나 아예 그럴 엄두를 내지 못할 만큼 완전히 '독일적'인 것으로 남아있는 고유한 영역이 그의 인생과 작품 속에 간직되어 있었는지 의문이 든다. 독일어로 쓴 그의 모든 시작품은 독일 및 오스트리아와 연관된 과거를 다루고 있고, 그 과거를 함께 했던 동포들에 관한 내용을 담고 있으며, 과거를 불러내서 되살리려는 갈망을 표현하고 있다. 사실, 나는 폴락의 시 〈카운트아웃 선언의 노래 1945Auszähl-Lied 1945〉가 주제의식의 면에서도, 형식미에 있어서도, 언어의 측면에서도 오인의 여지가 없을 만큼 뚜렷한 '독일적' 요소의 집합체일 뿐만 아니라 독일적인 것이 오롯이 보존되어 있는 작품이라고 생각한다. 한 작품을 다른 지역의 언어로 그 지역에 중개하고자 한다면 어떤 경우든지 편협한 지역성에 얽매이지 않는 보편적 의미를 지녀야 하지 않겠는가.

카운트아웃 선언의 노래 1945

하나 둘 셋 넷 다섯 여섯 일곱
한 노파가 무를 삶는다
한 노파가 베이컨을 굽는다
자기 손가락을 잘라낸다

하나 둘 셋 넷 다섯 여섯 일곱
그래, 우리는 쫓아냈다

햄 교수대 가스[19] 그리고 황색 표식[20]을,
그래, 그것들은 마침내 사라졌다.

하나 둘 셋 넷 다섯 여섯 일곱
그러나 우리에게 남은 것은 무엇인가?
잔해와 쓰레기, 구린내 나는 오물뿐
코밑 수염[21]조차도 사라졌다.

하나 둘 셋 넷 다섯 여섯 일곱
공장들은 고요 속에 멈춰 있고
쥐들은 휙— 꼬리를 스치며 구멍 속으로 달아난다
우리는 현존하고 그것들은 사라졌다.

하나 둘 셋 넷 다섯 여섯 일곱
마침내 다시 살아나는 지방 찌꺼기
마침내 다시 살아나는 베이컨
적들아 차라리 이곳에 남으려무나!

위의 시작품이 번역되지 않은 상태로 남아 있는 것이 어디까지나 우연한 일이었다면 그것은 차라리 아름다운 우연이라고 말해야 할 것이다. 그러나 이 경우는 자기번역가가 다분히 의식적으로 번역하지 않았던 작품의 내재적인 사정과 결부되어 있다. 유대인 학살의 테마와 동요(童謠)의 형식, 숫자를 세는 가벼운 말놀이의 형식과 다소 성급해보이는 과거 극복의 테마가 짝을 이룸으로써 씁쓸함이 더욱 짙어진다. 테마와 형식 간의 역설적인 만남에서 생겨나는 특별한 긴장감과 함께 이 시작품 전반에 배어 있는 씁쓸함을 번역한다는 것은 매우 어려운 일임에 틀림없다.

19_ 역주 — 나치가 남겨놓은 독일적 유산과 '홀로코스트'의 현장 도구들.
20_ 역주 — 나치가 홀로코스트의 대상인 유태인에게 붙였던 표식.
21_ 역주 — 아돌프 히틀러를 연상시킨다.

번역하기 어려운 사정에 있어서는 폴락의 시 〈결코 그렇지 않은 땅 Niemalsland〉도 이와 비슷한 양상을 띠고 있다.

결코 그렇지 않을 뿐인 땅

우리는 결코 그것을 알지 못했다.
우리는 결코 그것이 아니었다.
그것은 결코 없었다.

그것은 결코 우리에게 이루어지지 않았다.
그것을 결코 우리는 시도하지 않았다.
그것은 결코 우리에게 증명되지 않았다.

항거했냐고? 그것을 결코 우리는 하지 않았다.
우리는 결코 그것에 반대하지도 않았다.
우리는 결코 그것에 찬성하지도 않았다.

그 거짓말들을 결코 우리는 믿지 않았다.
밖으로 나가는 것이 결코 의심스럽지 않았다.
악행은 결코 득이 되지 않기 때문이다.

우리는 결코 악행을 저지르지 않았다.
우리는 결코 머리를 숙이지 않았다.
어느 누구도 우리의 그런 행동을 결코 꾸짖지 않았다.
결코 그렇지 않을 뿐인 땅에서는 편안히 지낼 만하다.
사람들은 결코 아무것도 기억하지 않으니까.
우리들 자신은 결코 존재하지 않았으니까.

그럼에도 우리는 결코 행복하지 않다.

우리는 결코 잊을 수 없을 테니까.
이곳에서 결코 일어나지 않았던 그 모든 일을.

물론 이 독일어 시를 영어로 번역할 수도 있을 것이다. 그러나 이 시의 의미를 온전히 재생하는 번역이 가능했을까? 시의 화자가 말하는 이 "땅"은 지리적으로도 문화적으로도 명확하게 규정되지 않거니와 다른 언어권의 시인으로서 노정할 수밖에 없는 언어의 한계까지 감안해야 하지 않는가? 폴락의 인생에 있어서 한 부분이기도 한, 이처럼 번역되지 않은 시작품들과 함께 폴락이 자신의 인생을 마감했노라고 사람들은 말할 수도 있을 것이다. 그것은 여타의 다른 시작품들 속에서도 볼 수 있는 것으로 시인의 '귀향'이 불가능하다는 것과 그곳에서 지낸 옛일들이 기억의 필터를 통해 좋은 것과 나쁜 것으로 걸러진다는 시인의 인식에 의해 정해진 인생의 종결점이기도 하다.

불가능해진 귀향의 경험을 원천으로 삼아 가장 인상 깊은 시작품들이 발원하였다. 그 작품들에게서 주목할 만한 점은 시인이 영어로 쓴 원작시(原作詩)의 경계를 초월하여 그가 직접 독일어로 옮기는 '자기번역'이 얼마든지 이루어질 수 있다는 점이다. 또 눈여겨 볼 만한 것은 이러한 자기번역의 행위를 통하여 글쓰기를 멈추지 않고 영어 원작시와 독일어 번역물 사이에서 더욱 많은 작품들을 대상으로 텍스트 간의 대화의 길을 열어 나간다는 점이다. 기억으로 남겨진 과거의 영역을 다루는 것이 독일어의 몫이라고 한다면 폴락의 영어 시는 때늦은 귀향, 좀 더 정확히 말한다면 옛날의 고향을 뒤늦게나마 방문하는 체험을 다루고 있다.

Vienna: The Street

The street that went to grade school
has grown up and spread. The pissoir

is missing. Though scent of tar
(and ripe delicatesssen) seems to linger.
The school still stands. Even
The musty room 3-A that housed geography.
(Except that far-flung names-like Kankakee-
have lost their distance.)

A different barber. Eyes my clothes
and greets me in bad Englisch. The manicurist
(face of tired nurse) must
be his wife. My best friend bit his nails.

Yes, cut my golden locks. He laughs
obliging. *(Amerikaner* like to joke.)
The rocking horse is gone. The clock
reads backward in a mirror full of blindspots.

빈의 거리

초등학교로 향하는 길
더 큼직하고 더 넓어졌다. 공중 화장실은
자취를 감추었다. 타르 냄새와 별미 음식의 향기는
잦아드는 것만 같은데.

학교는 지금도 서 있다. (캉커키Kankakee[22]처럼
아주 먼 곳의 지명(地名)도 아주 가까운 세계로 느껴질 만큼)
지리 수업이 한창이던
곰팡내 풍기는 3학년 A반 교실도 그대로 있다.

낯선 이발사 아저씨. 내 옷차림을 훑어보더니
서툰 영어로 인사말을 건넨다. (피곤한 간호사의 얼굴로 서 있는)

22_ 역주 — Kankakee(캉커키): 미국 일리노이 주 동북부의 도시.

손톱 관리사는 그의 아내임에 틀림없다.
나의 절친은 손톱을 물어 뜯었다.

그래, 그들은 내 금빛 곱슬머리를 자르기 시작한다. 이발사는
실실 웃어가며 농담에 열중한다. (미국 사람은 농담을 즐긴다고 생각하니 어쩌겠는가.)
흔들 목마는 이곳을 떠났다. 시계는
맹점(盲點)으로 가득 찬 거울 속에서 세월을 거꾸로 읽는다.

이 '귀향자의 시'는 과거가 아닌 현재를 다루고 있다. 이 시는 고향이 아닌 달라진 고향과의 대면을 이야기한다. 귀환은 귀향이 아니었다. 그를 집으로 데려온 것은 더더욱 아니었다. 이것은 이중적인 단어의 뜻을 지니고 있는데, 차라리 옛 고향을 찾는다는 의미에 가깝다. 찾아낸다는 의미에서 예전의 고향을 찾으려는 시도는 두 가지 이유로 실패한다. 고향이 변하였다는 것인데, 이는 시간의 흐름 때문만은 아니다. 그 사실은 다음 번에 읽을 시로 확인할 수 있다. 고향을 찾는 시도가 실패한 또 하나의 이유는 귀향자가 변하였다는 점이다. 그의 유년시절의 몸짓은 시대착오적으로 보인다. 예전에는 금빛이었던 '나'의 곱슬머리를 자르려는 백발의 이발사는 지루한 농담 효과만을 줄 뿐이다. "미국 사람은 농담을 즐긴다고 생각하니 어쩌겠는가." 귀향자가 찾거나 바라는 것이 무엇이었든 간에 옛 청춘 시절의 자신을 낯설지는 않지만, 그때와는 전혀 다른 인물로 마주한다. 시에서는 "나의 절친은 손톱을 물어 뜯었다.(My best friend bit his nails.)"고 말한다. 이 '절친'은 그 자신, 즉 잃어버린 자신을 가리킨다. 이러한 우회적인 표현이 되찾을 수 없는 상실된 고향을 대면하는 만남의 결과이자 오스트리아에서 직접 겪고 있는 자기자신에 대한 경험의 결과라는 것은 절친(best friend)의 정체성을 환기시키는 바로 다음의 텍스트, 시에서 드러난다.

Vienna: The House

October air-
The sweet pungency
of apples...

Here is the park, here is the street,
here is the house. The dark-green door
I dreamed about in all those years
is brown now, foreign, and locked.
I have no key.

The windows on the second floor.
Behind them used live the skinny boy,
who grew a cactus on that window sill,
who spoke to me when he said "I",
who liked to write.

The autumn afternoon, when I looked out
and saw my mother coming home with groceries:
how I dashed back into the house to practice scales
on the violin! And how my brother laughed
as Mama praised me.

Here is the street, here is the house.
Why doesn't this encounter hurt?
I thought it would. - An aging burgher,
dog on the leash, enters the house.
He's got the key.

I turn to go. Before me,
the tram and my hotel. Never look back!
There's merely a grey wall with windows,
a house that once was home.

빈의 집

가을의 공기에 젖은
사과들의
시큼한 단맛…

여기는 공원, 여기는 골목길,
여기는 집. 내가 오래도록 꿈꾸어 왔던
진초록색 문
이제는 갈색으로 갈아 입었다. 낯설다. 문은 잠겨 있는데
내겐 열쇠가 없구나.

이층(二層)의 창문
그 뒷켠의 방에서 한때 깡마른 사내 아이가 살았었지.
창틀에서 선인장을 애써 기르던 그 아이,
"나야 나"라고 하면서 내게 말을 걸던 그 아이,
손톱을 물어 뜯던 그 아이

어느 가을날 오후에 나는 몸을 구부려
창밖을 내다 보고 있었지 쇼핑백을 들고
집으로 걸어오는 어머니 모습을 보자마자
화들짝 놀란 나는 황급히 방으로 돌아가
바이올린 연습을 하느라 야단 났었지 그것을 보고 깔깔대며 웃던 내 동생.

여기는 골목길, 여기는 집
어찌하여 이 마주침은 아프지 않은 걸까?
아프리라 생각했건만. 뚱뚱한 몸집의
시민 하나가 목줄을 채운 애완견을 데리고 집으로 들어간다.
그에겐 열쇠가 있다.

나는 발걸음을 돌린다. 눈에 들어오는 것은
전차와 내가 묵는 호텔.
뒤돌아 보지 말자. 등 뒤에는
창문들이 딸린 회색의 벽(壁)만 서 있거늘.
그러나 대양(大洋) 저편에, 꿈속에서
이 집은 나의 고향이어라[23]

영문 텍스트 7-11줄에서는 "그 뒷켠의 방에는 깡마른 사내 아이가 살았었지/ … "나야 나"라고 하면서 내게 말을 걸던 그 아이, / … 글쓰기를 좋아하던 그 아이.(*Behind them used to live a skinny boy/… who spoke to me when he said "I", / who liked to write.*)"라 말하고 있다. 이 영문 텍스트에서도 폴락은 본인 자신을 제3자로서 자신이 대화를 나누는 다른 사람인 것처럼 쓰고 있다. 번역자가 마지막 관계문을 어떻게 다루는지가 더 중요하다. 영문 "*boy … who liked to write*(글쓰기를 좋아하던 그 아이)"를 "*Bub … der Nägelbeisser war*(손톱을 물어 뜯던 그 아이)"로 옮긴 이러한 특이한 번역에서 볼 수 있듯이 폴락은 원문과는 무언가 다른 것을 번역하고 있다. 앞의 시 〈빈의 거리Wien: Die Strasse〉에서 이미 "손톱을 물어 뜯던 아이"라고 언급한 바 있는 "절친(Bester Freund)"의 정체성을 나타내고 있는 것이다.

시인은 완전히 다른 모습으로 낯설게 변해버린 기존의 세계와 마주친다. 잃어버린 고향과 더불어 회복이 불가능한 예전의 자신과 마주친다. 그러나 그렇게 낯선 마주침 속에서도 그는 예전에 그가 알고 있던 자기자신과 마주하게 된다. 이렇게 복잡하게 얽혀 있는 관계의 실타래를 풀기 위해서는 시간과 언어의 차이를 뛰어넘어 영어 시 텍스트와 독일어 시 텍스트 간의 복합적인 대화 및 복합적인 전달과정이 필요하다. 영어 시 〈Vienna: The House〉 전문(全文)은 이러한 주제, 즉 과거의 고향

23_ 역주 — 영어 시 〈Vienna: The House〉의 마지막 연은 4행으로 구성되어 있지만 독일어 번역시 〈Das Haus in Wien〉의 마지막 연은 6행으로 바뀌었다. 펠릭스 폴락이 영어 문장을 독일어로 옮기면서 내용을 창조적으로 부가하였다.

과 현재의 낯선 고향 간의 복잡하게 얽힌 관계를 다루면서도 시적 긴장감에 의해 살아 움직이고 있다. 과거와 지금의 폴란드, 오래된 세계와 새로운 세계, 미국과 오스트리아 간에 생겨나는 바로 그 긴장감이다.

영문(英文)은 앞선 영어 시 〈Vienna: The Street〉의 영문이 중단되었던 곳에서 이어진다. 초점은 좁혀진다. 화자(話者)의 시각은 전체 도로에서 중간 거리에 있는 집, 가까이 있는 그의 개인적 체험과 관련한 개별적 대상들로 옮겨간다. 오스트리아에서 보낸 유년 시절의 녹색 문이 시집의 발행년도인 1983년 현재에는 갈색으로 변했다는 점이 아이러니하다. 이에 반해 그 옛날의 문이 화자가 염려했던 흔적을 남기지 않고 귀향자에 대하여 닫혀 있다는 점이 더욱 중요하고 명백하다. "어찌하여 이 마주침은 아프지 않은 걸까?/아프리라 생각했건만(*Why doesn't this encount hurt?/I thought it would*)". 가슴 아픈 망명객의 현존(現存)으로부터 그 아픔을 견뎌낼 수 있는 이민자의 현존으로 옮겨간 자, 문화적 경계를 넘어 두 문화 속에 살면서 글을 쓰는 자, 두 문화 사이에서 창작하고 번역하며 전달하는 자의 입에서 흘러나올 만한 대답이다.

> 하지만 예전에는 무엇이 있었는가? 그것이 정녕 있긴 있었는가?
> 그때 그 향기가 있긴 있었던가?
> 나 스스로 꾸며내는 것인가
> 나를 낳은 공기(空氣)로?

폴락은 또 다른 시에서 위와 같이 묻고 다음의 결과에 이른다.

> 현재만이 사실일뿐이다. 이것이 내 방이다.
> 한 때 집이었던 곳은 더 이상 집이 아니다.
> 무언가가 켜졌다가 꺼진다.
> 어떠한 것도 영원하지는 않다.

명사인 '집(Zuhause)'과 술어 명사인 '집(zuhaus)' 간의 의미 있는 유희를 확인할 수 있다. '집'은 말하자면 그것의 물질적인 벽 안에 존재하지 않고, 집이었던 것과 함께 사라졌다. 집이 아닌 집은 현재 다른 곳에 위치한다. 우리는 그곳이 어디인지 안다. 말하자면, 떠나야 하는 자와 함께 집이 떠났다면 그 집은 그가 있는 곳에 언제나 그와 함께 있다. 이 아름다운 관념은 영어 시 〈Vienna: A House〉의 독일어 번역시 안에서 다루어졌다. 미국판 영어 시의 마지막 연은 다음과 같다.

> I turn to go. Before me,
> the tram and my hotel. Never look back!
> There's merely a grey wall with windows,
> a house that once was home.

폴락은 이 영어 시의 마지막 연을 독일어 번역시에서 이어가며 마지막 시행(詩行)의 자리에 새로운 생각을 덧붙인다.

> 나는 발걸음을 돌린다. 눈에 들어오는 것은
> 전차와 내가 묵는 호텔.
> 뒤돌아 보지 말자. 등 뒤에는
> 창문들이 딸린 회색의 벽(壁)만 서 있거늘.
> 그러나 대양(大洋) 저편에, 꿈속에서
> 이 집은 나의 고향이어라.

잃어버린 고향에 대한 꿈이 이 고향을 소생시키는 대양 저편에, '꿈'이라는 조건하에서만 옛집은 또한 '고향'이 되고, 또한 '집'이 된다. 그리고 그곳에서는 옛집이 상실된 곳이 아니다. 그곳에서는 옛집이 그의 집이다. 그곳에서는 집이 곧 고향이다.

다른 말로 얘기해보자. 미국 사람인 폴락이 오스트리아의 고향에 가서 새로운 고향의 언어인 영어로 글을 쓰면 결과는 쓸쓸하지만 그리 놀랍지는 않다. 그 거리는 더 이상 좁힐 수 없다. 고향은 상실된 것이다. 다시 새로운 고향인 미국으로 돌아가서 새로운 고향의 언어로 쓴 시를 잃어버린 고향의 언어인 독일어로 번역할 때 옛 고향은 변한 상태로 다시 실존하게 된다. 고향은 번역자 안에서 다시 살아난다. 다른 어느 곳에 있는 것이 아니다. '현재'라는 도구로써는 당시의 고향을 되찾을 수 없다. 새로운 고향의 언어로 묘사한 옛 고향 방문은 잃어버린 것을 기록으로 남겨야만 한다. 새로운 고향으로 돌아온 후 새로운 언어로 쓰여진 시를 잃어버린 고향의 언어로 번역하면서 옛 고향은 스스로를 기억하는 자의 자기투영의 상(像)으로 다시 살아난다. 그는 이렇게 복합적으로 얽힌 번역행위 속에서 그의 새로운 준거지를 현재의 문화와 옛 고향에 대한 태도 사이에 위치하는 세계로 규정하였다.

이는 번역이라는 현상 그 이상의 의미를 갖는다. 망명이라는 주제도 놀라운 전환을 맞이한다. 이는 두 언어, 두 문화전통, 두 고향이 두 종류의 언어를 구사하는 한 명의 시인 및 번역가의 도구가 됨으로써 가능해진다. 이 점에 있어서 구체적인 의미로 영어 시와 독일어 시 사이의 대화, 즉 원시(原詩)와 번역된 시 사이의 대화를 서술하는 작품은 매우 독자적이고 감동적이며 다른 방식으로는 도달할 수 없는 '망명문학'이라는 현상의 빛을 던져준다. 동시에 이것은 번역의 인간다운 의미에 있어서도 필자인 내가 아는 가장 감동적인 사례다. 또한 이것은 양쪽 문화간의 상호문화적 관계형식을 대변한다는 점과 문화전달의 의미에 있어서도 가장 주목할 만한 사례다.

폴락은 번역에 있어서 실제적이고 이론적인 양면에 주의를 기울였다. 폴락의 말에 따르면 번역이란 "간직할 수 있는 것을 … 간직하는 것이며 … 가능한 한 원문의 의미에 충실한 것이자 원문의 언어에 가까운 것이다. 그러나 무엇보다도 번역이란 '번역(Übersetzen)'의 낱말 뜻인 '저편으로-옮기기(Über-setzen)'처럼 원작 속에 담긴 정신과 감정을 한 언어의 해안에서 다른 언어의 해안으로 옮기는 행복한 전달"[24]이다. 이 점에

24_ Felix Pollak, "Mehr Praktisches als Profundes: Marginalien zum Übersetzen von Heines

서 망명자의 운명과 추방된 번역자의 활동을 묘사하는 그림들이 은폐되는 것을 어렵지 않게 알 수 있다.

그 점에서 폴락의 번역 전략을 잠시 살펴보는 것이 필요하다. 폴락은 자신이 작업했던 하이네Heinrich Heine 시의 번역에 대한 몇몇의 메모에서 "번역이란 원작(原作) 작가를 통하여 대체되는 것"[25]이라 말한 바 있다. 대체되는 것은 원작이 아니라 번역가다. 위에서 언급했던 원작의 의미에 충실해야 한다는 그의 번역명제가 시사하듯 그는 낭만주의 번역이론의 정신을 따르는 것으로 보인다. 새로운 것을 발 빠르게 받아들이는 몇몇 계몽된 번역자 및 19세기 번역물들의 개량주의적 경향은 거부되고 "개량적 받아들임" 대신 분명한 낯섦을 요구한다.

> 내게는 중요하다고 생각되는 무언가를 마지막으로 말하고자 한다. 나는 이것을 낯선 어조(語調)의 문제라 명명하고 싶다. 내가 주장하는 것은 원시(原詩)를 외국어로 옮긴 번역시(翻譯詩)가 번역의 모든 흔적을 없애려 노력해서는 안 된다는 점이다. 오히려 어느 정도는 외국어 어조(語調)의 숨결과 그 언어의 고유한 풍미를 보존해야 한다. 이는 단순히 언어적 매력과 시적(詩的) 향유의 즐거움을 주기 위해서만은 아니고 궁극적으로 작가의 목소리를 내기 위해서다. 원시를 외국어로 번역할 때는 번역가가 아닌, 작가가 말해야 한다.[26]

폴락이 말하고자 하는 의미는 무엇일까? 아마도 '번역'을 발터 벤야민의 시각으로 이해하여 "외국어의 낯선 어조"와 함께 "낯선 언어의 숨결"을 언급한 것일까? 그러나 폴락의 '자기번역'에서 이 이론을 발견하기는 어렵다. 오히려 라인홀드 그림Reinhold Grimm과 클라우스 라이허트Klaus Leichert와 같이 폴락의 작품을 번역한 다른 번역가들이 그것

Lyrik, *Monatshefte für deutschen Unterricht, deutsche Sprache und Literatur*, 73 (1981), pp.379-382, p.380.

25_ Felix Pollak, 위의 글, p.379.

26_Felix Pollak, 위의 글, p.382.

을 더 정확하게 속속들이 수용하고 효과적으로 반영하였다. 하지만 폴락 스스로는 어떠한가? 그가 *snowy evening*을 "추운 겨울저녁kalter Winterabend"이라 옮겼다고 해서 중요한 의미가 있는 것은 아니다. 그가 릴케의 소네트 시편 중 너무나 아름다운 시 〈Archaischer Torso Apollos〉[27] 중 한 구절인 *As cryptic as the Delphic Oracle*을 "카프카처럼 모호하다(so kryptisch wie *Kafka*)"로 바꾸었다고 해서 큰 주목을 불러일으키지도 않는다. 여기에서 번역가는 번역 중 반어적인 내용을 추가하기 위해 나[28]의 예와 같이 이른바 전문지식을 자유로이 활용한다. 또한 그는 번역 중에 어떠한 이유에서든 설명 문구를 추가하기도 한다. *And yet-I keep eating nuts*를 "그럼에도 나는 나의 따뜻한 방에서 견과를 먹는다"라고 설명을 덧붙여 번역하거나 전체 구(句)와 행(行)을 삭제하기도 한다.

이로써 알 수 있듯이 폴락은 원작에 충실하다는 명제의 의미를 무언가 다른 것으로 받아들이는 것 같다. "번역은 독일 단어를 낱말사전을 활용하여 영어로 대체하는 것이 아니다 … 번역은 등가물을 찾는 것이다."라고 폴락은 말한 바 있다. 그리고 이는 "원작 텍스트에의 충실" 과 "언어적인 근접"의 모든 경우에 있어서도 언제나 그의 메타퍼를 활용하기 위해 "원작에 내포된 정신과 감정을 한 언어의 해안에서 다른 언어의 해안으로 옮겨 놓아야 함"[29]을 의미한다. 번역가는 해석자이자 전달자이며 번역은 하나의 텍스트를 다른 언어와의 관련성 속에서 이어 쓰는 것이다. 폴락 자신도 하이네의 경우와 같은 몇몇의 예시로 그것을 나타낸 바 있다. 그는 총독에 대한 충성을 중요하게 여겨 외교적 돌발사건을 방지하기 위해 번역을 통하여 원작의 서투름을 묵묵히 다림질하고 "더 나은 것으로 개선"하였다. 총독에 대한 충성에는 외교적인 번역이 필요하였다. 폴락은 하이네의 시 〈회상〉 중 두 개의 행을 다음과 같이 설명한다.

27_역주 — 저자 노르베르트 그라이너는 릴케의 시 제목을 "Archaischer Toso Apollo" 로 오기(誤記)하였다. Torso의 'r'이 누락되었다.

28_역주 — 저자 노르베르트 그라이너를 말한다.

29_Felix Pollak, 위의 글, p.380.

> 일반적으로 번역가는 번역의 수준이 너무 처지지만 않으면 기뻐해야 한다. 보기 드문 경우이긴 하지만 가끔은 대가(大家)도 실례를 한다. 그렇지 않다면 '회상'이라는 시의 형편없는 가극 각본 문구를 달리 설명할 방법이 없다. '그리고 작은 천사들이 왔고, 주머니에서/그들은 샴페인병을 꺼냈다 …'. 하이네가 구사한 부끄러운 통사론적 음조를 띤 도치법은 안타깝게도 천사가 주머니를 갖고 있다는 농담으로도 만회되지 않는다. 이 점에 있어서 시인이 번역가의 일을 가볍게 처리하였다고 생각된다.: 'And angels appeared from where they had lain/And opened bottles of icy champagne…'.[30]

번역이 원작보다 나을 수 있을까? 그는 이와 관련하여 이미 번역가인 카를 크라우스가 다룬 문제에 집중한 것으로 추정된다. 폴락이 지향하는 번역목표는 벤야민(또는 낭만주의자)의 그것보다는 크라우스의 번역목표에 사실상 훨씬 더 가까운 듯하다. 폴락처럼 두 가지 언어로 살기를 강요받고 이 방식으로 다른 언어와 해당 언어의 문화적 은총을 받은 자만이, 그처럼 두 언어로 창작하고 양쪽 언어의 개별적 시쓰기 전통을 이어받아 계속 글을 써왔던 자만이 원작에서 이미 말하여진 것과 형성된 것을 새로이 말하고 형성하는 예술적인 보완을 자신의 번역문 속에서 이룰 수 있을 것이다. 즉 다른 언어로 말하기와 다른 언어로 형성하기를 도구로써 활용해야 하는 것이다. 이로써 번역은 "창조적으로 대체하고 자신의 고유한 경험으로 옮기는"[31] 시도가 된다. 이것은 이중二重의 구속을 통하여 자신의 경험세계 안에서 이루어지는 창작보다 훨씬 더 큰 책임감으로 증명해야 하는 번안이 될 것이다.

30_Felix Pollak, 위의 글, p.380.

31_ Ein Prinzip, das Pollak von Karl Kraus übernommen hatte. Vgl. Karl Kraus, "Sakrileg an George oder Sühne an Shakespeare", *Die Fackel*, 34: 885-7(1932), pp.45-51, p.48 [Nachdruck München, 1973, Bd. 38].

V. 연극을 위한 번역 — 텍스트·상연·매체

지금까지는 번역을 문예학적 관점에서만 생각해 왔다. 따라서 드라마 번역을 연구하는 경우에도 드라마를 공연을 위한 대본으로서보다는 문학텍스트로서 다루었다. 장르상의 차이가 지금까지는 별다른 역할을 하지 않았던 것이다. 사실 텍스트의 차이를 정보적 텍스트와 허구적 텍스트의 차이로 한정한다면, 이러한 접근법에 별다른 무리는 없다. 그러나 드라마는 읽을 수 있는 텍스트일 뿐만 아니라 — 그런 경우는 아주 드물다 — 시대를 초월해 매번 구체적으로 상연되고 무대에서 재현됨으로써 체험된다. 이러한 사실에서 연극 번역을 위한 몇 가지 함의가 발생한다. 그러므로 마지막 장에서는 무대 텍스트로서 드라마의 매체적 특성, 연극 매체로의 실현에 있어 매체적 조건 그리고 이러한 상황이 번역에 미치는 효과를 살펴보겠다.

번역에 대한 이러한 시각은 비교적 새로운 것이다. 드라마 번역 연구나 이론은 최근까지 기껏해야 문예학의 부분영역이었다. 이것은 최악의 경우 자신의 번역 활동에 이론적 품위까지 갖추려는 직업 번역가의 학문적 인증에 속했다. 이러한 전개과정을 우선 간략하게 보고하겠다.

1987년까지만 해도 슐체Schultze는 연구보고에서 무대 언어 연구를 번역연구의 서자라고 불렸다.[1] 파울과 슐체가 간행한 드라마번역에 대한 문헌 목록의 서문에는 이러한 상황을 유발한 여러 가지 요인들이 언급되어 있다.[2] 무대 번역의 문제에 대한 근본적인 관심이 — 역사적이든 문학적이든 — 두드러지게 나타나지 않는다는 점은 무대 번역의 결정적인 문제이자 동시에 형편없는 연구현황을 설명해준다. 공연번역의 출발점이 다양한 만큼 이에 관한 글이 출판되는 장소 또한 다양하다 — 대부분 변방에서 출판된다. 무대 번역의 단초는 일반적으로 세 가지로 요약된다. 첫째, 개별적인 문헌학에서 발생한 문예학적 관심. 둘째, 직업 번역가, 드라마투르크, 연출가의 활동. 셋째, 비로소 최근에 부상하고 있는 접근법으로 번역연구 측면에서의 체계적인 접근들. 그럼에도 이러한 접근들은 방법론과 인식론적 관점에서 서로 이질적인 양상을 띤다고 말할 수 있다.

1. 공연번역의 문예학적 고찰

문예학적 맥락에서 드라마번역의 분석 작업은 분명 서자가 아니다. 오히려 정반대이다. 아마 윌리엄 셰익스피어의 드라마 번역보다 더 자세히, 더 광범위하게 연구된 것은 없을 것이다. 셰익스피어 학술지 — 《셰익스피어 월드 와이드Shakespear World Wide》 — 는 드라마번역에 대한 분석 작업에 전념했고, 이 결과 종종 드라마번역이라는 현상이 셰익스피어 번역이라는 현상과 동일시되기도 한다. 파울과 슐체의 문헌목록에서 887개의 제목 중 50% 이상이 셰익스피어 번역에 해당된다. 고대 드라마 번역은 덜 광범위하기는 하지만 빠짐없이 다루어졌다. 19세기 호황을 누렸던 문헌학에 활발한 번역활동이 병행되었기 때문이다. 이러

1_ Brigitte Schultze, "Theorie der Dramenübersetzung-1960 bis heute: ein Bericht zur Forschungslage", *Forum Modernes Theater 2*(1987), pp.5-17.

2_ Fritz Paul, Brigitte Schultze, eds., *Probleme der Dramenübersetzung 1960 bis 1988. Eine Bibliographie*(Tübingen, 1991), pp.1-2.

한 번역활동은 문헌학적 문제들을 예시하고, 변형하고 해설하는 데 동원되었다. 그 외에 많이 연구되는 영역은 프랑스 고전주의 드라마, 입센, 체호프, 고리키 그리고 몇몇 독일 극작가의 작품들의 번역이다.[3] 그러나 — 이에 해당하는 다른 연구에서도 그렇듯이 — 공연번역이 아니라 드라마번역이 강조되고 있다는 점에 유의해야 한다. 드라마에 대한 문예학의 관심이 — 종종 대립된 주장에도 불구하고 — 포괄적으로 말해 상연이 아니라 텍스트에 대한 관심이듯이, 같은 맥락에서 번역문제 연구 역시 텍스트 문제에 집중되어 있다. 텍스트와 연극 매체의 관계나, 상연을 위한 대본으로서 텍스트를 취급하는 것은 적어도 부차적인 것으로 머물러 있다. 이러한 기본가정으로 인해 텍스트로서의 드라마는 목표문화에서의 효과에 맞춰 연구된다. 인물, 모티프, 소재, 양식, 텍스트로부터 도출될 수 있는 드라마투르기의 문제들, 간단히 말해 수용미학상 흥미로운 문학적 영향의 문제들이 중요하게 다루어진다. 이러한 종류의 작업들은 2장에서 제시되었듯이 예전부터 비교문예학에 속해 있다. 이 문제들 역시 번역사의 관점에서는 중요하며, 여기서 발견된 연구 결과는 문학사에서 흥미로운 "번역 사례들"에 속한다. 하지만 무대 특유의 번역 문제에 대한 시각으로 보자면 일반적으로 이러한 연구 결과가 많은 성과를 낸 것은 아니라고 할 수 있다.

한 작품이 다른 문화에 미치는 일반적인 영향을 배제하고 시선을 텍스트 비교에만 맞춘다면 또 다른 한계점들이 드러난다. 일반적으로 이 때에도 역시 텍스트 층위는 간과되지 않는다. 텍스트 층위는 사실 문예학적 관점에서 더욱 흥미로운 것이다. 그러므로 이러한 접근법은 원본 텍스트와 번역텍스트를 비교하면서 각각의 의미구성적 텍스트특징과 구조적 특성 그리고 번역 양식 내지는 가능성을 추적한다. 이때 최상의 경우는 두 문화의 미적 전통을 성찰하면서, — 상이한 두 언어체계의 근본적인 텍스트화 가능성(Vertextungsmöglichkeit)과 이로부터 비롯된 차이로부터 — 한 언어의 텍스트가 다른 언어의 텍스트로 변형되는 과정에

3_ B. Schultze, "Theorie der Dramenübersetzung", 앞의 책, pp.15-17.

서 상이한 문체 규범, 장르 규범, 드라마투르기상의 규범 그리고 일반적인 문화규범이 긴장의 장으로 전면에 대두되는 경우이다. 일반적인 문체관습, 수사법이나 운율의 문제, 일반적인 비유의 드라마투르기상의 기능에 관한 문제들이 이런 경우 시야에 들어온다. 셰익스피어의 언어유희를 번역하는 데 있어서의 난점에 대한 연구만으로도 다양한 논문이 쏟아져 나왔다. 이 논문들은 주로 독일의 셰익스피어 번역들을[4] 다루었고, 최근에는 유명한 유럽의 번역들을 체계적으로 다루고 있으며[5] 점점 더 많은 극작가들[6]의 작품을 연구대상으로 한다. 우리는 2장에서 겝하르트Gebhardt의 단행본을 동시대 시학, 문체관습, 번역전략, 번역상의 창조적 형상화 의지라는 모든 측면을 포괄하고 있는 연구의 귀감으로 평가했다. 최악의 경우는 이러한 연구를 통해 텍스트 번역에서 의미의 손실을 확인하는 경우이다. 이는 해당 언어체계의 좁힐 수 없는 격차 내지는 번역자의 불충분한 능력에서 비롯된다. 이러한 경우 번역텍스트는 보조 수단이나 필연적으로 질이 낮은 것으로 이해되고, 고유한 텍스트 종류로 이해되는 경우는 거의 없다. 하지만 목표 문화의 독자는 원어에 대한 지식이 부족하기 때문에, 원본 텍스트가 중요한 독서 대상이 되고, 어쩔 수 없이 텍스트를 충분히 이해할 수 없게 된다. 하지만 이 모든 접근법은 무대언어의 특수성과는 무관하다. 이 문제들 — 가령 언어유희의 번역과 같은 — 은 광범위하게 문학적 산문텍스트에서도 역시 제기되는 것들이기도 하며, 문체에 결정적인 영향을 주는 것은 아니기 때문이다. 이러한 맥락에서 드라마텍스트에 대한 관심은 문예학적 관심에 머무르며, 인쇄된 텍스트에 국한되고 근본적으로 이와 다른 현상은

4_ H-G. Heun, "Shakespeares Wortspiele in deutschen Übersetzungen", *Jahrbuch der Deutschen Shakespeare-Gesellschaft West* (1971), pp.149-168; "Einige Wortspiele deutscher Shakespeare-Übersetzer", *Carolinum. Historisch-Literarische Zeitschrift 40* (1973/74), pp.27-36 참조.

5_ Dirk Delabastita, *There's a Double Tongue. An Investigation Into the Translation of Shakespeare's Wordplay with Special Reference to "Hamlet"* (Amsterdam, Atlanta, 1993).

6_ Rainer Kohlmayer, *Oscar Wilde in Deutschland und Österreich: Untersuchungen zur Rezeption der Komödien und zur Theorie der Bühnenübersetzung* (Tübingen, 1996).

아니라고 할 수 있다. 그러한 한 이러한 번역연구의 결과는 언어학이든, 문체론이든 아니면 문학사이든 보다 일반적인 서술 맥락에 속한다.

2. 번역 위주의 관점

대략 70년대 이후로 특히 문예학 분야에서 드라마번역이 원전과 관련되어 문헌학적으로 논의되었으며, 이와 더불어 제도화된 번역학의 중요성이 증대되었다. 동시에 번역연구는 번역과정과, 고유한 권리를 가진 텍스트로서 번역 텍스트에 관심을 기울이는 한편 드라마텍스트가 일반적으로 상연을 위한 대본으로서 이해된다는 사실을 고려하게 되었다. 그러므로 번역과정과 번역의 최종 텍스트 역시 텍스트에서 연극으로의 미디어 변화 그리고 상연을 위한 미디어 조건들을 고려하여 평가해야 한다. 첫 번째 단초는 일반 번역 이론의 맥락에서 연극작품의 번역에 독창적인 장章들을 할애한 무냉과 레비가 제공했다.[7] 두 작품은 소위 그들의 계승자들이 나중에 공연번역에 대해 말한 것들을 분명히 능가하고 있다. 그럼에도 두 작품은 그들이 여전히 번역물을 읽고 평가를 하는 데 있어서 원전을 유일한 기준점으로 취하는 그러한 '문헌학적' 접근법에 얼마나 영향을 받고 있는지를 보여준다. 무냉은 그의 고찰에서 프랑스의 연극 상황에 확실히 영향을 받고 있다. 그는 연극문학이 번역이라는 매개에 대해 특히 지속적으로 저항한다고 생각하며, 20세기 후반부에 이르러 비로소 파리 무대에서 번역물이 비중 있게 공연되었다는 사실을 이에 대한 논거로 내세운다. 그에 의하면 무대 텍스트가 직접적인 상연이라는 조건하에서 콘텍스트에 의존하는 장르이기 때문이다.[8]

7_ Levý, 앞의 책, pp.128-159 참조; G. Mounin, *Die Übersetzung. Geschichte, Theorie, Anwendung*(München, 1967), pp.135-140.

8_ G. Mounin, 앞의 책, pp.135f.

그러나 셰익스피어 번역에 대한 수많은 연구들은 정반대되는 현상을 보여준다. 가령 독일적 시각에서 보더라도 외국 무대텍스트가 수용상 어려움이 있다라는 주장은 설득력을 잃는다. 정반대로 다양한 외국 문화의 본보기가 독일 연극의 발전에 항상 결정적인 영향을 미쳤기 때문이다. 그럼에도 상연 시 글로 쓰인 텍스트에서 발화된 연극으로 변화하는 드라마가 콘텍스트에 의존적이라는 무냉의 지적은 흥미롭다. 이러한 견해에 의하면 번역자는 인물대사의 표현, 문법, 구문론, 문체 이외에 무대 효과를 고려해야 하기 때문이다. 무냉은 메리메Merimée[9]와 관련하여 – 어쩌면 특별한 건 아니지만 – 글로 쓰인 텍스트의 의미뿐만 아니라 발화된 연극이 번역되어야 한다고 추론한다.[10] 레비는 전혀 다른 출발점을 가졌지만 비슷한 결과에 이른다. 그의 생각 역시 – 위에서 밝혔듯이 – 포괄적으로 원전과 연관된 관점을 드러낸다. 이러한 관점은 번역이 원전을 가능한 한 가장 근사하게 모사할 것을 요구한다. 이 경우 무냉이 끌어들인 문화적 콘텍스트는 번역에 장애물밖에 되지 않는다. 독자적인 텍스트로서 그리고 번역과 원서의 차이에서 하나의 텍스트에 재현된 상이한 두 문화체계 사이의 역동적 관계를 반영한다는 사실이 아직 인식되지 못하고 있는 것이다. 물론 레비는 콘텍스트 의존성이라는 무냉의 카테고리와 비슷하게 발화된 말의 "의미론적 콘텍스트"에 대해 말한다.[11] 이것은 무대에서 발화된 말이 사실을 묘사할 뿐만 아니라, 수많은 다른 의미론적 관계를 맺을 수 있다는 것을 의미한다. 첫째, 발화된 말과 무대 위 대상이나 드라마적 상황과의 관계, 여기에서 발화된 말 자체보다 더 중요할 수 있는 연기지시가 육체언어로 전환되어 간접적으로 제시된다. 둘째, 발화된 말 그리고 무대공간(인물들 간의 관계)과 극장공간(인물-관객의 관계)의 다양한 커뮤니케이션 체계의 관계, 이때 드라마적 아이러니와 같은 정보의 불일치로 인해 여러 가지 현상이

9_ 역주 – 1803-70, 프랑스의 작가
10_ 위의 책, p.138.
11_ 앞의 책, pp.136-141.

일어날 수 있다. 셋째, 발화된 말과 억양, 발화템포, 리듬과 같이 비분절적 의미단위와의 관계. 레비는 이로부터 "차별화된 정확성의 원칙"[12]을 발전시킨다. 텍스트는 연극을 위한 수단일 뿐이며 번역의 최종목표는 아니기 때문에, 텍스트를 번역할 때 모든 의미론적 콘텍스트 관계를 고려하는 것이 중요하다. 때에 따라서는 — 상이한 연극문화 역시 고려하여 — 종종 개별 텍스트 구성요소를 넘어 무대연극의 전체 의미구성적 구조라는 맥락에서 번역 결정을 가늠해 봐야한다.

의심할 바 없이 레비의 원칙은 전적으로 드라마번역에 대한 문예학적 논의를 넘어선다. 하지만 동시에 무냉 그리고 레비가 더 강력하게 도입한 무대현실의 차원은 계승되는 과정에서 두 사람이 의도하지 않았던 결론을 이끌어냈다. 특히 실무자들 — 번역가, 드라마투르크, 연극비평가 — 은 공연번역에서 과도하게 실제연관성을 강조한다고 느꼈다. 번역작업에 대한 후속 논의에서는 레비가 비교적 세세하게 무대연극의 기호학으로서 강조했던 것이 종종 아주 진부하게 단순화되었다. 왜냐하면 경험 많은 실무자, 번역가 또는 드라마투르크들은 에세이 형식으로 레비의 생각들을 보충했는데, 학문적 용어와 학문적으로 성찰된 범주체계를 포기함으로써 접근법이 훌륭했음에도 불구하고 오히려 오해를 양산하게 되었기 때문이다. 한스 잘은 수많은 미국 무대텍스트의 시적 속어가 독일어에 반영될 수 없었기 때문에 번역가가 대사에 대한 "연극적 감각"을 개발해야만 한다고 지적했는데 이러한 지적은 매우 적절하다.[13] 하지만 확실히 이런 점들이 권고되고 텍스트가 "공연 가능해야" 한다거나 "말하기 편해야" 한다는 기대가 제기되면, 연극의 문외한들에게는 오해를 불러일으키기 쉽다. 같은 맥락에서 에른스트 하르퉁Ernst A. Hartung은 번역자에게 "연극이라는 기구"로부터 비롯되는 드

12_ 위의 책, pp.153-159.

13_ Hans Sahl, "Zur Übersetzung von Theaterstücken", in: R. Italiaander ed., *Übersetzen-Vorträge und Beiträge vom internationalen Kongreß literarischer Übersetzer*(Hamburg, 1965), pp.104-106.

라마투르기적 기대를 한다. 하지만 "구어에 적합해야" 한다는[14] 자유로운 번역을 위한 그의 기대 역시 오히려 반대되는 현상을 야기했다. 종종 번역 이론이라는 개념의 잘못된 사용이 보여주듯, 이론을 "올바른" 번역에 대한 규범적인 가르침으로 이해하고, 대사적절성(Sprechbarkeit)이라는 범주를 기초로 삼는 것이다. 가령 치음이나 자음의 중복을 경고하고, 유창한 발화가능성을 요구하게 되며, "다의적 표현"을 유해한 것으로 취급하는 번역지시를 내리게 된다.[15] 대사적절성이라는 개념에 대한 논의는 — 그 자체로 무의미한 — 학문적 담론의 좋은 예이며, 어쨌든 이러한 논의는 언젠가 시작되어서 받아들여지고 정착되었다. 근접 학문영역의 담론에서 확립된 개념이 의미 있는 범주라는 잘못된 믿음에서, 범주의 무용성이 인정된 것에 대한 불쾌함이 범주의 거부가 아니라 오히려 범주의 차별화로 나타났다. 즉, 드라마투르크는 연극의 영향하에서 "대사적절성"을 "연기 가능한 언어성(spielbare Sprachlichkeit)"으로 확장시킨다.[16] 스넬-혼비 역시 "호흡하기 쉬운 발화"[17]에 대한 노력으로 공연번역의 문제를 해결할 수 있다고 진지하게 믿는다. 하지만 이러한 개념들은 사실 무대언어와 연극현실에 대한 쉽고 진부한 생각을 드러난다. "말하기 쉬운" 텍스트로만 이루어진 연극문화는 정말 빈곤해 보일 것이다. 결국 경험이 많은 드라마투르크인 바크스만Wachsmann이 강조했듯이 훌륭한 배우에게는 모든 텍스트가 말하기 쉽다.

번역자는 대사적절성과 무대현실을 — 이러한 개념들이 무엇을 뜻하

14_ Ernst A. Hartung, "Was erwarten Theaterleute von einer Bühnenübersetzung?" *Babel* 11(1965), pp.10-12.

15_ George E. Wellwarth, "Special Considerations in Drama Translation", in: M. Gaddis Rose, ed., *Translation Spectrum. Essays in Theory and Practice* (New York, 1981), pp.140-146을 보시오. 특히 p.141 참조.

16_ Ansgar Haag, "Übersetzen fürs Theater: Am Beispeil William Shakespeare", *Babel* 30(1984), pp.218-224.

17_ Mary Snell-Hornby, "Sprechbare Sprache — Spielbarer Text, Zur Problematik der Bühnenübersetzung", in: R. J. Wats, U. Weidman eds, *Modes of Interpretation* (Tübingen, 1984), pp.101-116, p.105 f.

건 간에 — 더 이상 신경 쓸 필요가 없다. 이러한 개념들은 기껏해야 생각하고 말하고 듣는 데 게으른 사람들을 위한 변명일 뿐이다. 명확하게 생각하고 쓰여진 것은 아무리 구조와 비유가 복잡할지라도 마찬가지로 명확하게 실감할 수 있고 분명하게 말할 수 있기 때문이다. 우리는 이것을 자신 있게 믿을 수 있으며 이것은 결국 연출가와 배우들의 몫이다.[18]

3. 공연번역의 연극기호학적, 문화사적 관점

"대사적절성" 또는 "연기가능성"에 대한 고려는 문예학적인 수용연구를 의미 있게 보완할 뿐만 아니라 소위 실천적 접근법을 수정한다는 것을 의미하며, 이러한 맥락이 무대 번역에 있어서 중요시되고 있다. 이에 대해 좀 더 자세히 상술해보고자 한다.

롤랑 바르트는 연극 기호를 통한 호소력과 연극의 고유하고 이상적인 상태를 강조했다. 그는 연극을 아주 복잡하게 연관된 기호체계를 지닌 자율적인 기계로 본다. 연극성은 "정보의 본질적인 다성성"에 있다. 따라서 정보의 대위법적인 배열이 전체적으로 미적 작품의 본질을 결정한다.

모든 공연은 아주 조밀한 기호적 행위이다. 코드와 실행(말하자면 언어와 발화)의 관계, 연극 기호의 성질(유사적, 상징적, 관습적), 기호의 의미 있는 변화, 불가피한 연관성, 메시지의 외포와 내연, 이 모든 기본적인 기호학의 문제들이 연극에서 발견된다. 심지어 연극은 특화된 기호학적 대상이다라고 말할 수 있다. 연극의 체계는 분명히 언어의 (순차적) 체계와 비교해서 독창적(다성적)이다.[19]

18_ M. Wachsmann, "Die Architektur der Worte. Überlegungen zur Übersetzung Shakespeares ins Deutsche", *Jahrbuch der Deutschen Shakespeare-Gesellschaft West* (1988), pp.44-57, p.51.

19_ Roland Barthes, "Literatur und Bedeutung", dt. Übersetzung in: *Literatur oder Geschichte* (Frankfurt/M, 21969), pp.102-125, p.103. Gottfried Krieger는 연극이론적 드라마분석에 대한 좋은 개관을 제공한다. "Dramentheorie und Methoden der Dramenanalyse", in: Ansgar

연극의 매체적 조건은 우선 언어기호 이외에 수많은 비언어적 기호가 연극의 허구적(구체적 배우와 연극공간으로 인해 실제처럼 느껴지는) 세계를 구성하는 데 기여한다는 것이다. 그리고 이러한 비언어적 기호는 가령 부가적, 다시 말해 보조적이고 부차적인 기호가 아니라, 동등하고 어쩌면 더 중요한 기호로서 이해된다. 따라서 무대언어의 분석에 있어서 의미체(Sinnträger)로서 무대언어의 지위는 상대화된다. 하지만 이것이 무대언어가 덜 복잡하고 더 쉽게 묘사될 수 있다는 것을 말하는 것은 아니다. 무대언어는 다른 기호체계와 관계를 맺고, 이러한 관계는 매 경우마다 새롭게 정의될 수 있는 아주 특수한 것이기 때문에 —유비적 관계에서부터 생산적 긴장감에 이르기까지 — 고립된 언어적 개별기호만을 가지고 연극의 의미가 어떻게 구성되는지 분석하는 것은 아주 어려울 뿐더러, 거의 불가능하다고 할 수 있다.

소설 언어와 연극 언어 사이의 근본적인 차이점은 대체적으로 배우가 실제로 발화하면서 "주텍스트(Haupttext)"를 구성하는 언어 구성물이 관객들에게 구체적인 음성의 형태로 제시된다는 데 있다.[20] 주텍스트는 다른 기호체계와 **더불어** 존재할 뿐만 아니라, 소설에서의 언어와 다른 방식으로 존재하며, 공연 때마다, 오늘밤과 내일 밤의 공연이 다르게 나타난다.

그렇게 발생하는 기호의 **직접성**과 유연성이 바로 오늘날 연극이론가들이 "육체성(Körperlichkeit)"[21]이라고 말하는 것일 것이다. 이로 인해 수용심리학적으로 기호의 현실성과 신빙성이 높아지고, 인물과 관객은 기획된(무대) 동시에 실제로 존재하는(극장공간) 커뮤니케이션 과정으로 빠져들게 된다. 이러한 커뮤니케이션은 허구적 세계의 미적 낯설음

Nünning, ed, *Literaturwissenschaftliche Theorien, Modelle und Methoden. Eine Einführung* (Trier, 1995), pp.69-92.

20_ 이에 대해서는 다음을 참조. Zlatko Gorjan, "Über das akustische Element beim Übersetzen von Bühnenwerken", in: R. Italiaander, ed., *Übersetzen*, 앞의 책, p.88.

21_ Hierzu A. Artaud, "Production and Metaphysics", in: ders, *The Theatre and its Double*, transl. V. Corti (London, 1970), pp.23-55; sowie ders., "Oriental and Western Theatre", ibid., pp.50-54.

에도 불구하고, 실제로 체험되면서 마치 실제처럼 그럴듯하게 나타난다. 관객으로서 우리는 이러한 현상을 거부감 없이 매번 체험하게 된다. 희곡을 **읽을 때**는 개방적인 시간배열, "비현실적인" 우연의 효과 등등이 자주 눈에 띄어서 꼭 집어 혹평을 하게 되지만 말이다.[22] 관객은 이 모든 것에 반응한다. 무대에서 제공되는 허구의 세계를 물리적으로 현실세계로, 그가 처해 있는 여기와 지금으로 체험하기 때문이다. 연극에서 관객과 언어와의 관계는 이러한 수용상황을 통해 현저하게 영향을 받으며, 문학 작품에서 언어에 대한 독자의 관계와는 근본적으로 구별된다. 책은 독자로 하여금 완전히 낯선 세계에 발을 들여놓도록 유혹할 것이다. 이러한 세계는 복잡한 구조 때문에 즉각적인 접근은 허락되지 않을지도 모른다. 책은 의미구성의 고유한 형식 그리고 낯선 것과 낯선 문화와의 의식적인 심취를 허락할 것이다. 독자의 수용방식과 수용태도가 독서에 적절한 과정을 용이하게 하고 그것을 비로소 가능하게 한다. 말하자면 멈추었다 다시 읽고 책장을 다시 넘겨보고, 고민하고, 곰곰이 생각해 보고, 문체적으로 강조된 부분을 의식적이고 이성적으로 분석해 본다. 이 모든 것이 독서의 즐거움과 소설세계의 경험가능성을 설명해 준다. 이에 반해 연극에서는 일시적인 정보와 수많은 기호체계의 묶음이 이것을 불가능하게 한다. 물론 연극기호의 일시적인 특성이 기호의 의미론적 밀도와 언어적 복합성을 감소시킨다고는 할 수 없다.

엄격하게 구분되는 두 영역은 분명한 차이가 난다. 한편으로 한 인물이 다른 인물에게 하는 말은 항상 여러 가지 기능을 동시에 수행한다. 이것은 막 언급한 허구적 세계의 "묘사"와 언어기호 형식의 "의미화"

22_ 괴테는 에커만과의 대화에서 이러한 사실에 대한 실례를 든다. "맥더프의 말(그는 아이가 없어!)은 레이디(맥베스)의 말(난 아이에게 젖을 먹여 키웠어요)과 모순된다. 하지만 셰익스피어는 이것을 신경 쓰지 않는다. 그에게 중요한 것은 그때그때 말의 힘이다 … 맥베스의 말(딸을 낳아주면 안 돼)은 좀 전에 인용한 레이디와 맥더프의 말처럼 단지 수사적인 목적으로 쓰였다. 즉 시인은 자신의 인물들로 하여금 매번 이 자리에 어울리고, 효과적이며 훌륭한 것을 말하게 할 뿐이다. 이러한 말들은 어쩌면 다른 곳에서 모순에 빠지지 않을까 많이 생각하고, 꼼꼼하게 계산하지 않는다는 것을 증명해 줄 뿐이다." J. P. Eckermann, *Gespräche mit Goethe*, 1827.4.18. (Leipzig, 1884), 3권, pp.109-110.

와는 다르다. 드라마 담화는 드라마 인물들의 허구적 커뮤니케이션에 기여하지만, 이러한 일상 담화의 본질적 과제보다 다른 기능이 우선된다. 언어의 **묘사**기능, 즉 무대의 구체적 풍경 이외에 묘사된 세계를 구성하는 기능이 적어도 커뮤니케이션만큼이나 중요하다. 그밖에도 드라마 담화는 본질적으로 인물의 경험과 다양한 심리적 상태의 **표현**이라는 과제를 수행한다. 그리고 이러한 과제는 인물/배우의 비언어적 표현 형식과 밀접한 관계가 있다. 결국 드라마 인물들 간의 모든 커뮤니케이션은 다른 사람에게 영향을 주려는 목적을 가지고 수행되며, 행동을 통해 말하든, 한 인물이 다른 인물에게 말로 무엇을 "가하든" 또는 내용적 의미 너머에서 말로 무언가를 "저지르든" 간에 화자의 **행위** 형식이라고 할 수 있다. 따라서 드라마 상황은 다소 근본적으로 변화되고 플롯(여기에서 플롯은 연극 전체의 조직원리를 뜻한다)이 진척된다.[23] 일상 담화와도 다르고 문학 작품의 언어와도 다른 두 번째 영역은 무대 위 허구세계를 벗어난다. 위에서 언급한 드라마 담화의 네 가지 기능은 묘사된 세계 내부에 영향을 미치지만, 연극의 언어는 그 안에서 소진되지 않는다고 이미 인가르덴Ingarden은 지적했다. 이러한 드라마 담화는 무대 공간, 설계된 세계에 대한 영향 이외에 다른 맥락, 즉 설계된 세계 전체인 무대공간과 객석 사이에도 영향력을 미친다.[24] 인가르덴의 구분을 받아들이며 만프레드 피스터는 "내적" 그리고 "외적" 커뮤니케이션체계에 대해 말한다.[25] 인가르덴은 이러한 커뮤니케이션 상황에서 언어의 기능방식을 설명했지만 물론 충분하지는 않았다. 그가 관객에 대한 언어의 영향을 "미적 체험의 유발" 내지는 "감동"으로 정의하고 있기 때문이다.[26] 관

23_ Lothar Pikulik, "Handlung", in: Norbert Greiner 외, *Einführung ins Drama*, 2권 (München, 1982), 1권, pp.50-54.

24_ 우리는 여기서 인가르덴Ingarden을 따른다, "Von den Funktionen der Sprache im Theaterschauspiel", in: *Das literarische Kunstwerk* (Tübingen, 1960), pp.403-425. 뷜러의 언어기능에 대한 상술을 필연적이고 비판적으로 생각하기 위해 인가르덴을 참조. 위의 책, pp.406-407.

25_ M. Pfister, *Das Drama* (München, 1977), pp.19-22.

26_ R. Ingarden , 앞의 책, p.412.

객의 정보와 인물의 정보 간의 중요하고 복잡한 관계, 불일치, 일치, 예시, 이로니의 형식 그리고 긴장을 유발하고, 희극성의 근거가 되는 구조적 효과가 여기에 속한다. 그 외에 각각의 인물들이 "무의식적으로" 쓰는 말투가 전체적으로 텍스트를 이루고, 이것이 반복적이고 인물과 병행되거나, 인물과 관련된 언어모티프(Sprachmotiv), 복합적 이미지, 독백을 통한 요약과 성찰, 예고의 실현과 불발된 예고 등등으로 나타나면서 고유한 응집성 있는 의미구조를 형성한다. 하지만 각각의 인물은 이러한 전체를 그 자체로 파악할 수도 없고, — 대화의 실제 사용에서 — 전체 구성에 있어 중요하게 영향을 미칠 정도로 분명하게 의식하지도 못한다. 개별적 언어형식의 의미화 이외에 텍스트와 연기가 전체로 어우러지면서 의미화가 진행된다.

특히 여기에 번역자의 갈등이 숨어 있으며, 번역자는 필연적으로 또 다른 갈등을 내포하고 있는 결단을 내려야만 한다. 각각의 경우 인물의 발화, "발화된 연극"에서 중요한 요소들은 무엇인가? 의미적 내용인가 아니면 화법인가? 인물특유의 화법은 어디에 근거하는가? 어법의 선택, 수사적 수단의 선택, 아니면 말의 리듬의 선택에 있는가? 원래의 의도가 발화된 말에 숨겨져 있는가? 중요한 것이 주로 행위적 측면인가 아니면 발화자가 알 수도 모를 수도 있는 은밀한 또는 뻔한 상황인가? 하나의 이미지 또는 특별한 화법이 동일하거나 유사하거나 대조적인 이미지 내지는 화법이 등장한 상황과 관련이 있는가, 또는 그러한 것들이 이러한 상황을 만들어낸 것인가? 그것들은 다른 기호체계와 어떤 관계에 있는가?[27] 이러한 유사한 질문들은 번역가의 몇몇 고전적 갈등을 요약해 주고 있으며, 번역상의 수많은 다른 문제들도 생각해볼 수 있다. 하지만 이런 문제들은 대체적으로 이미 언급했던 연극 언어의 기능에서 비롯되는 것들이다.

드라마적 게스투스Gestus라는 브레히트Brecht의 개념과 관련하여 파

27_ 그러한 문제의 논의에 대해서는 다음을 참조. M. Esslin, *Was ist ein Drama?* (München, 1978), pp.40 ff.

비스Pavis는 무대텍스트의 번역에 있어 다음과 같은 결론을 내림으로써 특별한 연극기호학적 상황을 강조했다.

> 지시어, 인칭대명사, 담화 중 휴지를 강력하게 사용하고, 연출지시에서 사람과 사물에 대한 묘사를 바꾸거나, 공연이 텍스트를 대체할 때까지 참을성 있게 기다리는 드라마텍스트는 연극기호학적 상황을 어느 정도 미리 알고 있다. 출발텍스트를 종종 더 거칠고 가볍게 만드는 무대 번역은 그것에 대해 더 많이 알고 있다. 예를 들어 "나는 네가 모자를 탁자 위에 놓도록 할 것이다"는 "여기에 그걸 놔"로 번역될 것이며, 지시적 요소로 단순화된 문장에 시선이나 제스처가 병행될 것이다.[28]

여기 언급된 번역사례는 텍스트가 무대로의 전환에 종속된 경우이다. 무대로의 전환이 전면에 대두되면서 텍스트 지위는 상대화된다.

> 여기에 배우의 리듬을 통한 드라마텍스트 개입이 나타난다. 배우의 억양은 긴 논쟁보다 더 설득력 있고, 배우의 문장리듬은 장광설을 임의로 축소하거나 연장시키며, 텍스트를 구조화하거나 파괴한다. 간단히 말하면 이 모든 제스처적 방법은 말과 육체 사이의 상호작용을 강화한다.[29]

파비스는 '신체 언어(Körper-Wort)'를 언어와 문화에 따른(제스처적, 음성적) 리듬과 텍스트의 형상이라고 일컫는데 이때 리듬과 텍스트는 발화된 행위이자 동시에 행위하는 말이다. 번역가에게 중요한 것은 출발텍스트 그리고 연극이 어떤 부분에 특정 제스처와 리듬적 표현유형을 어떻게 부여하는지 파악하는 것이라고 한다. 번역가는 목표언어에 상응하는 표현이 있는 동등한 육체언어를 찾아야만 한다. 그러므로 드라마텍스트의 번역에서 출발언어와 출발문화의 육체언어로부터 시각적, 제스처적 이미지를 상상하고, 목표언어와 목표문화의 육체언어를 기반으

28_ P. Pavis, *Semiotik der Theaterrezeption* (Tübingen, 1998), p.116.
29_ 위의 책.

로 시각적, 제스처적 이미지를 찾아내는 것이 필수적이라고 한다.

번역된 연극은 다중으로 매개된 형태로 관객에게 전달된다. 연극은 번역을 통해 매개되고 다시 번역이 미적 사건으로 공연되어 전달된다. 연극기호학을 통해 우리는 그러한 문제와 번역상의 성과를 주목하게 되었다. 그리고 이것의 궁극적 성과는 개별 공연을 위해 필요한 번역에 대한 생각일 것이다.

이러한 생각이 전혀 새로운 것은 아니었다. 바스넷-맥과이어Bassnett-McGuire는 이미 대사적절성에 대한 레비의 생각을 확장해서, 배우를 통한 발화를 물질성으로 고려하고, 템포, 리듬, 음량의 요소들을 번역자의 결정과정으로 끌어드렸다.[30] 매체적 기호체계들을 의미구성적인 요소들로 고려한다면, 번역은 어떤 면에서 텍스트의 상연을 감안한 소리 없는 공연이다.[31] 공연이 미래의 시점에 비로소 연출가와 공연에 참여한 사람들의 창조적 환상 속에서 만들어지고, 살아있는 따라서 늘 변하는 배우에 의해 매일 밤 새롭게 창조되는 것이라고 가정했을 때, 어떻게 공연이 번역의 전체과정의 한 부분으로서 고려될 수 있을까? 번역을 공연과 대등한 가치가 있는 또는 공연의 예비작업인 고쳐쓰기(Übertragung)로서 이해하는 관점에서 극단적 해결책이란 원칙적으로 공연이 될 때마다 번역이 되어야 한다는 것이다. 즉 모든 공연에 고유한 번역이 필요하다. 이러한 생각이 그렇게 새로운 것은 아니다. 드라마투르크가 공연을 위해 텍스트에 손을 댐으로써 어쨌든 매번 새로운 텍스트가 제공되기 때문이다. 특정 배우들에게 해석자로서 얼마나 많은 역할이 주어졌는지(셰익스피어와 몰리에르부터 토마스 베른하르트에 이르기까지) 우리가 좀 더 생각해보자면, 특정한 목적을 위해 번역을 한다는 생각이 엉뚱한 것은 아니다.[32] 미적 텍스트의 기본적 개방성으로 인해 드라마텍스트는

30_ S. Bassnett-McGuire, "Translating spatial Poetry: An Examination of Theatre Texts in Performance", in: J. S. Holmes u.a., ed., *Literature and Translation-New Perspectives in Literary Studies* (London, 1978), pp.171-176.

31_ dies., "Translating Dramatic Texts", *Translation Studies* (London, 1980), pp.120-132.

32_ E. Gramss, F. Günther, "Shakespeare übersetzen-Shakespeare inszenieren", *Jahrbuch der Deutschen Shakespeare-Gesellschaft West* (1984), pp.13-31, p.13.

특히 공연텍스트로서 강조되고, 이것이 번역에서도 예외는 아니다. 드라마텍스트에서 어떤 번안이 나올지 드라마텍스트가 **암시할 수는 있지만 확정할 수는** 없다. 드라마텍스트가 관객이 동일시할 수 있는 태도, 상황, 반응, 내적 상태를 기본적으로 알게 해주고, 이것이 비로소 연출가, 배우 — 그리고 번역가 — 와의 협업을 통해 실현되는 것이 바로 드라마텍스트의 경제학이다.

공연번역에서 번역과 번안 사이의 경계가 다른 문학번역보다 유동적인 것 역시 공연텍스트의 이러한 상대적 역할 때문이다. 그래서 바스넷-맥과이어는 연극번역에서 번역과 번안의 차이를 무의미한 것으로 간주한다.[33]

공연번역의 역사와 현재의 실무를 살펴보자면 특정 무대 또는 공연을 위한 번역이 줄곧 일반적인 경우라는 것을 알 수 있다. 다만 어떤 드라마 작품이 세계문학 고전의 반열을 점했을 때에만, 연극 매체와 공연의 목적에 상관없이, 텍스트에 충실한 문학적 관점을 보다 강조하는 번역원칙이 관철될 수 있는 것처럼 보인다. 이 경우 항상 연극에 도움이 되는 것은 아니며 극작가의 의도에 봉사하는 것은 더더욱 아니다.

지금까지의 이론적 고찰의 두 가지 주된 견해 — "육체언어"라는 개념과 목표문화의 연극적 관습에 따른 번안적 번역방법에 대한 고찰 — 를 현대 연극의 두 가지 실례를 통해 밝히고자 한다.

4. 사례연구 F – 해롤드 핀터의 드라마에서 번역문제로서 일상어

우리는 드라마를 공연되고 묘사되는 과정으로 이해하기 위해 그리고 미래의 번역작업을 위해, "육체-언어"의 의미를 분명하게 보여주고자

33_ S. Bassnett-MacGuire, "Ways Through the Labyrinth - Stratergies and Methods for Translating Theatre Texts", in: th. Hermans, ed., *The Manipulation of Literature*, 앞의 책, pp.87-102, p.93.

번역을 통한 해롤드 핀터의 몇몇 드라마 수용을 좀 더 자세히 고찰하고자 한다. 이는 두 가지 이유에서 적합하다. 하나는 이 극작가가 제기한 번역문제가 악명 높은 마틴 에슬린Martin Esslin의 논문[34]에서 도발적으로 제시되었기 때문이다. 그밖에도 문예학이 핀터의 무대언어를 서술하는 범주를 통해 우리는 현대 연극에서 대화와 언어 기능의 근본적인 문제들에 대해 그리고 그것을 번역문제로서 숙고할 수 있을 것이다. 성급한 비평가의 눈으로 보자면 "일상어"로서 덜 복잡하고, 거의 "형식을 의식하지 않는" 메시지로 보이는 것은 ―"문헌학적" 난점으로부터 자유로운 ― 번역의 관점에서 특별한 도전이 아닐 것이다. 영향력 있는 학술지에 실려서 많은 주목을 받은 에슬린의 에세이는 베스트셀러를 노리는 재빠른 번역에서 비롯되는 몇몇 문제를 눈여겨보게 했다. 아주 단순한 개념과 문구조차 잘못된 번역이 기형적 텍스트를 만들어냈는데, 출판사는 지금까지 나온 번역을 수정하고 에슬린이 손수 다른 번역으로 바꾸어 쓰게 할 수밖에 없었다.[35] 하지만 우리가 에슬린의 에세이를 그의 비평의 기반이 되는 번역비평 원칙에 따라 살펴보자면, 보통 종종 있는 신문 문예란의 번역에 대한 혹평이 어휘적 영역에 국한되어 있듯이, 그가 문제 삼은 부분 역시 어휘적 오역 또는 완전히 파악되지 않은 사실의 영역에 속해 있음을 알 수 있다. 우리는 교정한 판본과 새로운 에슬린 번역이 그러한 종류의 결점이 없다고 가정하고자 한다. 물론 연극텍스트의 드라마투르기적 역동성에 적합한, 실용도 높은 번역을 위해 어휘가 노련하게 선택되었는지는 오늘날 구할 수 있는 몇몇 핀터-번역을 살펴봐야 한다.

《귀향The Homecoming》의 첫 장면을 전부, 빌리 티엠Willy H. Thiem과(마틴 에슬린이?) 고친 티엠-번역본에서 인용하는 것은 ― 그것이 필요할지

34_ Martin Esslin, "Pinter Translated: On International Non-Communication", *Encounter 30* (1968.3.), pp.45-47.

35_ 로볼트출판사의 문고판 번역가 인증은 다음과 같다. "《무인 지대No man's Land》와 《독백Monologue》은 레나테 에슬린Renate Esslin과 마틴 에슬린Martin Esslin이 번역했다 … 《생일파티The Birthday Party》는 … 의 번역을 새로 교정해서 인쇄하였다." Harold Pinter, *Niemandsland..., Fünf Theaterstücke* (Reinbek, 1976 등등)

라도 — 그렇게까지 유용하지 않다. 차이는 작고 사소한 부분에서 나타나고 "오역"은 이 장면의 첫 번째 번역본에는 없다. 그럼에도 우리는 상황상 입증될 수 없는 단언을 감히 하자면, "개정판"이 티엠의 첫 번째 판본에 못 미치는 것이다. 왜냐하면 개정판은 단어에 충실하고 원본에 가깝지만, 그 대신 "일상어"가 덜 쓰이고 있으며, 사소한 것이지만 그래서 더 중요한 발단적 징후가 드러나는 장면의 드라마적 기능이 고려되지 않았기 때문이다.

《귀향》은 — 인물의 사회적 세계로 말하자면 — 런던의 화류계와 포주의 세계를 배경으로 하며 도입부에 남자들로 이루어진 가족을 보여준다. 막스는 반항적이지만 전반적으로 억눌린 아버지인데, 예전에 매춘부로 가족을 먹여 살렸던 죽은 어머니의 여러 가지 역할을 떠맡고 있다. 레니는 장남이고 작가의 대변인인 샘은 레니의 삼촌으로 택시 운전사이다. 다른 인물들은 처음 장면에서 나타나지 않는다. 첫 장면은 핀터식 인물구성과 대화전략을 전형적으로 보여주는 대화로 시작한다. 억눌린 인물들은 격정적인 대화로 관심을 불러일으키고자 한다. 당혹감을 감추려는 인물들은 무관심하거나 공격적으로 거부하는 답변을 내뱉는다. 인물들은 거드름을 피우는 언어적 태도로 허구적 세계에서 새롭게 자신에게 "지위를 부여한다." 또한 어록을 장황하게 사용하면서 **우열을 다투는 전쟁터**에서 주도권을 잡으려 한다.[36] 그리고 앞에서 말한 언어전략에 다소 무의미하게 반응하는 공격적이고 속수무책의 답변들이 이어진다. 그러나 긴장감이 넘치고, 아주 미묘하고, 엇갈리는 전운이 느껴지는 인물간의 논쟁은 얼마 되지 않는 두드러진 예외를 제외하고는 피상적인 일상성의 표면 아래 숨겨져 있다. 이 경우 대화는 런던동부 화류계 속어의 사회어적 요소와, 교양은 없지만 사회적 인정을 과시하고자 하는 인물들의 개인어의 색채를 띤다. 세대 간의 차이는 가족 간의

36_ 핀터 작품의 이러한 구조적 특성과 주제에 대해서는 다음을 참조. Kurt Tetzeli v. Rosador, "Pinter's Dramatic Method: Kullus, The Examination, The Basement", *Modern Drama* 14(1971), pp.195-204. Rüdiger Imhof, *Harold Pinters Dramentechnik* (Bonn, 1976), pp.94-122.

권력관계만큼이나 인물에 따른 어법과 문체, 대화의 길이에서 느낄 수 있다. 따라서 주로 첫 장면에서 표현된 이 사회적 그룹의 "톤"을 전달하는 것뿐만 아니라 특히 개인적인 화법으로 나타나는 각각의 인물들의 상이한 입장과 갈망을 파악하는 것 역시 중요하다.

(어휘상 문제가 없는) 무조건적으로 단어에 충실한 대화의 번역이 가져오는 수많은 문제들 중 사소한 실례를 들어보자. 막스는 레니한테 좀 전에 부엌에서 잠깐 넘겨보았던 일요일 신문이 어디 있냐고 물어본다. "I was just having a look at it in the kitchen(내가 막 부엌에서 그걸 들여다보고 있었어)."[37] 하지만 수정이 요구된 첫 번째 번역 역시 문제가 없어 보인다. "In der Küche habe ich gerade mal reingeguckt(부엌에서 내가 막 들여다봤어)."[38] 이에 반해 수정된 판본은 신문을 관찰의 대상으로 만든다. "Ich habe sie mir in der Küche angesehen(나는 그것을 부엌에서 보았어)."[39] 이러한 "텍스트에 대한 충실"은 개정판의 전반적인 특징이다. "You're a dog cook(11)" 에 대한 티엠의 번역 "Du kochst doch immer Hundefraß(너는 맨날 개밥을 만드는구나, 9)"는 이상한 번역 "Du bist ein Hundekoch(너는 개요리사구나, 79)"으로 복원된다. "I'll chop your spine off"에 대한 관용적으로 깔끔하게 맞아떨어지는 티엠의 번역 "Ich hänge dir das Kreuz aus(널 흠씬 두들겨 패줄 테다, 8)"는 과도하게 말 그대로 번역한 "Ich hack dir das Rückgrat ein(네 등골을 작살낼 거야, 178)"에 자리를 내준다. 부수적인 표현인 "I bet you're tired"에 적절한 티엠의 첫 번째 시도에서 무심하게 표현된 "Klar bist du müde(분명 넌 피곤할 거야, 9)"는 수정본에서 구문론적으로 복잡하고, 문체상 너무 고상한 "Das glaube ich, daß du müde bist(네가 피곤하다고 나는 생각해, 180)"로 바뀐다. 이것은 구문론적으로 비슷해서 얼핏 보면 단어 그대로의 번역이다. 하지만 이러한 문장연결은 개인어적 특성에서나 사회어적 특성에서 레니가 말하기에 그럴듯하

37_ Harold Pinter, *The Homecoming* (London, 1965), p.7.

38_ Harold Pinter, *Die Heimkehr* 외(Reinbek, 1967), p.7.

39_ Harold Pinter, *Niemandsland.... Die Heimkehr, Fünf Theaterstücke* (Reinbek, 1976 등등) p.177

지 않다. 온갖 모욕과 무시를 당한 늙은 막스는 웅크리고 앉아 있다 "sits hunched"(11). 그는 이것을 부정하는 온갖 자신의 태도에도 불구하고 이러한 육체언어를 통해 그가 사실 패배자라는 것을 알린다. 또한 그는 이러한 사실을 거부하는 언어 전략적 시도도 해보지만 효과 없이 사장되고 만다. 티엠의 지문 "Max sitzt zusammengekauert(막스는 웅크리고 앉아 있다, 9)"는 배우에게 육체적 제스처와 인물의 사실적인 대사 사이에 구축된 긴장을 분명하게 지시한다. 이에 반해 수정된 판본은 이것을 심상치 않게 받아들이고 드라마투르기적으로 전환해서, 막스로 하여금 "nach vorn übergebeugt(앞으로 몸을 구부리고, 180)" 앉아 있게 해서 굴종적인 태도를 오히려 위협적인 태도로 만든다. 하지만 이것은 "hunched" 라는 어휘에서도, 심지어 상황으로 봐서도 적절하지 않은 표현이다. 출판된 텍스트의 첫 몇 페이지에 나오는 이러한 몇 안 되는 사소한 것들은 거의 막스의 긴 대사와 병행된다. 이러한 대사는 핀터의 작품에서 종종 그렇듯이 대화지만 독백과 같이 작용해서 자기묘사(자기기만)과 같은 기능을 하거나 회상과 양식화된 과거로 몰입하게 한다.

> You think I wasn't a tearaway? I could have taken care of your, twice over. I'm still strong. You ask your Uncle Sam what I was. But at te same time I always had a kind heart. Always.
>
> *Pause.*
>
> I used to knock about with an man called Mac Gregor. I called him Mac. You remember Mac? Eh?
>
> *Pause.*
>
> Huhh! we were two of the worst hated men in the West End of London. I tell you, I still got the scars. We'd walk into a place, the whole romm'd stand up, they'd make way to let us pass. You never heard such silence.… He was very fond of your mother, Mac was. Very fond. He always had a

good word for her.

Pause.

Mind you, she wasn't such a bad woman. Even though it made me sick just to look at her rotten stinking face, she wasn't such a bad bitch. I gave her the best bleeding years of my life, anyway.

LENNY. Plug it, will you, you stupid sod, Im trying to read the paper.(8)

내가 깡패였다는 걸 모르나본데? 널 더 손봐줬어야 했는데. 난 아직 건장해. 내가 어땠는지 네 삼촌 샘한테 물어보렴. 그래도 난 항상 인정이 있는 사람이었지. 늘.

휴지.

난 맥그레고르라는 사람과 헤매 다니곤 했단다. 난 그를 맥이라 불렀어. 너 맥을 기억하니? 어?

휴지.

후! 우리 둘은 런던 웨스트엔드에서 사람들이 가장 증오하는 놈들이었지. 내가 하고 싶은 말은 난 아직도 상처를 지니고 다닌다는 거야. 우리가 어디든 들어가면 모두 다 일어나서 우리가 지나가도록 길을 터주었지. 넌 그렇게 조용한 걸 본 적이 없을 거야. … 그는 네 엄마를 아주 좋아했다. 맥이 그랬지. 아주 말이야. 그래서 늘 그녀에게 좋은 말만 했어.

휴지.

명심해, 네 엄마는 그렇게 나쁜 여자가 아니었어. 그 빌어먹게 역겨운 얼굴을 보면 욕지기가 났지만 그래도 그렇게 나쁜 년은 아니었어. 어쨌든, 난 네 엄마에게 내 인생의 형편없는 시절을 바쳤지.

레니: 입 좀 닫을래? 멍청한 늙은이. 신문을 보려고 하고 있잖아. (8)

간단하게 말하면 이 단락을 더 잘 번역했다고 판단되는 판본(다시 첫 판본)을 인용하고 개정판의 변화를 보충적으로 논하고자 한다.

Du meinst, mit mir war nie viel los? Dich hätte ich noch allemal in die Tasche gesteckt. Ich bin immer noch stark. Frag deinen Onkel Sam, was ich für einer gewesen bin. Aber ich hatte trotzdem immer ein weiches Herz. Immer. *Pause.* Ich bin damals mit einem Mann namens Mac Gregor herumgezogen. Ich nannte ihn Mac. Du erinnerst dich doch an Mac? Eh? *Pause.* Hah! Wir waren zwei der bestgehaßten Leute im West End von London. Ich kann dir sagen, die Narben habe ich heute noch. Wenn wir wo reinkamen, standen alle auf und machten Platz, um uns vorbei zu lassen. So was von Stille hast du noch nie gehört.... *Pause.* Er hatte sehr viel für deine Mutter übrig, der Mac. Sehr viel. Er hatte immer ein gutes Wort für sie. Pause. Weißt du, sie war gar nicht so übel. Aber mir kam doch das große Kotzen, wenn ich nur ihre ekelhafte Visage sah. Nee, nee so übel war sie gar nicht. Jedenfalls habe ich ihr die schheißbesten Jahre meines Lebens geopfert.

LENNY: Halt jetzt endlich dicht, du blöder Sack, ich will Zeitung lesen. (8)

넌 내가 별 볼일 없었다고 생각하고 있구나? 너 같은 건 내 호주머니에 넣고 다닐 수도 있어. 난 아직 건장해. 네 삼촌한테 물어봐라, 내가 어떤 인간이었는지. 그래도 난 항상 인정 많은 놈이었어. 항상. 휴지. 난 맥그레고르라는 이름의 남자랑 쏘다녔지. 난 그를 맥이라 불렀어. 너 맥을 기억하고 있니? 어! **휴지**. 후! 우리 둘은 런던 웨스트엔드에서 사람들이 끔찍이도 싫어하는 사람들이었지. 너한테 하는 말이지만 난 아직도 상처를 지니고 다닌단다. 우리가 어디든 들어가면 모두들 일어나 우리가 지나가도록 자리를 터줬지. 그렇게 쥐 죽은 듯이 조용한 걸 넌 아직 들어보지 못했을 거야. … 휴지. 그자는 네 엄마를 아주 좋아했다. 맥이 말이야. 너무 좋아했지. 그래서 늘 그녀에게 좋은 말만 했어. 휴지. 너도 알겠지만 엄마는 그렇게 나쁜 사람은 아니야. 하지만 난 그 역겨운 낯짝만 보면 욕지기가 났지. 아니, 아니, 엄마가 그렇게 나쁜 여자는 아니었어. 어쨌거나 난 네 엄마에게 내 인생의 빌어먹을 몇 년을 바친 거야.

레니: 이제 그만 입 다물어. 멍청한 늙은이. 신문을 읽으려고 하고 있잖아.

아들 레니와 경쟁심이 있는 막스는 자신의 옛날 깡패시절을 뻐기면서 자랑한다. 서술된 상황에서도 역시 막스는 자신을 위협적인 싸움꾼으로 표현하고 있듯이 화류계와 포주의 세계에서 그 깡패(tearaway)는 분명 난동을 부린다. 그는 결코 포기하지 않는 사람이다. — 스스로 자신을 이렇게 여기지만 죽은 아내에 대한 말을 들어보면 암시적으로, 현재 상황을 보자면 보다 명백하게, 자신에 대한 이러한 생각이 실제와 다른 것을 알 수 있다. 기존 번역에서 때에 따라 방해가 되는 것은 너무 고상한 문체로 쓰인 개념과 표현들이다. "[ein] Mann namens MacGregor(맥그레고르라는 이름의 남자)", "zwei bestgehaßten Leute(두 명의 가장 미움을 받은 사람들)"은 말 그대로의 번역이긴 하지만 — 영어에서 called와 two of the most hated men은 두드러진 표현이 아니며, 훨씬 관용적이고 일상적이다. 이 두 부분은 개정판에서 변하지 않는다. 이에 반해 "mit mir war nie viel los(내가 별 볼 일 없었다고)"는 불필요하게 "ich war nie ein Kerl wie du(난 너 같은 놈은 아니었어)"(178)로 바뀌어, 싸움질에 대한 자랑은 아들과의 개인적 비교가 된다. 게다가 "Kerl(놈)"은 "남성성"이라는 연상영역에서 다른 함의를 가능하게 한다. "in die Tasche gesteckt(호주머니에 넣고 다니다)"는 그것이 무엇을 의미하든지 이상한 "Ich hätte doch doppelt fertiggemacht(너를 두 배로 패 조졌어야 했는데)"(178)라는 표현에 자리를 내준다. 싸움질은 구문론적으로 아주 마음에 들게 번역되어 있다. "Wo wir auch reinkamen, alle standen auf und machten Platz, um uns vorbeizulassen(우리가 들어가면, 모두들 일어나서 우리가 지나가도록 길을 내줬지)". 맥그레고르와 그의 아내의 관계는 핀터와 티엠에게서 물론 소극적으로 암시되었고, "sehr viel für … übrig(아주 좋아하는)"이라는 번역에서는 그것이 느껴진다. 하지만 평범한 표현인 "hat … sehr gern gehabt(좋아하다)"에도 이러한 여지가 남아 있는지 의문이 든다. 하지만 개정판의 역자는 모든 문구를 구문론적으로 고상하게 만들려는 경향을 은근히 가진 듯하며, 결국 이렇게 수정했다. "Trotzdem mir das große Kotzen ankam, wenn ich nur ihre ekelhafte Visage ansah, sie war gar kein so übles Weibsstück.(그녀의 역거운 상판때기를 보았을 때, 엄청난 구역질을 느꼈지만 그녀가 그렇게 나쁜 여편네는 아니었지.)" 비문법적인 연결과 부사(trotzdem)와 접속사(obwohl)의 혼동이 제한적이고 단순한 언어체계의 특징이라는 사실을 교과서에서 배운 역자는 괴상한 문장을 통해, 문헌적으로 철저하고 단어에 충실한 이전의 교정에서 놓쳐버렸던 모든 것을 복원하고자 한다. "scheißbesten Jahre meines Lebens(내 생애의 빌어먹을 시절)"를 "verflucht besten Jahre(지독한 최상의 시절을)"로 바꾼 그의 결정은 개정판의 역자가 이러한 언어환경에 얼마나 친숙하지 않은지를 보여준다.[40]

그러면 이것은 흠을 들추어내기 위해 골라낸 것인가? 명백히 어휘적 실수를 제외하고는 우리가 보기에 받아들일 만한 번역을 수정하라고 요구하면서, 누군가 성공적이고 영향력 있게 등장했기 때문만은 아니다. 더 중요한 것은 무대언어의 번역을 위해 중요한 결론을 이끌어내는 것이다. 우리는 여기에서 문헌상 숙련되었으며 의식을 가지고 작업을 하는 번역가 역시 문헌적 오류를 범한다는 사실 이외에도 문체적/관용적 가짜 동족어들이(false friends) 있음을 알 수 있다. 이것은 어휘적인 오류보다 더 큰 문제일 수 있다. 다른 언어에서는 아무런 문제가 없는 어구를 단어에 충실하게 번역하는 것은 문구의 음조, 고상한 문체, 문체적

40_ 일반적으로 이 번역에서 막스의 언어가 영어의 나열된 단어에 의존해 있어서, 너무 까다롭고, 때로는 너무 서투르게 번역되었다는 것이 우리의 소견이다.

응집성, 이와 더불어 인물구성 그리고 어쩌면 전체 드라마 상황을 변화시킬 수 있다.

핀터의 작품을 살펴보면서 우리는 번역상의 사소한 문제들을 통해 수많은 다른 현대 극작가에게 해당하는 더 넓은 지평을 연다. 핀터는 어떤 다른 극작가보다 일상어의 귀재이다.[41] 그는 물론 일상어의 표층구조를 대가답게 다루었을 뿐만 아니라 비속어, 사교적인 스몰-토크(small-talk)와 구어상의 건방진 말들 뒤에서 세심한 소리효과와 발화리듬을 섬세하게 표현했으며, 독백의 구문을 리듬 있게 형상화했고, 대수롭지 않은 대화를 격행대화적 논쟁과 같은 음악으로 만들었다. 이러한 피상적이지 않은 언어요소들은 그 작용방식이 어쩌면 음악적 이미지로만 바꿔 쓸 수 있을 것인데, 핀터는 이러한 언어요소들을 통해 **키친 싱크**(kitchen-sink)[42]의 서정 시인으로서, **배우의 극작가**(actors' playwright)[43]로서 두각을 나타낸다. 그는 모든 단어 하나하나를 특히 배우의 육체성에 맞추어 만들어내며, 모든 휴지부와 모든 줄표에 의미를 부여한다.[44] 이것은 그의 작품의 형식적 측면인데, 이러한 고약한 표층구조 때문에 익숙하지 않은 어려움을 야기한다. 하지만 더 중요한 것은 일상어의 조작을 통해 일상, 일상성, 일상어의 영역이 주제로 다루어진다는 점이다. 이로써 일상어적 현상의 번역은 현실적 문제가 된다. 왜냐하면 제시된 방식의 왜곡과 그것을 넘어서는 번역문제들은 문체의 문제와 번역문제이자 드

41_ 흥미롭게도 마틴 에슬린Martin Esslin은 일상담화라는 개념을 스스로 핀터Pinter에게 적용했다. *Theatre of the Absurd* (New York, 1961), p.199. A. K. Kennedy, *Dramatic Dialogue. the Dialogue of Personal Encounter* (Cambridge, 1983), p.220 참조.; G. L. Evans, *The Language of Modern Drama* (London, 1977), p. 167. 이에 대한 기본적인 것은 N. Greiner, "Poetischer Alltag. Formen und Funktionen des Alltags und Alltagssprachlichen in Harold Pinters Dramen", in: *Die Wirklichkeit der Kunst und das Abenteuer der Interpretation. Festschrift für Horst-Jürgen Gerigk*, Hrsg. K. Manger (Heidelberg, 1999), pp.113-149.

42_ Wilson Knight, "The Kitchen Sink. On Recent Developments in Drama", *Encounter* 21(1963), pp.48-50.; 역주 — 1950-60년대 노동자 계급의 생활을 그린 연극.

43_ Sasan Rusinko, *Strategies of Language in the Poems and Plays of Harold Pinter* (PH.Diss. Penn State Univ., 1971), p. 12; David T. Thompson, *Pinter: The Player's Playwright* (London, 1985).

44_ John Dawick, "Punctuation and Patterning in the Homecoming", *Modern Drama* 14(1971), pp.37-46 참조.

라마 작품의 중심적 주제에 대한 개입으로 확장되기 때문이다. 일상의 소품들을 통해 무대에서 일상을 그리는 것은 관용적 언어사용을 동반하지만 이에 국한되지만은 않는다. 따라서 일상적으로 나타나는 무대언어를 어떻게 번역할 것인지는 이해의 문제가 된다. 철학과 사회학에서 후설이 말한 발생한 일상이라는 개념에 대한 논의를 여기에서 자세히 설명하지는 않겠다. 다만 핀터에게서 드라마투르기상 나타난 일상에 대해 간략하게 언급하고자 한다. 핀터는 비일상적 즉, 상징적-축제적 또는 고전 극작법에서 요구되는 효과를 노리는 과장된 행위의 생활영역을 완전히 배제하고, 극단적으로 일상적인 상황을 만들어낸다. 일상성의 틀 안에서 그려진 인물들은 숙달된 일상적 지식을 통해 익숙하고 의식화된 일상의 과정을 자유자재로 다루고, 일상적 현실을 무의식적으로 구성한다. 또한 그 익숙함과 노련함으로 그들의 안전성과 동일성을, 즉 "삶에서 자신의 자리를" 발견하면서, 역할사회학적으로 말해서 자신을 스스로 "자리매김하고" "체험한다". 항상 핀터 드라마의 처음에 그려지는 이러한 상황에서는 방해요소가 등장하는데 대부분 낯선 침입자, 신비로운 이방인 또는 비슷하게 유형화된 인물들의 형상으로 나타난다. 이러한 방해요소는 기존의 유형화된 체계를 뒤흔들어 놓는다. 보통 일상은 이러한 체계를 통해 "기획되고", 새로운 경험이 성공적으로 일상적 지식으로 통합될 수 있는 것이다. 익숙한 안전성과 무의식적인 동일성은 도전을 받고, 이러한 상황에 연루된 인물들은 이에 반응하게 한다. 그리고 이것은 언어적으로, 일상어를 통해, 일상에서 입증된 인물들의 언어능력인 언어전략을 통해 일어난다. 우리는 사교적 대화를 시작하면서 정상성과 일상성을 확인하는데, 상대방은 각각의 전략적 관점에 따라 이에 응하거나 이로부터 벗어난다. 우리는 광범위한 전문용어, 인상적인 이야기와 회상을 통해 우위나 힘, 경험을 암시하는 태도로 자신을 표현한다. 언급된 대사에서 암시된 것과 같이 사람들은 협박이나 다른 형태의 언어적인 위협적 태도, 직접적인 모욕이나 욕설을 통해 언어적으로 공격을 표시하기도 한다. 또한 사람들은 의도적으로 말을 자제하거나 침묵함으로써 대화에서 빠져나올 수 있다. 그리고 이것은 상황에 따라 패배 또는 힘을 지시한다. 따라서 "일상어"는 일상세계를 구성하고 일상의 실천을 관리하고, 일상적 상황과 장애를 처리하며, 그것을 일상적 지식으로 통합하기 위한, 개인적이고 직업적인 일상 체계로 이해될 수 있다. 이렇게 일상어는 더 이상 무대의 내적 의사소통의 수단만이 아니라, 외적 의사소통체계의 주제로 다뤄지는 **대상**이다. 따라서 계산된 설정은 **자연적으로 일어나는 스피치**에 비유될 수 없고, 전적으로 사회언어학적 방법으로만 서술될 수도 없다.[45]

또 다른 예로《무인지대》를 인용하고자 한다. 이 작품의 초반 구성에서 중요한 것은 바로 잘 알려진 **침입-플롯**[46]이다. 그 과정에서 낯선 자는 전반적으로 안정적인 상황, 모든 해당 인물들이 받아들인 상황에 개입하고자 시도함으로써 다른 사람들에게 위협이 된다. 획득한 권력의 자리에 대한 점진적 요구와 주장 그리고 수호, 공격 또는 후퇴, 이 모든 것은 무대에서 언어적 행위를 통해 실현되고, 풍부한 뉘앙스를 지닌 대화와 특히 인물 화법의 변화를 통해 표현된다. 따라서 대화와 상황의 연관성, 대화와 다른 무대사건과의 관계는 다른 모든 핀터의 드라마처럼 공연되면서 비로소 분명해진다.[47]

장면은 **저녁 술자리**의 **스몰-토크**로 시작된다. 성공했지만 문명에 권태

45_ 따라서 수많은 언어학적 접근법이 핀터의 텍스트를 대화분석적 방법으로 상세히 묘사하면서도 그렇게 묘사된 구조를 주제구성적 행위와 관련하여 연구하지 않는다면, 그것은 핀터의 텍스트를 잘못 이해한 것이다. 예를 들면 Deirdre Burton, *Dialogue and Discourse. A Sociolinguistic approach to Drama Dialogue and Naturally Occurring Conversation* (London, 1980) 참조.

46_ 이 개념에 대해서는 John Bush Jones, "Stasis as Structure in Pinter's *No Man's Land*", *Modern Drama* 19 (1976), pp.291-304 참조.

47_ 존 길거드John Gielgud와 랠프 리처드슨Ralph Richardson(페터 홀Peter Hall 연출)이 출연한《무인지대》의 대가다운 국립 극장공연을 비디오로 접할 수 있는데, 이것을 보면 연극적 차원에서 언어성에 집중된 연출을 분명히 느낄 수 있다. 이때 일반적인 의미에서 아무 일도 일어나지 않을지라도 침묵과 휴지부는 적절한 비중을 얻고 가능한 한 적게 사용된 제스처와 시선은 기호적 기능을 수행한다. 아무 말도 하지 않고, 아무런 움직임도 없다. 이때 아무 일도 일어나지 않지만 동시에 육체성 자체가 느낄 수 있는 행위가 되는 것이다. 몇몇 인물들의 장광설에 대한 대립 때문에만 이렇게 느껴지는 것은 아니다.

를 느끼는 작가 히르스트Hirst는 우연히 알게 된 스푸너Spooner를 술자리에 초대한다. 스푸너는 히르스트-포스터-브릭스의 동거에 한 자리를 차지하려고 한다. 그는 우선 히르스트에게 깊은 인상을 줘야 하고 포스터와 브릭스를 위협해야 한다. 이러한 목적을 달성하기 위해서 그는 계속해서 새롭고 때때로 성공적인 언어전략을 펼친다. 이외에도 특별히 감각적인 그의 거동은 우리의 관심을 끈다. 장면이 시작되고 한참 동안 스푸너는 격분해서 서 있다. 그는 아첨을 하다 위엄을 부리고 장황하게 말을 한다. 히르스트는 거의 예외 없이 항상 앉아 있으며, 스푸너가 151줄을 말하는 데 비해 46줄의 대사만을 말한다. 그의 대사 길이는 단 한 번만 한 문장 이상이 된다. (스푸너의 아주 긴 여러 대사에 비해) 따라서 그의 대사 중 반 이상이 한 단어에서 세 단어로 이루어져 있다("Ah", "Yes", "No", "I cannot say", "What", "Help yourself" 등등). 여기에서 배역의 분배양상이 언어적으로, 신체적으로 일어남을 알 수 있다. 스푸너가 처음으로 앉았을 때(지문에 분명히 나타난다: **스푸너는 처음으로 앉아 있다**[28][48]) 그의 역할이 아주 의미심장하게 전개된다. 스푸너는 신체 언어를 통해 동등한 지위를 요구할 뿐만 아니라, 사회적 맥락과 대화를 통해서도 그의 사회적 역할이 변하거나 소위 뒤바뀌는 현상이 나타난다. 처음에 손님에게 음료를 제공하고 무엇을 원하느냐고 묻고, 음료를 따라주고 건배를 했던 사람은 히르스트였다.

HIRST is *pouring whisky at the cabinet.*
He is precisely dressed. Sports jacket. Well cut trousers.

HIRST: As it is?
SPOONER: As it is, yes please, absolutely as it is.
HIRST *brings him the glass.*
SPOONER: Thank you. How very kind of you. How very kind.
HIRST *pours himself a vodka.*

48_ Harrold Pinter, *No man's Land* (London, 1975).

HIRST: Cheers.
SPOONER: Your health. (15)

히르스트는 캐비넷에서 위스키를 따르고 있다.
그는 옷을 제대로 갖추어 입고 있다. 스포츠 재킷이다. 그리고 잘 재단된 바지를.
히르스트: 이 정도?
스푸너: 응, 그 정도, 정확히 그 정도만.
히르스트는 그에게 잔을 건네준다.
스푸너: 고마워. 친절하군. 아주 친절해.
히르스트는 손수 보드카를 따른다.
히르스트: 건배.
스푸너: 자네의 건강을 위해. (15)

이제 변화된 상황에서 앞의 과정과 똑같이 주인의 역할을 "연기하는" 것은 스푸너이다. 그는 히르스트가 뭘 원하는지 물어보고 술을 따르고 히르스트에게 건배를 한다 — 히르스트가 사용했던 바로 그 말들을 하면서.

HIRST: I'll be happy to join you in a whisky.
SPOONER *pours.*
SPOONER: You'll take it as it is, as it comes?
HIRST: Oh, absolutely as it comes.
SPOONER *brings* HIRST *his glass.*
SPOONER: Your very good health.
HIRST: Yours. (22-23)

히르스트: 자네와 위스키를 마실 수 있다니 기뻐.
스푸너는 따른다.
스푸너: 이 정도면 되겠나?
히르스트: 오, 딱 그 정도면 돼.
스푸너는 히르스트에게 잔을 건넨다.

스푸너: 자네의 건강을 위해.

히르스트: 자네의 건강을 위해.(22-23)

위트의 요소는 어쩌면 As it is?(15; 22)와 같이 중요하지 않은 질문을 거듭 말하고, absolutely as it is(15), absolutely as it comes(23)와 같은 대답에서 나타나는 단어의 반복에 있다. 우리는 여기에서 독일어로 "So wie er ist(이 정도)?"라는 관용적 표현에 대해 생각해 보려는 것이 아니다. 결정적인 것은 영어에서 단어의 반복이 에슬린의 번역에서 **변주**되어 표현되지만("Ganz so wie er ist"[9],[49] "Absolut so wie er ist"[12]), 두 번째 경우 You'll take it as it is, as it comes?(22)에서 강화된(해석 가능한?) 의미의 확장이 사라졌다는 점이다("Absolut so wie er ist"). 말하자면 물음에 대한 답변은 as it comes가 아니라, 앞에 나온 as it is에 관련된다. 아마도 바로 여기에서 스푸너의 조급함에 거슬리는 반어적 표현을 찾아볼 수 있다. Absolutely as it is가 완전히 편한 표현이라면, 이러한 낱말의 조합은 우리로 하여금 익숙하지 않은 답변 absolutely as it comes에 귀 기울이게 할 것이다. 히르스트는 스푸너를 받아들이는 것인가? 그는 스푸너를 모호하지만 받아들이고, 이러한 모호함은 앞으로 계속될 것인가? 확실한 것은 우위 내지는 종속의 관계가 육체언어로 분명하게 통제되고 있고, 언어적으로 답변의 조작을 통해 능숙하게 이루어지고 있으며, 번역에서 전달된다는 점이다.

다른 두 가지 사례를 관찰해보면 이러한 추측을 증명할 수 있을 것이다. 두 사람이 술을 마시자마자 히르스트는 스푸너에게 질문을 던진다. 그는 첫 번째 질문으로 말문을 트면서 새로운 주제를 거론한다. Tell me … do you often hang about Jack Straw's Castle?(23) "Sagen Sie...treiben Sie sich oft bei Jack Straws Schlößchen(말해보게 … 자네는 종종 잭 스트로의 성을 배회하고 다니나?", 13). 여기에 많은 것이 함축되어 있다. 우선 Jack Straw's Castle이 무대에서 런던 교외인 햄스테드 히스(Hamstead Heath)

49_ Harold Pinter, *Niemandsladn ... Fünf theaterstücke* (Reinbek, 1976 등등), pp.7-44.

에 있는 술집이며 이곳에서 두 남자가 서로 알게 된다는 것은 부차적인 것이다. 하지만 이 이름이 의식적으로 선택된 것이라면 이것은 잭 스트로라는 전설적인 인물과 관계가 있다. 그는 1381년 농민봉기에서 몇몇 봉기를 지휘한 사람이다. 히르스트가 그 후에 highwayman[에슬린은 "18(!)세기 노상강도(Straßenräuber)"로 번역했다]인 그 사람과 관계를 맺게 되는데, 만일 술집 이름을 번역하고자 했다면, 그런 남자의 본거지가 "성"일 수는 없을 것이다. 스푸너와 같은 사람들은 "bei Jack Straws Schlößchen(잭 스트로의 성 근처)"에서 "sich herumtreiben(싸돌아다니는)" 것이 아니라 "in⋯ herumhängen(⋯에 할 일 없이 앉아)" 있는다 — 영어 텍스트는 이 표현에 가깝다. 중요한 것은 언어유희를 좋아하고 성적 비유에 사로잡힌 사람이 as it comes에 귀 기울였다면 Jack Straw's Castle이 여성의 성기에 대한 완곡하고 비유적인 표현이라는 것을 놓치지 않을 것이다. 이것은 어쩌면 번역될 수 없는 것이지만 그럼에도 에슬린의 번역에서 이것은 대화를 준-사교적으로 공손하게 유지하는 데만 기여하는 문제로 남는다. 랄프 리처드슨Ralph Richardson이 대사와 함께 보여주었던 냉소적이고 반어적인 표정을 독일어의 주 텍스트가 배우에게 암시할 수 있을지 우려된다.

이것으로 충분치 않다. 발췌 부분에서 나타나는 다른 현상들을 보면 피터가 얼마나 정확하게 각각의 사소한 점을 계산하고 단어의 반복과 그 의미심장한 변화를 반어적으로 사용하는지 보여준다. 스푸너는 히르스트에게 세 번 건배를 제의하는데 첫 번째는 Your health(23)라는 말로, 두 번째는 Your good healty(16)라는 말로, 세 번째는 Your very good health(23)라는 말로 건배를 한다. 이때 흥미 있는 크레센도가 스푸너의 점점 커지는 자부심과 거만함을 특징적으로 보여주는 것 같다. 이 표현이 네 번째로 사용하게 될 때, 다른 수단을 봐서도, 분명히 반어적인 맥락에서 To your continued health(28)라는 말이 히르트스에 입에 오르게 된다. 이러한 연어Kollokation에서 익숙하지 않은 상투어는 continued를 발언의 내용이 아니라 건배 사이의 변화와 전개되는 드라마적 상황에 관련해서 해석해야만 그 의미를 알 수 있다. 잔이 채워지고 마시고 하는 연속되는 수많은 행동에는 건배사가 모두 빠져 있다. 하지만 히르스트가 물러간 후에 스푸너가 혼자 있다가 그의 직원인 포스터 때문에 깜짝 놀라는 장면에서는 건배사가 나온다. 스푸너가 이겼다고 생각하는 히르스트와의 대결을 이제 포스터와 반복하는 짧은 언어적 난타전 후에 그는 포스터에게 Your good health(43)라는 말로 건배를 제안한다. 이렇게 얼핏 보기에는 마치 자연적으로 일어나는 스피치지만 사실 일상어의 어구와 구조는 잘 계산된 계획의 소품이 되고 모든 단어는 의미 있는 자리를 차지하고 다른 텍스트문구와 신중한 관계를 갖는다. 하지만 에슬린의 번역에서는 다섯 개의 지점에서 연속으로 동일한 표현이 나타난다. "Ihr Wohl"(당신의 건강을 위해, 9), "Auf(!) Ihr besonderes Wohl"(당신의 특별한 건강을 위해, 9), "Auf Ihr besonderes Wohl(당신의 특별한 건강을 위해, 13)", "Auf Ihr weiteres Wohl"(당신의 앞으로의 건강을 위해, 15), "Auf Ihr Wohl(당신의 건강을 위해, 43)". 그는 크레센도를 간과하고 auf라는 말로 부가적이고 의미 없는 변화를 주었으며, 마지막 경우(영어 텍스트에서는 두 번째 경우의 정확한 반복)를 앞선 표현과 연관 없이 번역했다.

우리는 이러한 번역 실례에서 의식적으로 사소한 점, 즉 텍스트의 주요 의미부(Hauptsinnträger)보다는 뉘앙스에 국한해서 고찰했다. 왜냐하면 이렇게 해야, 일반적 인물연기이나 패러디된 획기적 문체(가령 T.S. Eliot의 서정시에 대한 암시적인 언어적 풍자)가 역시 이렇게 처리된다면, 연극적으로 얼마나 잘못된 재현이 되는지 노골적으로 드러나기 때문이다. 또는 《무인지대》에는 — 확인 가능한 — 이러한 수없이 많은 실례가 있을 것이다. 하지만 여기에서 중요한 것은 번역**비평**이 아니다. 물론 동일한 텍스트의 의미와 목적을 다른 맥락에서 생각해 보는 것은 확실히 가치가 있다. 그러나 여기에서는 오히려 무대언어가 번역의 특수한 문제이며, 왜 그러한지 그리고 언어기능과 번역의 기준을 연극의 이론적-문학적 토대에서 어떻게 도출할 수 있는지 보여주는 것이 더 중요하다.

이러한 실례는 여러 가지 측면에서 시사하는 바가 많다. 특히 번역비평가 역시 번역가가 되어, 비평할 구실을 제공하기 때문이다. 하지만 우리에게는 그것이 문제가 아니었다. 우리가 제시하고자 했던 것은 상연이라는 사건, 무대에 올린 연극에 대한 전체적 조망 속에서만 연극의 "의미"가 펼쳐지고, 개별적 단어의 의미나 문장의 의미를 너머서 비로소 그 의미를 찾을 수 있다는 것이다.

텍스트가 구체적 상연과 연관되어 있다는 것은 극단적이지만 고려할 만한 또다른 입장과 많이 다르지 않다. 즉, 원본에 대한 강박증으로부터 번역본을 해방시키고, 이러한 해방으로부터 비롯되는 새로운 길을 여는 것이다.[50]

마지막 사례연구는 바로 이러한 새로운 길에 관한 것이다.

5. 사례연구 G – 영국에서 브레히트 수용과 브레히트 번역

영국에서 브레히트 수용은 아주 문제가 많다. 50년대 베를린 앙상블의 런던 공연이 불러일으켰던 열광은 곧 거리감 있는 관점에서 비롯된 낯설고 지적인 극작법과 드라마투르기에 자리를 내주게 되었다. 그 이유는 무엇보다 사람들이 브레히트를 연극적 관점에서만 수용하려고 했으며, 그의 연극을 이해하는 데 필요한 드라마적, 정치적 이론의 밀접한 연관을 간과했기 때문이다.[51] 60년대 말과 70년대에 실험적 정치극이 번성하면서 사람들은 다시 브레히트에게 다가왔다. 이데올로기적이고

50_ 이에 대해서는 Eike Gramms; Frank Günther, "Shakespeare übersetzen-Shakespeare inszenieren", *Jahrbuch der Deutschen Shakespeare-Gesellschaft West* (1984), pp.13-31, p.13 참조. "나는 옛날에 영국 동료를 만난 적이 있는데 그는 반은 농담으로 반은 진담으로 이렇게 말했다. '자네들은 독일 연극에서 셰익스피어를 멋지게 해내지. 계속해서 자네들의 셰익스피어로 바꿔서 번역할 수 있으니까. 우리 영국에서는 항상 원본에 매달려야 하는데 말이야. 우리는 원하는 것을 연극장면으로 만들 수는 있지만, 그럴라치면 아 저런, 성스러운 텍스트에서 한 음절이 변하거든. 하지만 자네들은 원본을 매번 새롭게 번역하고 시사적 요구에 살며시 맞출 수 있잖은가."

51_ 이에 대해서는, Norbert Greiner, "Die Brechtrezeption in England nach 1968", in: M. Brunkhorst u.a., ed., *Klassiker-Renaissance. Modelle der Gegenwartsliteratur* (Tübingen, 1991), pp.129-148 참조.

드라마투르기적 모델을 찾는 과정에서 브레히트의 연극이 다시 시야에 들어온 것이다. 하지만 첫 번째 결과는 놀라웠다. 거의 이구동성으로 거부당한 것이다. 이 지점에서 번역사적 관점에서도 흥미로운 전개가 펼쳐졌다. 50년대와 반대로 브레히트는 이미 영어로도 접할 수 있게 되었기 때문이다. 말하자면 존 윌렛John Willet이 이끈 번역프로젝트는 독영 문학의 역사에서 순차적으로 진행된 가장 중요하고도 큰 프로젝트였다. 그럼에도 브레히트는 젊은 정치적 극작가들 — 본드, 브레턴 등등 — 의 반감에 부딪혔다. 하지만 설명은 비교적 단순하다. **그럼에도**가 아니라 **바로 그래서** 브레히트는 우선 확고한 지반을 얻을 수 없었던 것이다 — 독일어 원전과 밀착된 "학술적" 번역은 동시대 정치극의 어법과 동떨어져 있었기 때문이다. "나는 반브레히트주의자이다"라고 하워드 브레턴Howard Brenton은 고백한다. "좌익 반브레히트주의자. 내 생각에 그의 연극은 이제 박물관의 작품이며 수많은 젊은 연극인들에게 문제를 안겨주고 있다. 브레히트의 연극은 이제 더 이상 효과가 없고 30년대에 대한 것이지 70년대에 관한 것은 아니며, 거미줄 쳐진 공연 불가능한 작품이다."[52] 이는 번역에서 학술적 관심이 잘못 묘사되어 있었고, 무대를 위한 실용성은 인식되지 못했기 때문이다.

이러한 평가는 브레턴이 놀랍게도 손수 브레히트를 그것도 비유극 《갈릴레이의 생애Leben des Galilei》를 번역하기로 결심했을 때 달라졌다. 그는 독일어를 할 수 없었기 때문에 "단어 그대로" 옮긴 1차 번역을 자기 버전의 기반으로 삼아야 했다.

무엇이 그로 하여금 이러한 결심을 하게 했는지 상세하게는 알 수 없다. 하지만 그가 브레히트 서사극과 어떻게 다르게 만나 자신의 브레히트상을 변화시키게 되었는지 그 외적 상황은 물론 잘 알려져 있다.

짐 힐리Jim Hiley는 《갈릴레이의 생애》 상연권을 위해 국립 극장이 벌

52_ Howard Brenton, "Petrol Bombs Through the Proscenium Arch. An Interview with Catherine Itzin and Simon Trussler". *Theatre Quarterly* 5, no. 17(1975), pp.4-20, p.14.

여야만 했던 질긴 투쟁을 연출일지에 아주 흥미롭게 기록하고 있다.[53] 이 작품은 6년여가 지난 후에야 비로소 1980년 8월 13일 초연이 되었다. 인세 이외에 두 번째 논쟁이 되었던 문제는 번역이었다.

> 우선 국립극장은 몇 개의 기존 영어 번역본 중 하나를 쓰려고 생각했다. 그럴 경우 데스몬드 I. 베시Desmond I. Vesey의 것이나 래프턴Laughton 판을 써야 한다고 브레히트 유산 에이전트는 말했다. 그리고는 [존 러셀] 브라운John Russel Brown과 [피터] 홀Peter Hall은 새로운 번역을 만들자는 의견을 내놓았다. 홀은 브레히트가 과거의 서툴고 과장된 번역에 시달리고 있다고 느꼈다. … 그래서 브라운의 말에 의하면 '브레히트를 완성시킬 창의적인 작업을 떠맡을' 번역가를 찾게 되었다.[54]

특히 번역가가 지켜야 할 원칙은 다음과 같았다.

> 우리는 장면과 장면을, 목소리와 목소리를 충돌시키곤 하는 브레히트의 간결하고도 열린 스타일에 부응하는 극작가를 찾고 있었다. [J. R. 브라운은] 연극의 마지막 세 번째 의 긴 대사를 걱정했었다. 그는 대사를 문자적인 의미에서의 대사가 아니라, '정말 연극적 행위'로 취급할 수 있는 번역가를 원했다.[55]

브레히트 유산 관리인이 새로운 번역자에게 마땅치 않은 지급조건을 제시했지만 하워드 브레턴은 1977년 9월 22일 허락을 했고 6주간의 작업 뒤에 **국립극장**에 번역본을 넘겨주었다.

브레턴의 번역작업은 여러 측면에서 기이하다. 그가 독일어를 전혀

53_ 국립 극장의 첫 번째 편지는 1974년 2월 13일 날짜로 되어 있다. "마라톤 서신 교환이 시작되었다 … 상연권 관리자와 브레히트 유산 영국 에이전트 사이에 있었던 대부분의 논쟁의 본질은 돈이었다." Jim Hiley, *Theatre At Work. The Story of the National Theatre's Production of Brecht's Galileo* (London, 1981), p.4.
54_ 위의 책, p.5.
55_ 위의 책, p.6.

못함에도 불구하고 이 과제를 받아들였다는 것은 확실히 이례적이다. 물론 그러한 번역과정이 전혀 새로운 것은 아니지만 말이다. 본드Bond 역시 베데킨트Wedekind의 《봄의 깨어남Fühlingserwachen》을 번역했고, 스토파드Stoppard는 네스트로이Nestroy와 슈니츨러Schnitzler의 여러 드라마를 소위 글자 그대로 번역한 초벌번역을 기반으로 번역했던 것이다. 이런 경우 단점과 장점은 아주 분명하다. 원전에 대한 지식, 특히 문체적 특징과 언어의 뉘앙스에 대한 지식이 아예 빠지거나, 이러한 것들이 간접적으로 전달되는 반면, 자유는 현저하게 커져서 극작가는 번역가로서 자유를 획득하고, 고유한 드라마적 어법으로 완결된 연극적 구조를 만들어낼 수 있다. 또한 학술적 충실성과 종종 이로부터 비롯된 불편한 언어로부터 자유로울 수 있다. 실례를 하나만 들어봐도 결과가 어떠한지 알 수 있을 것이다.

Galileo: In Siena als junger Mensch sah ich, wie ein paar Bauleute eine tausendjährige Gepflogenheit, Granitblöcke zu bewegen, durch eine neue und zweckmäßige Anordnung der Seile ersetzten, nach einem Disput von fünf Minuten. Da und dann wußte ich: die alte Zeit ist herum, und es ist eine neue Zeit.[56]

갈릴레오: 시에나에서 젊은이로서 난 몇 사람의 건축업자들이 5분 동안 논쟁을 한 후 화강암 덩어리를 옮기는 수천 년 된 관례를, 밧줄을 배열하는 새롭고 합목적적인 방식으로 대체하는 것을 보았네. 거기서 그때 나는 알게 되었지. 옛 시대는 지나가고, 새로운 시대가 왔다는 것을.

이것은 브레히트 무대어법에서 수많은 언어적 특징에 있어 전형적인 부분이다. 브레히트 무대어법은 형식적 언어, 주석적 구문론, 고풍스러운 어법을 통해 거리를 발생시킨다.

56_ Bertolt Brecht, *Leben des Galilei*, in: *Gesammelte Werke 3*(Frankfurt/M., 1967), p.1233.

국립극장에 의해 거부당한 데스몬스 베시Desmond Vesey의 번역은 다음과 같다.

> When a young man in Siena, I saw how a couple of builders, after five minutes of an argument, replaced a thousand-year-old system for moving granite blocks by a new and more practical arrangement of the tackle. Then and there I knew — the odl age ist past and a new age is here.[57]

> 젊었을 때 시에나에서 난 서너 명의 건축업자들이 5분간 언쟁을 하고나서 화강암 덩어리를 옮기는 수천 년 된 체계를 새롭고 더 실용적인 방식의 장치로 바꾸는 것을 보았네. 그때 거기서 나는 알게 되었지 — 옛 시대는 지나가고 새로운 시대가 여기 있다는 것을.

이것은 거리도, 의도된 불편함도 없이, 일상영어의 흐름 속에 자신을 내맡기는 아주 일상적 언어이며, 갈릴레오의 교훈적 필치를 모방하지도 않는다. 홀Hall이 걱정하듯, 그것은 물론 "과장되지도" 않았다. 오히려 존 윌렛John Willet의 번역을 과장되어 있다고 말할 수 있다. 그의 번역은 영어 전집 발행을 위한 브레턴의 번역과 동시에 나왔는데 국립극장에는 알려지지 않은 것 같다.

> As a young man in Siena I watched a group of building workers argue for five minutes, then abandon a thousand-year-old method of shifting granite blocks in favour of a new and more efficient arrangement of the ropes. Then and there I knew, the old days are over and this is a new time.[58]

> 젊었을 때 시에나에서 나는 한 무리의 건축노동자들이 5분 동안 논쟁하고 나서, 화강암 덩어리를 옮기는 보다 효율적이고 새로운 밧줄의 배열방식을 위해 수천 년 된 방식을 포기하는 것을 지켜보았다. 그때 거기에

57_ transl. Desmond Vesey, *The Life of Galileo* (London 1963; 1971), p.21.

58_ transl. John Willett, *Life of Galileo* (London, 1980), p.7.

서 나는 옛 시대는 끝나고, 이건 새로운 시대라는 것을 알았다.

윌렛이 베시의 텍스트를 고친 것을 쉽게 알 수 있다. builder가 builing wokers로, saw가 watched로 되었고, replaced는 abandon으로, by는 in faour로, practical은 efficient로 대체되었다. 즉, 일상어(대부분 게르만의 어원을 가진)가 보다 고상한 양식의 단어들(대부분 로만어에 뿌리를 둔)로 대체되었다. 역시 윌렛의 번역이 더 직역이고 정확하다. 그러면 그의 번역이 더 좋은 것인가? 이러한 정확한 번역은 사실 지루하고 딱딱하지 않은가? 브레턴은 자기가 번역하지 않은 다른 브레히트 작품에 대해 "긴 저녁공연의 요점을 처음의 몇 장면에서 모두들 파악할 수 있다"[59]고 단언하고 있는데 이러한 번역이 이것을 보여주고 있지 않은가? 브레턴의 판본에서는 이렇게 되어 있다.

> When I was a young man in Sienna(!), I saw two building workers use a five-minute argument to repalce a thousand-year-old method of moving granite blocks, by a new and more rational tackle. There and then I knew-the old age is dead, a new age is born.[60]

> 난 젊었을 때 시에나에서 두 명의 건축 노동자가 5분 동안 논쟁을 하고 나서 화강암 덩어리를 옮기는 수천 년 된 방식을 새롭고 더 이성적인 장치로 바꾸는 것을 보았네. 거기에서 그때 난 알게 되었지 — 옛 시대가 죽고 새로운 시대가 탄생했다는 것을

어법을 "다시 게르만화"하면서 브레턴은 베시의 옛 번역이 다시 권리를 얻도록 했다고 말할 수 있다. 하지만 일반적으로 브레턴은 번역을 축약해서 간결하게 만들고, 라이너 폴Rainer Pohl이 언급했든 거리감 있

59_ Howaed Brenton, "The best We Have, Alas: A Note on Brecht", in: *Theatre* 17, No. 2 (Spring, 1986), p.6.

60_ transl. Howard Brenton, *The Life of Galileo* (London, 1980), pp.2-3.

는 게스투스적 언어는 완전히 포기한다.[61] 여기에서 배우는 직접적인 연극과 "발화에 용이한" 언어를 만나게 된다. 하지만 이러한 번역전략에서 배우가 브레히트를 얼마나 잘 대변할 수 있는지는 물론 다른 문제이다.

브레턴의 번역 성향은 간략하고 평범한 예를 통해 보여질 수 있는데, 이는 다음 문장의 처리방식에서 특히 잘 드러난다. "Denn wo der Glaube tausend Jahre gesessen hat, ebenda sitzt jetzt der Zweifel.(왜냐하면 믿음이 수천 년 동안 점령했던 바로 그 자리에 이제 의심이 자리하기 때문이네.)" 낱말에 충실하게 번역하기 위해 윌렛은 브레히트보다 더 형식적이고, 더 길게 번역한다. "For where faith has been enthroned for a thousand years doubt now sits.(왜냐하면 믿음이 천년 동안 차지했던 왕좌에 이제 의심이 앉아 있기 때문이네.)" 이에 비해 브레턴은 문체를 짧게 만들면서, 간결하고, 단순하고, 알아듣기 쉽게 표현한다. "Where belief sat, now sits doubt.(믿음이 있던 곳에 이제 의심이 자리하고 있네.)"[62] 브레턴은 이렇게 일관된 방식을 취한다. 전체적으로 간결해지고 — 생략을 통해 — 짧아졌다. 구문은 병렬하거나 생략해서 단문으로 단순화되고 교훈적인 언어형식의 장식적 문장 부분들은 삭제되고, 인물들의 다양했던 문체는 서로 유사해진다. 거리감을 주는 분사나 자주 사용되는 지시어 대신에 구어가 들어선다. 고풍스러운 표현은 마찬가지로 구어적 낱말로, 때때로 비어나 속어적 표현으로 대체된다. 브레턴은 자신의 고유한 드라마 언어로 브레히트를

61_ Rainer Pohl, *Struktur, Elemente und Entwicklung von Pathosformen in der Dramensprache Bertold(!) Brechts* (Bonn, 1969), 특히 pp.55-62, pp.119-133 참조. 그 밖에도 래프턴 판의 번역도 흥미롭다. "난 젊었을 때 시에나에 있었네. 그곳에서 한 무리의 석공들이 논쟁을 하고 있었지. 그들은 화강암 덩어리를 들어야만 했어. 날씨가 몹시 더웠어. 문제를 해결하기 위해 그들 중 한 사람이 밧줄을 새롭게 배열해 보고자 했지. 5분간 의논을 한 후 천 년 동안 쓰이던 방식이 포기되었지. 믿음의 천 년이 끝났다고 난 말했어, 이건 회의의 천 년이다." (갈릴레오에 대한 부록, 윌럿 옮김, 앞의 책, pp.204-205). 이러한 경우는 번역비교에 적절하지 않다. 브레히트가 이 번역판을 받아들여, 이 영어 판본을 기반으로 다른 판본을 독일어로 썼지만, 특별히 얼마나 개정할 것인지는 결정하지 않았기 때문이다. 하지만 흥미로운 것은 급격하게 짧은 문장들이 상황을 완전히 다르게, 보다 연극에 가깝게, 완전히 브레턴의 문체로 묘사하고 있다는 점이다.

62_ 위의 책.

다시 쓴 것이다.[63] 적어도 그러한 번역전략은 훌륭한 전통을 가지고 있다. 왜냐하면 브레히트 역시 셰익스피어와 말로우를 번역하면서, 변화된 시대가 요구하는 적합한 언어로 소위 작품의 재료적 가치를 변용시켰기 때문이다. "고전 작품의 생명력은 비록 잘못 사용될지라도 그것을 활용하는 데 있다."[64]

브레턴은 브레히트에 대한 이미지를 거의 브레히트로부터 직접 얻을 수 있었고, 《갈릴레오》는 이제 **위대한 전후 연극**이 되었다. 더불어 갈릴레오라는 인물은 **동시대** 마르크시즘의 은유가 되었으며, "지독히도 시대적인 연극"이 "사회주의자 문학의 **잃어버린 낙원**"이 되었다.[65]

후에 브레턴은 보다 장황하게 브레히트에 대한 입장을 밝힌다. 《갈릴레오》의 번역에 이어 《피난민의 대화》가 번역되었다. 이제 브레히트는 모델이 되었으며, 그럼에도 가공되어야 할 모델이 되었다. 하지만 이것이 1975년 그가 말했듯이 1930년대에만 유용하고 1970년대에는 더 이상 유용하지 않은 박물관 작품을 말하는 것은 아니다.[66] 이제 도덕적인 신조를 교육적으로 퍼뜨렸던, 연극과 동떨어진 지식인의 이미지는[67] 변증법적 인물구성에 대한 통찰로 대체된다. 이것은 브레턴 스스로도 항상 추구하던 바이다.

> 그의 주인공들은 많은 이들이 '도덕적으로 모호한' 인물들이라 부를 만한 인물들이 뒤섞여 있는 주머니이다. 아츠닥, 갈릴레오, 어머니조차 그 자체로 주목할 만하다 … 그들을 주목할 만하게, 한층 더 위대하게 만드는 것은 그들이 지나온 여행이다. 그들에게 주어진 경험이 그들이 주변

63_ 그럼에도 그는 직역을 했다고 생각했다. "운이 좋게 나는 아주 정확한 번역을 했다. 그것은 마치 다이빙과 같았다. 분명히 나는 아주 브레히트적 리듬을 탔다."(힐리에서 재인용, 앞의 책, p.7).

64_ Bertolt Brecht, *Heilig machen die Sakrilege*, *Gesammelte Werke* 15, 앞의 책, pp.335-6. 전반적으로 이러한 경우에 대해서는 Loren Kruger, *The Example of Brecht's Galileo*, *Communications from the International Brecht Society 14*(1985), pp. 35-47 참조.

65_ "Translator's Note", In: Howard Brenton, transl. *The Life of Galileo*, 앞의 책.

66_ Howard Brenton, "Petrol Bombs", 앞의 책, p.14.

67_ 위의 책.

사람들에게 주는 경험이기도 하다. 이것은 바로 마르크스주의자의 윤리이다 …[68]

초창기의 그에 대한 거부는 오해로부터 시작되었지만, 어쨌든 이러한 이데올로기적 출발점에서 형식과 주제가 일치하는 연극 미학이 비롯되었다. 또한 연극미학의 이론적 저작에서 브레히트는 진가를 발휘하고, 확고한 모델이 되었으며, 적어도 제대로 평가되고 있다. 브레턴은 우선 브레히트 작품을 번역했다. "그러고 나서 나는 '갈릴레오의 생애'라는 영어 텍스트를 만들었다. … 무엇이 그 극작가를 생각하고 행동하게 만드는지 알아내기 위해서. 죽은 위대한 사람의 개념을 받아들이는 더 좋은 방법은 없다 … 네 자신의 언어로 그를 위해 그의 연극을 쓰는 것보다."[69] 한 번 더 말하자면, "네 자신의 언어로" — 이 조건을 받아들이는 것이 브레턴에게는 중요한 문제이다. 브레히트와의 새로운 만남은 브레턴에게 지속적으로 영향을 준다. **네 자신의 언어로**라는 말은 브레히트에 있어서도 마찬가지로 고전을 활용해서 새로운 시대를 위해 새롭게 쓰는 것을 말한다. 따라서 브레턴도 **갈릴레오 비유극**이 오늘날의 시대에 어떤 의미를 가지고 있는지 자문하는 것이 아니라 히로시마의 영향 하에 변화된 갈릴레오 판본의 계속 쓰기에서 "누가 20세기 갈릴레오가 될 것인가"라는 질문을 던진다.[70] 그리고 그의 갈릴레오 작품, 《천재The Genius》에서 그 질문에 답을 한다.

이 작품의 가제목은 《갈릴레오의 거위, 현대 핵이론은 거위의 황금알이 아니다》[71]이다. 주인공은 이미 이름에서 브레히트 — 인물과의 근친성을 드러낸다. 서두를 장식하는 브레히트의 무대지시 축약본에서 칭하듯 "레오 선생님"은, "파두아의 수학 선생, 갈릴레오 갈릴레이이

68_ "The Best We Have", 앞의 책, p.5.

69_ Howard Brenton, *The Red Theatre Under the Bed*, Interview mit, *New Theare Quarterly 3*(1987), pp.199-200.

70_ 위의 책, p.200.

71_ John Bull, *New British Political Dramatists*(London, 1984), p.219 참조.

다….” 이 작품은 브레히트가 개작한 갈릴레오 판본에서 전개된 과학자의 책임 그리고 국가기관을 통한 과학의 통제와 군사적 이용이라는 주제를 다룬다. 국가기관은 여기에서 대학에 있는 비밀정보기관의 스파이로 나온다. 이 작품은 명백히 회의적인 톤으로 끝난다. 레오 선생은 **매사추세츠 기술 연구소**(Massachussets Institute of Technology)에서 그에 의해 기획된 전쟁기술의 중요한 공식을 “누설”하고, 인간의 이성이 더 이상 소용이 없으며 과학적 연구가 재앙을 가져오리라는 비관적 깨달음에서 연구를 계속한다.

이것은 브레히트를 넘어서는 행보이다. 하지만 브레히트의 정신 속에서 실행되는 행보이다. 이것은 바로 히로시마에 핵폭탄이 투하되고 나서 브레히트로 하여금 《갈릴레오》의 원래 판본을 개작하게 만들었던 정신이다.

영국에서 번역을 통한 브레히트 수용 역사는 이로써 끝나지 않는다. 여성연극의 전개에서 브레히트는 적어도 똑같이 중요한 모범적 역할을 수행한다. 여성연극을 통한 생산적인 브레히트 수용의 출발점은 역시 제멋대로 된 브레히트 번역이다. 브레턴의 갈릴레오처럼 스티브 구치Steve Gooch의 브레히트 《어머니》 번역에서 중요한 것은 — 구치에 따르면 — 윌렛이 만든 전집의 “읽기 위한 번역”에 반대하고 “공연가능한 번역”으로서 “학술적이고 딱딱한” 번역을 대체하려했다는 점이다 — 어쨌든 이것이 압도적인 성공을 가져왔다.[72] 이 번역의 원칙은 재빨리 초안이 잡혔다. 번역의 원칙은 기본적 특성상 윌렛-프로젝트와 유사한 리 박산들Lee Baxandall의 기존 번역에 반대한다.[73] 윌렛은 원칙적으로는 번안에 반대했지만 연출가에게 개작의 권리를 인정했다.[74] 구치는 연출과 관련된 번역이라는 의미에서 이미 번역가에게 이러한 권리를 요구한다. 그는 특히 윌렛의 “훌륭한 번역, 학술적으로 훌륭하지만 어느

72_ 1989년 9월 11일 스티브 구치와의 비공식적 인터뷰에서, 그 사본은 저자가 가지고 있다.

73_ transl. Bertolt Brecht, *The Mother*, Lee Baxandall (New York, 1965).

74_ John Willett, *Brecht in Context*(London, 1983), p.244.

누구도 공연하기를 원하지 않는" 번역에는 반대한다.[75] 그는 이러한 번역을 브레히트에 대한 학술적 연구에는 적합하지만 무대에는 적합하지 않은 "독서용 번역"이라고 일컫는다. 왜냐하면 "낱말에 충실한" 번역은 영국의 관객들에게 곱절의 낯설음을 주며, 동시대 정치극에서 작가의 연극언어와 대립한다. 그가 말했듯이 그는 문화특수적이고 관용적인 이유에서 변화시킨 명료한 판본을 그 이전의 판본과 대비시킨다. 이로써 "낯선 브레히트"가 아니라 즉각적으로 광분하게 하는 정치극이 전면에 대두된다. "내가 하고자 하는 것은 자기 문화에 기초해서 아무런 설명 없이 영국 극장에서 영향을 줄 수 있는 텍스트를 만드는 것이다 … 번역의 전체 작업은 바로 다른 낯설음이며, 그것이 번역에 대해 생각하는 가장 좋은 방법이다 — **더 낯설게**! 하지만 잘못된 방법으로 너무 낯설게 되면 아무것도 의미하지 않게 된다."[76]

이러한 번안식 번역의 최초 공연이 1973년 **하프 문 테아터**Half Moon Theater에 의해 마련되었다. 이 극장은 1972년 《도시의 정글 속에서Im Dickicht der Städte》의 공연으로 이미 앞서가는 **프린지**(fringe) 그룹으로 유명해졌었다. 캐서린 이친은 《어머니Die Mutter》 공연에 대해 다음과 같이 단언한다.

> 하프문의 가장 성공적인 초기 작품 중 하나는 브레히트의 《어머니》를 스티브 구치가 번안한 것이었다. 이 작품은 나중에 수많은 정치극 작업가들에게 영향을 주게 되었다 … 주인공은 … 70년대 정치적 연극 작업의 원형이 되었으며, 그녀의 정치적 자기 교육 과정은 존 맥그래스John McGrath의 《작은 빨간 암탉Little Red Hen》과 《변변찮은 건달Yobbo Nowt》, 브로드사이드 모빌 워커 극장의 선전선동극 그리고 북서 스패너 극단의 노동 지향적인 쇼들과 같이 다양한 연극의 모델이 되었다.[77]

75_ 1989년 9월 11일 스티브 구치와의 비공식적 인터뷰, 그 사본은 저자가 가지고 있다.
76_ 위의 책.
77_ C. itzin, *Stages in the Revolution. Political Theatre in Britain Since 1968* (London, 1980), p. 162.

70년대 각각의 여류작가들의 작품뿐만 아니라 여성극 극단을 통해 정치극의 핵심적 부분을 이루었던 여성극에 있어 이 작품은 여러 면에서 본보기가 되었다. 이 작품은 주제상의 모델로 사회주의적 — 또는 사회주의로 전향한 — 여성인물 구상에 기준을 제공했고, 드라마투르기적으로 모델을 제시했다. 그리고 이것은 선전선동 거리극으로부터 차별화된 연극형태로의 미학적 변화를 가능하게 했다. 이 영향의 직접적인 결과가 **붉은 사다리 극장**(Red Ladder Theatre)에 의해 집단적으로 쓰인 작품 《쇠뿔도 단김에 빼라Strike While the Iron is Hot》이다. 이 작품은 1975년 3월부터 1976년 4월까지 약 2만 명의 관객 앞에서 약 200회 공연되어 정치극의 초기에 가장 성공적인 "여성극"이자 정치적 작품에 속하게 되었다.[78]

페미니즘 연극이 정치극의 부분으로 이해되는 한[79] 그것이 출발점으로 삼는 기본 입장은 주지하다시피 여성해방의 투쟁이 어디까지 계급투쟁의 일부분으로 이해되는가 하는 문제이다. 극단적 페미니즘이(특히 미국에서 형성된) 이 문제를 부정한 반면, 영국에서는 사회주의 이론과 페미니즘 이론이 결합되어 이로부터 연극실제 작업이 생겨난다. 사실 《쇠뿔》은 이러한 이중적 목표를 주제화하는데 이중적 목표의 통합이 마지막 장면에서 두 개의 현수막 위에 선언된다. "여성이 속박을 받는 한 노동자들은 결코 자유롭지 못할 것이다." 또는 "노동자가 속박을 받는 한 여성은 결코 자유롭지 못할 것이다."[80] 이렇게 제기된 문제에서 브레히트 학습극에 대한 시선은 불가피하게 보인다. 따라서 브레히트

78_ Chris Rawlence, "Preface to *Strike While the Iron is Hot*", in: *Strike While the Iron is Hot. Sexual Politics In The Theatre. Three Plays*, Michelene Wandor (London, 1980), pp.17-19, p.19 참조.

79_ 이러한 원칙적 결합이 아무런 의심 없이 항상 받아들여지지는 않지만 이러한 결합하에서만 여성극이 현 맥락에서 우리의 흥미를 끌 것이다. 미셸린 완더의 구호인 "개인적인 것은 정치적인 것이다"(*Understudies: Theatre and Sexual Politics* (London, 1981), 16 참조)는 물론 이러한 맥락을 근거로 삼는다. 괴물 군단Monstrous Regiment의 공동창립자인 질리언 해나Gillian Hanna도 마찬가지이다. "…페미니즘 혁명은 사회주의 없이 성취되지 않을 것이다." — Sue-Ellen Case, *Feminism and Theatre* (London, 1988), p.92에서 재인용.

80_ *Strike*…, 앞의 책, p.60.

에 대한 신봉은 결과적으로 적절해 보인다. "그것은 브레히트의 《어머니》에 아주 많은 영향을 받았다."[81]라고 **붉은 사다리**의 구성원인 캐슬린 맥크리리Kathleen McCreery가 말하고 있다. 마지막 작품은 구성에서뿐만 아니라 드라마투르기적 세목에서도 브레히트 극작법에 대해 숨길 수 없는 유사성을 지니고 있다. 미셸린 완더는 자신이 편집한 책의 서문에서 다음과 같이 상술한다.

> … 주인공이 여성인 몇몇 [연극] 중 하나가 브레히트의 《어머니》이다 — 70년대 내내 자주 공연되었던 작품이다. 《어머니》는 개인적으로는 가장 퇴보적이지만, 사회주의 의식에 있어 가장 진보적 무대에 대한 전형적인 예이다. 그리고 **붉은 사다리**는 의식적으로 이 연극을 파업을 위한 구조적 모델로서, 그리고 연극의 주요 메시지 중 하나 — 한 여성의 정치적 의식화로의 여행 — 를 위해 활용했다.[82]

장면구성, 주인공의 발전과정, 논평, 합창, 노래, 현수막 등등의 다양한 서사적 기법과 생소화 효과는 브레히트에 대한 의식적인 차용을 증명한다. 어쩌면 70년대 정치극의 발견이라고 말할 수 있는 게스투스의 개념 역시 실제로 공감할 만하게 실현되지는 않았지만 이론적인 요구에서는 적어도 많이 사용되고 있다.[83] 다른 순회극단인 **벨트 앤 브레이시즈 로드쇼**(Belt And Braces Road Show) 역시 유사하게 뮤지컬 《영국은 바란다 England Expects》를 위해 브레히트의 《어머니》에서 영감을 받았다. 하지만 **벨트 앤 브레이시즈**는 연극미학적으로 다른 길을 간다.[84]

브레히트적 모델은 여기에서 명백하다, 어쩌면 너무도 명백하다. 왜

81_ 출판되지 않은 케임브리지 킹스 칼리지에서의 강연, 정치극에 대한 회담, 1978, 4월; 이친Itzin, 앞의 책, p.47에서 재인용.

82_ Michelene Wandor, in: *Strike*..., 앞의 책, p.12.

83_ 이에 대해서는 Janelle Reinelt, "Beyond Brecht: Britain's New Feminist Drama", *Theatre Journal* 38(1986), pp.154-63, Elin Diamond, "Brechtian Theory. Feminist Theory. Toward a Gestic Feminist Criticism", *The Drama Review* 32(1988), pp.82-94 참조.

84_ Itzin, 앞의 책, pp.201-203을 보시오.

냐하면 영향이 드라마적, 드라마투르기적, 이론적-강령적으로 그리고 실제로 분명히 드러나기 때문이다. 또한 페미니즘적 입장을 둘러싸고 마르크시즘적 관점의 확대로부터 비롯된 필연적인 차이점 역시 나타나기 때문이다. 미셸린 완더도 마찬가지로 페미니즘적 시각에서 브레히트 여주인공의 너무 한정된 성향을 지적한다. 여주인공은 "남성에 의해 정의된 노동자계급 의식"을 전개시키고 있는데 이는 "보완적 노력"을 통해 사회주의적-페미니즘적 여주인공에 의해 극복되어야 한다.[85]

구치 번역은 그러한 의구심에도 불구하고 성공을 거뒀다. 스스로 주목받는 여류극작가로 성장하게 될 팜 젬스Pam Gems는 하프 문 공연에 대한 비평에서 어머니의 바로 그 어법을 칭찬했다.

> 꼬치꼬치 캐기 좋아함, 빠른 지각력, 재치 있고 아이러니한 유머, 현명함이 도처에서 보였다 … 그녀는 혁명 시기에 노동자계급의 여성을 대표했다. 그리고 이것은 조너선 채드윅Jonathan Chadwick의 전 공연에 적용되었다 … 연극은 스티브 구치에 의해 명료하게 번역되었고, 순회공연을 위해 어려움 없이 현지 언어로 옮겨질 수 있었다.[86]

이러한 평가는 스티브 구치의 번역 성과에 있어 전형적인 것이다. 스탠포드의 아덜 플레이스Other Place 극장에서 로얄 셰익스피어 극단Royal Shakespeare Company에 의해 공연된 《남자는 남자다Mann ist Mann》의 번역 역시 연극적 관점에서 학술적 관점과는 다르게 긍정적으로 평가된다. "스티브 구치의 훌륭한 번역을 사용한 하워드 데이비스Howard Davies의 공연은 … 기술적으로 대부분의 영국 브레히트를 넘어섬으로써 날카롭고 군더더기가 없다."[87]

마지막으로 처음에 제기한 문제를 다시 거론해보자. 공연이 있는 것

85_ Wandor, *Strike*, 앞의 책, p.14.

86_ Pam gems, "The Mother", *Plays and Players*, 20, no. 10 (1973), p.59.

87_ D.Z. Mairowitz, "British Brecht-Mann ist Mann", *Plays and Players,* 23, no.3 (1975), p.18.

만큼 왜 많은 수의 무대작품 번역이 있을 필요가 없는가? 우리는 드라마텍스트가 연극의 매체성과 연기를 하는 순간의 육체성으로 인해 근본적인 개방성을 특징으로 한다는 것을 보여주고자 했다. 동시대 영국의 극작가들이 브레히트를 영어로뿐만 아니라, 그들의 정치극의 어법으로 옮길 때, 그러한 개방성을 장점으로 이용한다. 비로소 — 그리고 단지 — 이러한 과정에서 브레히트는 영국 무대에 대한 자신의 영향력을 행사할 수 있었다. 이것은 영국에서 학식 있고 학문적인 브레히트 작품의 옹호자들에게 수십 년 동안 주어지지 않았던 성공이다.

이러한 번역은 번역이론과 번역개념들에 개의치 않는다. 그래서 연극작업에 적합한 것이며 이를 통해 번역가를 위한 기준을 제시하고 있다. 기준은 물론 매체적 요구와 도착 문화 체계의 요구에 따라 변화할 것이다.

맺음말

이 책의 목표는 문학작품과 관련해서 번역연구의 가능성에 대한 믿을 만한 개관을 하는 것이었다. 이 책을 통해 문학적 입장, 방법론적 가능성 그리고 이론적 원칙을 분명하게 보여주는 역사적 번역 사례들을 살펴봄으로써 번역이론적 원칙과 수세기에 걸친 번역상의 해결책의 다양성은 결국 문예이론적 입장과 문학적 생산의 다양성이 반영된 것이라는 사실을 확인할 수 있었다. 번역이 무엇인지 또는 무엇이어야만 하는지, 어떻게 번역될 수 있고, 어떠한 문제가 어떠한 방식으로 해결될 수 있는지, 특정 시기에 특정 민족문학 내에서 번역은 어떠한 기능을 수행했는지 그리고 민족문학에 어떠한 의미를 부여했는지 하는 문제들에 대한 이해는 각 시대의 개별적 문학의 생명과 각각의 문예학적 논의의 양상을 설명해준다. 개별적인 결과로부터 당연히 다음과 같은 결론을 내릴 수 있다. 즉, 설득력이 있는 번역연구는 교수법적 관점에서도 그렇지만, 결코 규범적으로 이루어질 수 없고, 그 시대와 관련해서 항상 각각의 유효한 번역원리를 설명할 수 있다. 또한 그 시대의 일반적인 문학적 예술적 생산의 방식을 염두에 두고 번역방법론을 서술해야만 한다는 것이다. 번역과 도착문화의 역할은 이때 변화될 수 있다. 수신자의 문학 문화는 번역행위에 막대한 영향을 줄 수 있다. 다른 한편 번역은 그 자체로 새로운 번역상의 범례를 통해서 도착언어의 문학에 영향을 주고, 지속적으로 자극을 줄 수 있다. 다른 말로 하자면 번역은 번역이 이루어지는 지역의 문화를 통해서 창조된다. 또한 동시에 번역은 주변 환경의 문학적 외관에 영향을 주면서 문화를 창조하기도 한다. 이러한 특수한 긴장관계로부터 번역의 문화사가 발생하며, 이러한 문화사는 문학의 주변부에 대한 개관 이상의 의미를 지닌다. 문학 번역의 문화사는 — 여기에서 본질적인 문제제기와 역사적으로 중요한 몇 가지 번역 사례를 통해서 설명되었듯이 — 둘 또는 그 이상의 문화 사이의 상호문화적 관계, 규범과 관습 체계의 팽팽한, 때로는 많은 충돌을 안고 있는 상호작용 그리고 그러한 만남으로부터 발생하는 결과와 역동적인 과정을 특히 분명하게 보여주고 있다. 낯선 것에 대한 해석학적 행위, 자아 체험에 대한 낯선 체험 영향, 새로운 문화적 수용 상황에서 낯선 의미에 대한 새로운 해석 — 오늘날 다른 인식적 맥락에서도 중요한 이러저러한 문화적 주제들은 번역연구의 역사적이고 체계적 시선에 자신을 내맡긴다. 우리는 이러한 번역연구를 이론적, 방법론적 성찰을 통해서 비교문예학의 한 부분영역으로 이해한다. 이러한 방법론적 이론적 시선을 날카롭게 하고 역사적으로 토대를 세우는 것이 이 책의 목적이었다.

참고문헌

Apel, Friedmar. *Sprachbewegung. Eine historisch-poetologische Untersuchung zum Problem des Übersetzens*. Heidelberg, 1982.

Artaud, Antonin. "Production and Metaphysics." in ders., *The Theatre and its Double*, transl. V. Corti. London, 1970, 23-35.

Atraud, Antonin. "Oriental and Western Theatre." in ders., *The Theatre and its Double*, 50-54.

Assmann, Aleida. "Translation as Transformation." in: Carola Hilfrich-Kunjappu und Stéphane Mosès, eds. *Zwischen den Kulturen. Theorie und Praxis des interkulturellen Dialogs*. Tübingen, 1997, 21-33.

Akinson, M. *August Wilhelm Schlegal as a Translator of Shakespeare*. Oxford, 1958.

Bartenschlager, Klaus. "Shakespeares Wortspiele als Problem einer deutschen Shakespeare-Edition." *Jahrbuch der Deutschen Shakespeare-Gesellschaft West*, (1975), 93-108.

Barthes, Roland. "Literatur und Bedeutung." dt. Übersetzung in: *Literatur oder Geschichte*. Frankfurt/M., [2]1969, 102-125.

Bassnett-McGuire, Susan. "Translating Spatial Poetry: An Examination of Theatre Texts in Performance." in: J.S Homles u.a., eds. *Literature and Translation — New Perspectives in Literary Studies*. London, 1978, 171-176.

Bassnett-McGuire, Susan. "Translating Dramatic Texts." *Translation Studies*. London, 1980, 120-132.

Bassnett-McGuire, Susan. "Ways Through the Labyrinth - Strategies and Methods the Translating Theatre Text." in: Th. Hermans, ed. *The Maniqulation of Literature*, 87-102.

Benjamin, Andrew. *Translation and the Nature of Philosophy*. London, 1989.

Bergmann, Frederick L. "David Garrick and 'The Clandestine Marriage'." *PMLA 67* (1952), 148-162.

Bevis, Richard W. *English Drama: Restoration and Eighteenth Century*, 1660-

1789. London und New York, 1988.

Borges, Jorge Luis. "Die Homerübersetzungen." in: *Ausgewählte Essays*. Frankfurt a. M., 1982, 39-40.

Brecht, Bertolt. *Leben des Galilet. Gesammelte Werke 3*. Frankfurt/M., 1967.

Brecht, Bertolt. "Heilig machen die Sakrilege," *Gesammelte Werke 15*, 335-6.

Brecht, Bertolt. *Life of Galileo*, transl. John Willett. London, 1980.

Brecht, Bertolt. *The Life of Galileo*, transl. Desmond Vesey. Londen, 1963, [5]1971.

Brecht, Bertolt. *The Life of Galileo*, transl. Howard Brenton. London, 1980.

Brecht, Bertolt. *The Mother*, transl. Lee Baxandall. New York, 1965.

Brenton, Howard. "Petrol Bombs Through the Proscenium Arch. An Interview with Catherine Itzin and Simon Trussler." *Theatre Quarterly 5*, no. 17 (1975), pp. 4-20.

Brenton, Howard. "Translator's Note." in: Bertolt Brecht. *The Life of Galileo*, transl. Howard Brenton, o.S.

Brenton, Howard. "The Best We Have, Alas: A Note on Brecht." *Theatre* 17, No. 2 (Spring 1986), 5 f.

Brenton, Howard. "The Red Theatre Under the Bed." Interview mit T. Mitchell. *New Theatre Quarterly* 3 (1987), 199-200.

Breuer, Rolf. Literatur. *Entwurf einer kommunikationsorientierten Theorie des sprachlichen Kunstwerks*. Heidelberg, 1984.

Broeck, Raymond van den. "The Concept of Equivalence in Translation Theory: Some Critical Reflections." *Literature and Translation. New Perspectives in Literary Studies*. ed. J. S. Holmes and R. van den Broeck. Leuven, 1978, 29-67.

Bull, John. *New British Political Dramatists*. London, 1984.

Burton, Deirdre. Dialogue and Discourse. *A Sociolinguistic Approach to Drama Dialogue and Naturally Occurring Conversation*. London, 1980.

Bush Jones, John. "Stasis as Structure in Pinter's *No Man's Land*." *Modern Drama* 19 (1976), 291-304.

Case, Sue-Ellen. *Feminism and Theatre*. London, 1988.

Catholy, Eckehard. *Das deutsche Lustspiel von der Aufklärung bis zur Romantik*. Strttgart, 1982.

Colman, George; David Garrick, *The Clandestine Marriage*. London, 1766; Fotomechanischer Nachdruck in: John Hampden, ed. *18th Century Plays*. London, 1928, 273-337.

Dawick, John. "Punctuation and Patterning in *The Homecoming*." *Modern Drama* 14 (1971), 37-46.

Delabastita, Dirk. *There's a Double Tongue. An Investigation into the Translation of Shakespeare's Wordplay with Special reference to Hamlet*. Amsterdam - Atlanta, 1993.

Diamond, Elin. "Brechtian Theory. Feminist Theory. Toward a Gestic Feminist Criticism." *The Drama Review 32* (1988), 82-94.

Diederichsen, Diedrich. "Die Comödie in den Tempel der Tugend oder: Reform und Gegenreform im Hamburg der Lessing-Zeit." *Maske und Kothurn* 30 (1984), 103-114.

Dietrich, Margaret, ed. *Das Burgtheater und sein Publikum*, Bd. 1. Wien, 1976.

Dolezel, Lubomir. *Occidental Poetics. Trandition and Progress*. Lincoln: University of Nebraska Press, 1990.

Eckermann, Johann Peter. *Gespräche mit Goethe*, ed. Gustav Moldenhauer. Leipzig, 1884.

Esslin, Martin. *Theatre of the Absurd*. New York, 1961.

Esslin, Martin. "Pinter Translated: On International Non-Communication." *Encounter* 30 (März 1968), 45-47.

Esslin, Martin. *Was ist ein Drama?* Müchen, 1978.

Evans, Gareth L. *The Language of Modern Drama*. London, 1967.

Evans, Maurice. *English Poetry in the Sixtenth Century*. London, 1967.

Even-Zohar, I. "The Position of Translated Literature within the Literary Polysystem." In: James S. Holmes u.a., eds. *Literature und Translation: New Perspectives in Literary Studies*. Leuven, 1978, 117-127.

Even-Zohar, I., "Polysystem Theory," *Poetics Today* I/1-2 (1979), 287-310.

Ewbank, Inga-Stina. "Hanlet and the Power of Words." In: Kenneth Muir and S. Wells, eds. *Aspects of Hamlet*. Cambridge, 1979, 84-99.

Farquhar, George. *The Works of George Farquhar*. ed. Shirley Kelly. Oxford, 1988. *The Constant Couple or A Trip to the Jubilee*. Bd. 1, 150-231; *Sir Harry Wildair Being a Sequel to the Trip to the Jubilee*. Bd. 1, pp. 256-

313.

Fietz, Lothar. *Funktionaler Strukturalismus*. Tübingen, 1976.

Frank, Armin Paul. "Theories and Theory of Literary Translation." in: J.P. Strelka, ed. *Literary Theory and Critisism. Festschrift Presented to René Wellek in Honour of His 80th Birthday*. Bern u.a., 1984, 203-221.

Frank, Armin Paul und Team. "Towards a Cultural History of Translation: An Exploration of Issues and Problems in Researching the Translational Exchange between the USA and Germany." *REAL The Yearbook of Research in English and American Literature* 4, ed. H. Grabes, H.-J. Diller, H. Bungert (1986), 317-380.

Frank, Armin Paul. "Einleiturn." in: Harald Kittel, ed. *Die literarische Übersetzung. Standund Perspektiven ihrer Erforschung*. Göttinger Beiträge zur internationalen Übersetzungsforschung 2. Berlin, 1988.

Frank, Armin Paul; Brigitte Schultze. "Normen in historisch-deskriptiven Übersetzungsstudien." in: Harald Kittel, ed. *Die literarische Übersetzung*, 96-121.

Frank, Armin Paul u.a., ed. *Übersetzen, Verstehen, Brücken bauen*, 2 Bde. Berlin, 1993.

Fredman, Stephen. "Not Understanding," *Translations. Experiments in Reading*, vol. a. Cambridge, Ma., 1983, 19-23.

Frege, Gottlob. "Über Sinn und Bedeutung" *Zeitschrift für Philosophie und philosophische Kritik*, 100 (1892), 25-50.

Fried, Erich. *Shakespeare-Übersetzungen: Hamlet. Othello*. Berlin, 1972.

Gadamer, Hans-Georg. *Die Aktualität des Schönen*. Stuttgart, 1979.

Gadamer, Hans-Georg. *Wahrheit und Methode. Grundzüge einer philosophischen Hermeneutik*. Tübigen, 1960, ^{6}1990.

Gebhardt, Peter. A. *W. Schlegels Shakespeare-Übersetzung. Untersuchungen zu seinem Übersetzungsverfahren am Beispiel des Hamlet*. Göttingen, 1969.

Gems, Pam. "The Mother." *Plays and Player*, 20, no. 10 (1973), 59.

Gerigk, Horst. J. *Unterwegs zur Interpretation. Himweise zu einer Theorie der Literatur in Auseinandersetzung mit Gadamers "Wahrheit und Methode"*. Hürtgenwald, 1989.

Goethe, J. W. "Zu brüderlichem Andenken Wielands." repr. als "Drei Stücke zum

Übersetzen." in: H. J. Störig, ed. *Das Problem des Übersetzens*, 34-37.

Goethe, J. W. "Noten und Abhandlungen zu bessern Veständnis des west-östlichen Diwans." repr. als "Drei Stücke zum Übersetzen." in: H. J. Störig, ed. *Das Problem des Übersetzens*, 34-37.

Gorjan, Zlatko. "Über das akustische Element beim Übersetzen von Bühnenwerken." In: Rolf Italiaander, ed. *Übersetzen-Vorträge und Beiträge vom internationalen Kongreß literarischer Übersetzer*. Hambrug, 1965, 88-89.

Göske, Daniel. *Herman Melville in deutscher Sprache*. Frankfurt/M, 1990.

Gottsched, Johann Christoph. *Versuch einer Critischen Dichtkunst* (1730). Darmstadt, 1962.

Gottsched, Johann Gottfried. *Der sterbende Cato*, "Vorrede" (1732). Ed. Horst Steinmetz. Stuttgart, 1964, 5-18.

Greaber, Wilhelm. *Der englische Roman in Frankreich: 1741-1763. Übersetzungsgeschichte als Beitrag zur französischen Literaturgeschichte*. Heidelberg, 1995.

Gramss, Eike; Günther, Frank "Shakespeare übersetzen-Shakespeare inszenieren." *Jahrbuch der Deutschen Shakespeare-Gesellschaft West* (1984), 13-31.

Greiner, Norbert. "Purpose and Problems of a New German Shakespeare Translation." *En Torno a Shakespeare*. Ed. M.A. Conejero. Valencia, 1980, 159-185.

Greiner, Norbert u.a. *Einfürhrung ins Drama*, 2 Bde. München, 1982.

Greiner, Norbert. "Sprach- und Rollenspiel als Verhaltensnormen der "Messina"-Gesellschaft. Zum Thema in *Much Ado About Nothing*." In: *Studien zu Much Ado About Nothing*. Frankfurt, 1983, 95-123.

Greiner, Norbert. "Style as Meaning: Some Problems of Translating Modernist Poetry." in: J. Albrecht u.a., eds. *Translation und interkulturelle Kommunikation* Frankfurt/M., Bern, New York, 1987, 155-171.

Greiner, Norbert. "Peter Handke als Übersetzer Walker Percys." *German Life and Letters* 43 (1990), 372-386.

Greiner, Norbert. "Die Brechtrezeption in England nach 1968." in: M. Brunkhorst u.a., ed. *Klassiker-Renaissance Modelle der Gegenwartsliteratur*.

Tübingen, 1991, 129-148.

Greiner, Norbert. "Sprechrhythmus und Redeform als Übersetzungsproblem (am Beispiel Hamlet, I.2. 1-38)." *Jahrbuch der Deutschen Shakespeare-Gesellschaft West* (1991), 159-172.

Greiner, Norbert. "Translation and Cultural Alterity: Some Remarks about an All Too Obvious Relationship." in Ahrens, Rüdiger und Heinz Antor, eds. *Text - Culture - Reception. Corss-Cultural English Studies*. Heidelberg 1992, 47-56.

Greiner, Norbert. "The Comic Matrix of Early German Shakespeare Translation.," *Shakespeare Translations in the Romantic Age*, ed. L. d'Hulst. Amsterdam, 1992, 203-217.

Greiner, Norbert. "Translat oder Transplantat? Literarische Bedeutung und die Poetik des Übersetzens." in: S. R. Anschütz, ed. *Texte, Sätze, Wörter und Moneme. Festschrift für Klaus Heger zum 65. Geburtstag*. Heidelberg, 1992, 243-256; erweiterte und veränderte Fassung in "Literarische und wissenschaftliche Übersetzung. Einige Gedanken zur Geschichte und Poetik des Übersetzens von literarischen Texten." *anglistik englishunterricht 55-56* (1995), 7-20.

Greiner, Norbert. "Der domiestizierte Narr. Übersetzungsforschung als vergleichende Kulturwissenschaft." *Ruperto Carola Forschungsmagazin der Universität Heidelberg* 1/1997, 19-26.

Greiner, Nobert. "Poetischer Alltag. Formen und Funktionen des Alltags und Alltagssprachlichen in Harold Pinters Dramen." in: Die Wirklichkeit der Kunst und das Abenteuer der Interpretation. Festschrift für Horst-Jürgen Gerigk. Ed. K. Manger. Heidelberg, 1999, 113-149.

Grimm, Reinhold u. a. *Der deutsche Shakespeare. Theater unserer Zeit*, Bd. 7. Basel, Hamburg, Wien, 1965.

Gugitz, Gustav. *Der Weiland Kasperl. Ein Beitrag zur Theater-und Sitttengesichte Alt-Wiens*. Wien, 1920.

Haag, Ansgar. "Übersetzen fürs Theater: Am Beispiel William Shakespeare," *Babel* 30 (1984), 218-224.

Handmczik, Dieter. *Friedrich Ludwig Schröder in der Geschichte des Burgtheaters*. Berlin, 1961.

Haider-Pregler, Hilde. *Des sittlichen Bürgers Abendschule*. Wien, 1980.

Hadamowsky, Franz. "Die Schauspielfreiheit, die 'Erhebung des Burgtheaters zum Hoftheater' und sein 'Begründung zum Nationaltheater' im Jahre 1776." *Maske und Kothurn* 22 (1976), 5-19.

Handke, Peter. *Der Kinogeher*. Frankfurt/M., 1980.

Handke, Peter. *Nachmittag eines Schriftstellers*. Salzburg/Wien, 1987.

Handke, Peter. *Der Idiot des Südens* Frankfurt/M., 1988.

Harth, Dietrich. "Comprehending literature in terms of intercultural Communication." in: Norbert H. Platz, ed. *Mediating Cultures, Probleme des Kulturtransfers: Perspektiven für Forschung und Lehre*. Yearbook of the Association for the Study of New Literatures in English 1. Essen, 1991, 40-50.

Hartung, Ernst A. "Was erwarten Theaterleute von einer Bühnenübersetzung?" *Bable* 11 (1965), 10-12.

Heidegger, Martin. "*Hölderlins Hymme der 'Ister'*." *Gesamtausgabe*. Frankfurt am Main, 1984, Bd. 43, 75-76.

Hermans, Theo. "Translational Norms and Correct Translations." in: Kitty M. van Leuven-Zwart; Tom Naaijkens, eds. *Translation Studies: The State of the Art*. Amsterdam, Atlanta, 1991, 155-169.

Hermans, Theo, ed. *The Manipulation of Literature: Studies in Literary Translation*. London, 1985.

Heun, Hans Georg. "Einige Wortspiele deutscher Shakespeare-Übersetzer." *Carolinum. Historisch-Literarische Zeitschrift* 40 (1973/74), 27-36.

Heun, Hans Georg. "Shakespeares Wortspiele in deutschen Übersetzungen." *Jahrbuch der Deutschen Shakespeare-Gesellschaf West*, (1971), 149-168.

Heun, Hans Georg. "Probleme der deutschen Shakespeare-Übersetzung. Eine Bibliographie," *Jahrbuch der Deutschen Shakespeare-Gesellschaft West*, (1966), 273-89; (1968), 251-265; (1971), 230-244; (1974), 260-275; (1977), 203-219; (1980), 260-274.

Heun, Hans Georg. "Shakespeares Wortspiele in modernen deutschen Übersetzungen. Eine Stilbetrachtung." *Jahrbuch der Deutschen Shakespeare-Gesellschaft West*, (1971), 149-168.

Hiley, Jim. *Theatre At Work. The Story of the National Theatre's Production of*

Brecht's Galileo. London, 1981.

Hoffmann, Paul. *F.L. Schröder als Dramaturg und Regisseur*. Berlin, 1939.

Hoffmann, Norbert. *Redundanz und Äquivalenz in der Übersetzung, dargestellt an fürf deutschen Übersetzungen des Hamlet*. Tübingen, 1980.

Holmes, James S. *The Name and Nature of Translation Studies*. Amsterdam, 1975.

Holmes, James S. *Tranlated! Papers on Literary Translation and Translation Studies*. Amsterdam., 1988, 67-80.

Holmes, James S., u.a. *Literature and Translation: New Perspectives in Literary Studies*. Leuven, 1978.

House, Juliane. *A Model for Translation Quality Assessment*. Tübingen, [2]1981.

Imhof, Rüdiger. *Harold Pinters Dramentechnik*. Bonn, 1976.

Ingarden, Roman. "Von den Funktionen der Sprache im Theaterschauspiel." in: *Das literarische Kunstwerk*. Tübingen, 1960, 403-425.

Iser, Wolfgang. *Der Akt des Lesens*. München, 1976.

Iser, Wolfgang. *Der implizierte Leser*. Müchen, 1972.

Itzin, Catherine. *Stages in the Revolution. Political Theatre in Britain Since 1968*. London, 1980.

Jakobson, Roman. "Was ist Poesie?" *Texte der russischen Formalisten II*. Ed. W.-D. Stempel. München, 1972, 392-417.

Kauf, R. "Der Brief der Lady Montagu. Ein Tadel der Hanswurstkomödie?" *Maske und Kothurn* 13 (1967), 109-113.

Kelly, Louis G. *The True Interpreter: A History of translation Theory and Practice in the West*. Oxford, 1979.

Kennedy, A. K. *Dramatic Dialogue. The Dialogue of Personal Encounter*. Cambridge, 1983.

Kittel, Harald. "Kontinuität und Diskrepanzen." In: Harald Kittel, ed. *Die literarische Übersetzung. Stand und Perspektiven ihrer Erforschung*. Göttinger Beiträge zur internationalen Übersetzungsforschung 2. Berlin, 1988, 158-179.

Kittel, Harald, ed., *Geschichte, System, Literaische Übersetzung*, Göttinger Beiträge zur Internationalen Übersetzungsforschung 5. Berlin, 1992.

Klein, Holger. "George Colman und David Garrick: The Clandestine Marriage."

in: Heinz Kosok, ed. *Das englische Drama im 18. und 19. Jahrhundert*, Berlin, 1976, 117-132.

Kohlmayer, Rainer. *Oscar Wilde in Deutschland und Österreich: Untersuchungen zur Rezeption der Komödien und zur Theorie der Bühnenübersetzung*. Tübingen, 1996.

Koller, Werner. *Einführung in die Übersetzungswissenschaft*. Heidelberg, 1979.

Koppenfels, Werner v. "Intertextualität und Sprachwechsel. Die literarische Übersetzung." in: *Intertextualität*. Ed. Ulrich Broich und Manfred pfister. Tübingen, 1985, 137-157.

Kramer, Roswitha. *Marivaux' Romane in Deutschland. Ein Beitrag zur Rezeption des französischen Romans in Deutschland im 18. Jahrhundert*. Studia Romanica 29. Heidelberg, 1972.

Kraus, Karl, "Sakrileg an George oder Sühne an Shakespeare." *Die Fackel* 34: 885-7 (1932), 45-51. [Nachdruck München, 1973, Bd. 38]

Krieger, Gottfried. "Dramentheorie und Methoden der Dramenanalyse." in: Ansgar Nünning, ed. *Literaturwissenschaftliche Theorien, Modelle und Methoden. Eine Einführumg*. Trier, 1995, 69-92.

Kruger, Loren, "Theatre Translation as Reception: The Example of Brecht's Galileo." *Communications from the International Brecht Society* 14 (1985), 35-47.

Lambert, José; Hendrik van Gorp. "On Describing Translations." in: Theo Hermans, ed. *The Manipulation of Literature*, 42-53.

Lefevere, André. "Why Waste our Time on Rewrites? A Trouble with Interpretation and the Role of Rewriting in an Alternative Paradigm." in: Th. Hermans, ed. *The Manipulation of Literature*, 215-243.

Lessing, Gotthold Ephraim. *Lessing Werke*. Ed. Kurt Wölfel. Frankfurt/M., 1969.

Leuven-Zwart, Kitty M van; T. Naaijkens, eds. *Translation Studies - The State of the Arts*. Amsterdam, Atlanta, 1991.

Levý, Jirí. *Die literarische Übersetzung. Theorie einer Kunstgattung*. [1963]; deutsche Übersetzung Frankfurt/M., Bonn, 1969.

Lillo, George. *Der Kaufmann von London oder Begebenheit Georg Barnwells*. Ein bürgerliches Trauerspiel. Übersetzt von Henning Adam von Bassewitz

(1752). Ed. Klaus-Detlev Müller. Tübingen, 1981.

Lönker, Fred, ed. *Die literarische Übersetzung als Medium der Fremderfahrung*. Berlin, 1992.

Lönker, Fred. "Übersetzung und Deutung." in: Brigitte Schultze, ed. *Die Literarische Übersetzung*. Göttinger Beiträge zur internationalen Übersetzungsforschung 1. Berlin, 1987, 92-95.

Löwen, Johann Friedrich, ed. *Hamburgische Beyträge zu den Werken des Witzes und der Sittenlehre*, 1, 2. Stück. Hamburg, 1753, 475-490.

Löwen, Johann Friedrich. *Flugschriften über das Hamburger Nationaltheater* (1767). Ed. H. Stümcke. Berlin, 1905.

Lynch, James J. *Box, Pit and Gallery*, New York, ^{2}1971.

Mairowitz, D. Z. "British Brecht - Man is Man." *Plays and Players*, 23, no. 3 (1975), 18.

Martens, Klaus. *Die ausgewanderte 'Evangeline'. Longfellows epische Idylle im übersetzerischen Transfer*. Paderborn, 1989.

Mehl, Dieter. Rez. U. Aschermann. *D. H. Lawrence im deutschen Sprachraum*. Frankrurt/M., 1995; in: *Archiv für das Studium der neueren Sprachen und Literaturen*, 148 (1996), 233-234.

Meyer, F.L. W. Friedrich Ludwig Schröder. Beitrag zur Kunde des Menschen und des Künstlers, 2 Bde. Hamburg, 1819.

Meyer, R. *Das deutsche Trauerspiel des 18. Jahrhunderts. Eine Bibliographie*. München, 1977.

Moore, Edward. *The Gramester. A Tragedy. As it is Acted at the Theatre-Royal in Drury Lane* [1753], in: M. R. Booth. ed. *Eighteenth Century Tragedy*. London, New York, Toronto, 1965, 155-225.

Moore, Edward. *Neueste Proben der englischen Schaubühne, oder D. Benjamin Hoadleys Lusispiel, der argwöhnische Ehemann und Edward Moores Trauerspiel der Spieler*. Im Deutschen dargestellt. Hamburg: Christian Herold, 1754, 130-246.

Moore, Edward. Steffens, J. H. *Beverly oder der Spieler. Ein bürgerliches Trauerspiel in fünf Handlungen* nach der englischen Grundlage des Herrn Moore eigerichtet. Zelle [!]: Nicolaus Dietrich Runge, 1755.

Moore, Edward. *Beverley, oder der Spieler, ein Bürgerliches Trauerspiel in*

Versen. Nach dem Englischen des Herrn Moore von Johann Heinrich Steffen. Nun aber für die deutsche Schaubühne zu Wien eingerichtet. Wien, 1766.

Moore, Edward. *Beverley oder der englische Spieler.* Ein Trauerspiel in fünf Aufzügen. Nach dem Enlischen des Herrn Edward Moore und dem Französischen des Herrn Saurin. Wien, 1774. 1776 neu erschienen in: *Neue Schauspiele. Aufgeführt auf dem Churfürstlichen Theater zu München.* Augsburg, München, 1776.

Moore, Edward. *Beverley. Ein bürgerliches Trauerspiel in fünf Aufzügen nach dem Französischen des Herrn Saurin.* Frankfurt/M.: Andräische Buchhandlung, 1776.

Moore, Edward. *Beverley oder Der Spieler. Ein bürgerliches Trauerspiel in fünf Aufzügen. Nach Moore und Saurin*, in: F. L. Schröder, ed. *Sammlung von Schauspielen für's Hamburgsche Theater*, Theil 2. Schwerin, Wismar: Bödnersche Buchhandlung, 1791. Auch in E. v. Bülow, ed. *Friedrich Ludwig Schröders dramatische Werke*, 3. Berlin, 1831, 257-298.

Moore, Edward. *Beverley, ein bürgerliches Trauerspiel in 5 Aufzügen. Nach Edward Moore und Saurin frei bearbeitet.* München, 1782.

Mounn, G. *Die Übersetzung. Geschichte, Theorie, Anwendung.* München, 1967.

Mukarovsij, Jan. *Kapitel aus der Ästhetik.* Frankfurt/M., 1970.

Müller, André. "Interview mit Peter Handke." *Die Zeit*, 3.3.1989, 78-9.

Müller, G. "Über die Seinsweise von Dichtung." *Deutsche Viertljahresschrift für Literaturwissenschaft und Geistesgeschichte.* 17 (1939), 137-152.

Muschg, Walter. "Deutschland ist Hamlet." in *Der deutsche Shakespeare, Theater unserer Zeit* Bd. 7. Basel, Hamburg, Wien, 1965, 7-30.

Nicolai, F., ed. *Allgemeine Deutsche Bibliothek*, 4. Berlin, Stettin, 1767, Stück 2, 286.

Nicolai, Friedrich. *Briefe über den itzigen Zustand der schönen Wissenschaften in Deutschland, Der Eilfte Brief* (1755). in: *Kritik ist überall zumal in Deutschland, nötig.* Satiren u. Schriften zur Literatur. Ed. W. Albrecht, München, 1987, 183-195.

Nicolai, Friedrich. *Reisen durch Deutschland und die Schweiz im Jahre 1781.* Berlin und Stettin, 1784.

Nida, Eugene. "Principles of Translation as Exemplified by Bible Translating." in: R.A. Brower, ed. *On Translation*. New York, 1966, 11-31.

Nord, Christiane. *Einführung in das funktionale Übersetzen: am Beispiel von Titeln und Überschriften*. Tübingen, 1993.

Norton, Glyn P. *The Ideology and Language of Translation: In Renaissance France and Their Humanist Antecedents*. Genf: Droz, 1984.

Novalis, *Schriften*. Ed. v. Samuel/Kluckhohn. Leipzig o.J.

Nover, Gerd. *Die deutschen Übersetzungen und Bearbeitungen englischer Lustspiele im 18. Jahrhundert*. Frankfurt u.a., 1981.

Page, Eugene R. *George Colman the Elder*. New York, 1906.

Patterson, Annabel M. *Hermogenes and the Renaissance. Seven Ideas of Style*. Princeton, 1970.

Paul, Fritz; Brigitte Schultze, eds. *Probleme der Dramenübersetzung 1960 bis 1988. Eine Bibliographie*. Tübingen, 1991.

Pavis, P, *Semiotik der Theaterrezeption*. Tübingen, 1998.

Percy, Walker. *The Moviegoer*. London, 1987.

Percy, Walker. *The Last Gentleman*. [1967] Londen, 1985.

Pfeil, J. G. B. "Vom bürgerlichen Trauerspiel." In: *Neue Erweiterungen der Erkenntnis und des Vergnügens*. Leipzig, 1755, 31. Stück, 1-25. Nachgedr. in Karl Eibl, *Gotthold Ephraim Lessing: Miss Sara Sampsom. Ein bürgerliches Trauerspiel*. Frankfurt/M., 1971, 174 ff.

Pfister, Manfred. *Das Drama*. München, 1977.

Pinter, Harold. *Die Heimkehr*. Reinbek, 1967.

Pinter, Harold. *Niemandsland ... Die Heimkehr. Fünf Theaterstüke*. Reinbek, 1976.

Pinter, Harold. *No Man's Land*. London, 1975.

Pinter, Harold. *The Homecoming*. London, 1965.

Plumb, J. H. *Georgian Delights*. London, 1980.

Pohl, Rainer. *Struktur, Elemente und Entsicklung von Pathosformen in der Dramensprache Bertold (!) Brechts*. Bonn, 1969.

Pollak, Felix. "Mehr Praktisches als Profundes: Marginalien aum Übersetzen von Heines Lyrik." *Monatshefte für deutschen Unterricht, deutsche Sprache und Literatur*, 73 (1981), 379-382.

Pollak, Felix. "New York, ein Schiff, ein Emigrant" *Akzente* 26 (1979), 314-320.

Pollak, Felix. *Vom Nutzen des Zweifels*. Ed. u. mit einem Nachwort v. R. Grimm. Frankfurt/M., 1989.

Poltermann, Andreas. "Die Erfindung des Originals. Zur Geschichte der Übersetzungskonzeptionen in Deutschland im 18. Jahrhundert." *Die literarische Übersetzung. Fallstudien zu ihrer Kulturgeschichte*. Ed. Brigitte Schultze. Berlin, 1987, 14-52.

Praesent, Angela. "Südstaatenprinz im Exil." *Der Spiegel*, 06.05.1985, 189-201.

Price, L. M. "George Barnwell Abroad." *Comparative Literature* II (1950), 126-156.

Promies, Wolfgang. *Der Bürger und der Narr oder das Risiko der Phantasie. Sechs Kapitel über das Irrationale in der Literatur des Rationalismus*. Frankfurt/M. ^{2}1987.

Rawlence, Chris. "Preface to *Strike While the Iron is Hot*." in: *Strike While The Iron is Hot. Sexual Politics In The Theatre. Three Plays*. Ed. Michelene Wandor. London, 1980, 17-19.

Ray, William. *Literary Meaning. From Phenomenology to Deconstruction*. Oxford, 1984.

Reichert, Klaus. "Lesbarkeit oder Erhaltung der Komplexität? Thesen zur Praxis des Übersetzens." *Akzente* (Februar 1978), 65-76.

Reinelt, Janelle. "Beyond Brecht: Britain's New Feminist Drama." *Theatre Journal* 38 (1986), 154-163.

Reiβ, Katharina. *Möglichkeiten und Grenzen der Übersetzungskritik*. Münche, 1978.

Reiβ. K.; H. J. Vermeer, *Grundlagen einer allgemeinen Translationsthorie*. Tübingen, 1984.

Rommel, Otto. *Die Maschinenkomödie*. Darmstadt, 1974.

Rusinko, Susan. *Strategies of Language in the Poems and Plays of Harold Pinter*. Ph.Diss. Penn State Univ., 1971.

Sahl, Hans. "Zur Übersetzung von Theaterstücken." in: R. Italiaander, ed. *Übersetzen - Vorträge und Beiträge vom internationalen Kongreβ literarischer Übersetzer*. Hamburg, 1965, 104-106.

Schleiermacher, Friedrich. "Über die verschiedenen Methoden des Übersetzens."

Nachdr. in Störig, *Das Problem des Übersetzens*, 38-70.

Schmid, Christian Heinrich. *Englisches Theater*. Danzig und Leipzig, 1772. Darin: Die heimliche Heirath. Band I.

Schröder, Friedrich Ludwig. *Dramatische Werke*. Ed. E. v. Bülöw. Berlin, 1831. Darin: *Die heimliche Heirath*. Bd. 1; *Der Ring*. Bd. 2; *Die unglückliche Ehe durch Delikatesse*. Bd. 4.

Schultze, Brigitte. "Theorie der Dramenübersetzung - 1960 bis heute: ein Bericht zur Forschungslage." *Forum Modernes Theater* 2 (1987), 5-17.

Schüze, Johann Friedrich. *Hamburgische Theatergeschichte*. Hamburg, 1794.

Schwanitz, Dietrich. "Theatrum Mundi und soziales Rollenspiel: Zur sozialgeschichtlichen Deutung des Hamlet." *Jahrbuch der Deutschen Shakespeare Gesellschaft West (1978/79)*, 114-131.

Shakespeare, William, *Hamlet*, The [New] Arden Edition. London, New York, 1982.

Snell-Hornby, Mary. "Sprechbare Sprache - Spielbarer Text. Zur Problematik der Bühnenübersetzung." in: R. J. Wats, U. Weidman, eds. *Modes of Interpretation*. Tübingen, 1984, 101-116.

Snell-Hornby, Mary. "Translation Studies - Art, Science or Utopia?" in K. M. van Leuven-Zwart, T. Naaijkens, Hrsg. *Translation Studies - The State of the Arts*. Amsterdam, Atlanta, 1991, 13-23.

Sonnenfels, Joseph von. Sätze aus der Policey, *Handlungs- und Finanzwissenschaft. Zum Leitfaden der akademischen Vorlesungen*. Wien, 1751.

Stackelberg, J. von. *Übersetzungen aus zweiter Hand. Rezeptionsvorgänge in der europäischen Literatur vom XIV-XVIII Jahrhundert*. Berlin und New York, 1984.

Stamm, Rudolf. "Erich Fried als Shakespeare-Übersetzer. Bemerkungen zum ersten Band seines Übersetzungwerkes." *Jahrbuch der Deutschen Shakespeare Gesellschaft West* (1971), 23-34.

Stanzel, Franz K. *Theorie des Erzählems*. Göttingen, [2]1982.

Stein, Elizabeth R. *David Garrick. Dramatist*. New York, 1937.

Steinmetz, Horst. *Die Komödie der Aufklärung*. Stuttgart, 1978.

Störig, H. J. ed. *Das Problem des Übersetzens*. Darmstadt, 1973.

Szondi, Peter. *Die Theorie des bürgerlichen Trauerspiels im 18. Jahrhundert.* Frankfurt a. M., 1973.

Tetzeli v. Rosador, Kurt. "Pinter's Dramatic Method: *Kullus, The Examination, The Basement.*" *Modern Darama* 14 (1971), 195-204.

Thompson, David T. *Pinter: The Player's Playwright*, London, 1985.

Thorndike, A. H. *English Comedy*. New York, 1929.

Toury, Gideon. "What are Descriptive Studies into Translation Likely to Yield apart from Isolated Description?" in: K. M. von Leuven-Zwart, Ton Naaijkens, eds. *Translation Studies*, 179-290.

Toury, Gideon. *In Search of a Theory of Translation*. Tel Aviv, 1980.

Turk, Horst. "Zur Methode der Übersetzungsanalyse." *Preceedings of the XIIth Congress of the International Comparative Literature Association*, vol. 5: *Space and Boundaries in Literary Theory and Criticism*. ed. Roger Bauer and Douwe Fokkema. München, 1990, 334-344

Wachsmann, M. "Die Architektur der Worte. Überlegungen zur Übersetzung Shakespeares ins Deutsche." *Jahabuch der Deutschen-Gesellschaft West* (1988), 44-57.

Wandor, Michelene. *Understudies: Theatre and Sexual Politics*. London, 1981.

Weber, Max. *Die protestantische Ethik und der Geist des Kapitalismus. in Die protestantische Ethik. Eine Aufsatzammlung*. Ed. J. Winkelmann. München, Hamburg, 1965.

Weilen, A. von. "Der 'Kaufmann von Londen' auf deutschen und französischen Bühnen." *Beiträge zur neueren Philologie* (1902), 220-234.

Weinrich, Harald. *Wege der Sprachkultur*. Stuttgart, 1985.

Weiss, Wolfgang. "Redeform, Rhythmus und Charakter: Das Beispiel König Lears." *Jahrbuch der Deutschen Shakespeare Gesellschaft West* (1977), 70-83.

Weiss, Wolfgang. *Die elisabethanische Lyrik*. Darmstadt, 1976.

Wellek, René. *Four Critics. Croce, Valéry, Lukacs, Ingarden*. Seattle umd London, 1981.

Wellwarth, George E. "Special Considerations in Drama Translation." in: M. Gaddis Rose, Hrsg. *Translation Spectrum. Essays in Theory and Practice*. New York, 1981, 140-146.

Willett, Johm. *Brecht in Context*. London, 1983.

Wilson Knight, G. "The Kitchen Sink. On Recent Developments in Drama." *Encounter* 21 (1963), 48-50.

Wilss, Wofram. *Übersetzungswissenschaft. Probleme und Methoden*. Stuttgart, 1977.

Würzbach, Natascha. "George Lillo: *The London Merchant*." In: D. Mehl, Hrsg.. *Das englische Drama vom Mittelalter bis zur Gegenwart*. Düsseldorf, 1970. Bd. 2, 72-93.

번역학총서 14

번역과 문예학

초판 발행 1쇄 2021년 1월 11일

지은이 노르베르트 그라이너
옮긴이 고려대학교 독일어권문화연구소

펴낸곳 고려대학교출판문화원
www.kupress.com
kupress@korea.ac.kr
(02841) 서울특별시 성북구 안암로 145
Tel 02-3290-4230, 4232
Fax 923-6311
찍은곳 네오프린텍(주)

ISBN 979-11-91161-01-4 93800

값 18,000원